Kohlhammer
DEUTSCHER
GEMEINDEVERLAG

Kommunale Schriften für Niedersachsen

Herausgegeben vom
Niedersächsischen
Städte- und Gemeindebund

Abstandsvorschriften der Niedersächsischen Bauordnung

Kommentar

von

Wolff-Dietrich Barth
Ministerialrat a. D.

mit

Abbildungen und unter Mitarbeit von

Dipl.-Ing. Wolfgang Mühler †
Ministerialrat a. D.

5., überarbeitete Auflage

Deutscher Gemeindeverlag

5. Auflage 2021

Alle Rechte vorbehalten
© Deutscher Gemeindeverlag GmbH, Stuttgart
Gesamtherstellung: W. Kohlhammer GmbH, Stuttgart

Print:
ISBN 978-3-555-02172-0

E-Book-Formate:
pdf: ISBN 978-3-555-02173-7
epub: ISBN 978-3-555-02174-4
mobi: ISBN 978-3-555-02175-1

Dieses Werk einschließlich aller seiner Teile ist urheberrechtlich geschützt. Jede Verwendung außerhalb der engen Grenzen des Urheberrechts ist ohne Zustimmung des Verlags unzulässig und strafbar. Das gilt insbesondere für Vervielfältigungen, Übersetzungen, Mikroverfilmungen und für die Einspeicherung und Verarbeitung in elektronischen Systemen.
Für den Inhalt abgedruckter oder verlinkter Websites ist ausschließlich der jeweilige Betreiber verantwortlich. Die W. Kohlhammer GmbH hat keinen Einfluss auf die verknüpften Seiten und übernimmt hierfür keinerlei Haftung.

Vorwort
zur 5. Auflage

Die Neuauflage enthält strukturelle Änderungen des Kommentars. Die Vorbemerkungen erstrecken sich nur noch auf fünf Rechtsbereiche. Die übrigen Rechtsbereiche wurden zusammen mit den Rechtsbereichen der bisherigen Einführung in die Kommentierung des § 5 integriert.
Seit der Vorauflage von 2012 wurden den Abstandsvorschriften 2018 und 2019 weitere Regelungen hinzugefügt. Insbesondere hierauf und auf die inzwischen ergangenen gerichtlichen Entscheidungen erstreckt sich die inhaltliche Überarbeitung der Erläuterungen.
Dipl.-Ing. Wolfgang Mühler ist 2017 im Alter von 79 Jahren verstorben. Ihm oblag die Gesamtredaktion. Darüber hinaus hat er mit seinen Abbildungen dazu beigetragen, die Abstandsvorschriften zeichnerisch zu veranschaulichen sowie den Zugang zu den Abstandsvorschriften und deren Vollzug zu erleichtern.

Hannover, im Mai 2021   Der Verfasser

Inhaltsverzeichnis

Vorwort V
Literaturverzeichnis VIII
Abkürzungsverzeichnis IX

Vorbemerkungen zu abstandsrelevanten Vorschriften 1
    A. Die Gesetzgebungskompetenz für das Bauordnungsrecht und deren Abgrenzung gegenüber der Ermächtigung nach § 9 Abs. 1 Nr. 2a BauGB 1
    B. Nutzungsänderungen 4
    C. Grundstücksteilungen (§ 8 NBauO) 6
    D. Abweichungen (§ 66 NBauO) 10
    E. Baulasten, Baulastenverzeichnis (§ 81 NBauO) 19

Abstandsvorschriften der Niedersächsischen Bauordnung (NBauO) .. 40
    § 5 Grenzabstände 40
    § 6 Hinzurechnung benachbarter Grundstücke 158
    § 7 Abstände auf demselben Baugrundstück 175

Stichwortverzeichnis 197

Literaturverzeichnis

Breuer, Öffentliches und privates Wasserrecht, 4. Aufl. 2017
Brügelmann, Baugesetzbuch, Kommentar, Loseblattausgabe mit 117. Aktualisierung 2020
Ernst/Zinkahn/Bielenberg/Krautzberger, Baugesetzbuch, Kommentar, Loseblattausgabe, 140. Aufl. 2021
Erichsen/Ehlers, Allgemeines Verwaltungsrecht, 14. Aufl. 2005
Fickert/Fieseler, Baunutzungsverordnung, 12. Aufl. 2014
Frommhold/Gareiß, Bauwörterbuch, 2. Aufl. 1978
Große-Suchsdorf, Kommentar zur Niedersächsischen Bauordnung, 10. Aufl. 2020
Hundertmark, Die Rechtsstellung der Sondernutzungsberechtigten im Wasserrecht, 1967
Kodal, Straßenrecht, 7. Aufl. 2010
Kopp/Ramsauer, Verwaltungsverfahrensgesetz 20. Aufl. 2019
Kopp/Schenke, Verwaltungsgerichtsordnung, Kommentar, 25. Aufl. 2019
Palandt, Bürgerliches Gesetzbuch, 77. Aufl. 2018
Schrödter, Baugesetzbuch, Kommentar, 9. Aufl. 2019
Schwarz, Baulasten im öffentlichen Recht und im Privatrecht 1995
Wolff/Bachhof/Stober/Kluth, Verwaltungsrecht, Bd. 2, 7. Aufl. 2010

Abkürzungsverzeichnis

a. A.	anderer Ansicht
a. a. O.	am angegebenen Ort
Abs.	Absatz
AEG	Allgemeines Eisenbahngesetz v. 27.12. 1993 (BGBl. I S. 2378), zul. geänd. d. G. v. 8.11. 2007 (BGBl. I S. 2566)
ArbStättV	Arbeitsstättenverordnung v. 12.8.2004 (BGBl. I S. 2179), zul. geänd. d. Art. 4 d. G. v. 22.12.2020 (BGBl. I S. 3334)
Art.	Artikel
BW	Baden-Württemberg
BauAB	Bauaufsichtsbehörde
BauGBÄndG 2007 – Mustererlass	Mustereinführungserlass zum Gesetz zur Erleichterung von Planungsvorhaben für die Innenentwicklung der Städte
BauGB	Bundesbaugesetz idF. v. 3.11.2017 (BGBl. I S. 3634), zul. geänd. d. Art. 2 d. G v. 8.8.2020 (BGBl. I S. 1728)
BauGO	Baugebührenordnung v. 13.1.1998 (Nds. GVBl. S. 3), zul. geänd. d. VO v. 2.3.2021 (Nds. GVBl. S. 88)
BauNVO	Baunutzungsverordnung idF. v. 21.11.2017 (BGBl. I S. 3786)
BauR	Zeitschrift „Baurecht"
BayBO	Bayerische Bauordnung
BayVBl.	Zeitschrift „Bayerische Verwaltungsblätter"
BayVGH	Bayerischer Verwaltungsgerichtshof
BBauBl.	Bundesbaublatt
Bek.	Bekanntmachung
BGB	Bürgerliches Gesetzbuch
BGBl.	Bundesgesetzblatt
BGH	Bundesgerichtshof
BGHZ	Entscheidungen des Bundesgerichtshofs in Zivilsachen
BImSchG	Bundes-Immissionsschutzgesetz idF. v. 17.5.2013 (BGBl. I. S. 1274) zul. geänd. d. Art. 2 d. G. v. 9.12.2020 (BGBl. I S. 2873)
BRS	Entscheidungssammlung „Baurechtssammlung" hrsg. v. Thiel/Gelzer/Upmeier
BSG	Bundessozialgericht
Buchholz	Sammel- und Nachschlagewerke der Rechtsprechung des Bundesverwaltungsgerichts
B. v.	Beschluss vom
BverfG	Bundesverfassungsgericht
BverwG	Bundesverwaltungsgericht
BT-Drs.	Bundestagsdrucksache
CPI-Woch-VO	Verordnung über Campingplätze, Wochenendplätze und Wochenendhäuser v. 12.4.1984 (Nds. GVBl. S. 109), zul. geänd. d. Art. 5 d. VO v. 13.11.2012 (Nds. GVBl. S. 438)
DÖV	Zeitschrift „Die öffentliche Verwaltung"
dng	Zeitschrift „Die niedersächsische Gemeinde"
Drs.	Drucksache des Niedersächsischen Landtags
DVBl.	Zeitschrift „Deutsches Verwaltungsblatt"
DVO-NBauO	Allgemeine Durchführungsverordnung zur Niedersächsischen Bauordnung v. 26.9.2012 (Nds. GVBL. S 382), zul. geänd. d. VO v. 19.9.2019 (Nds. GVBl. S. 277)

Abkürzungsverzeichnis

E	amtliche Entscheidungssammlung des davor zitierten Gerichts
ErbbauVO	Verordnung über das Erbbaurecht
EBO	Eisenbahn-, Bau- und Betriebsordnung v. 8.5.1967 (BGBl. II S. 1563), zul. geänd. d. Art. 2 d. VO v. 5.4.2019 (BGBl. I S. 479)
FS	Festschrift für … (Name des Jubilars)
FeuVO	Feuerungsverordnung v. 27.3.2008 (Nds. GVBl. S. 96), zul. geänd. d. VO v. 30.6.2020 (Nds. GVBl. S. 199)
FStrG	Bundesfernstraßengesetz idF. v. 28.6.2007 (BGBl. I S. 1206) zul. geänd. d. Art. 2a d. G. v. 3.12.2020 (BGBl. I S. 2694)
GaStplVO	Garagen- und Stellplatzverordnung v. 4.9.1989 (Nds. GVBl. S. 327), zul. geänd. d. VO v. 11.10.2012 (Nds. GVBl. S. 401)
GBO	Grundbuchordnung
GG	Grundgesetz für die Bundesrepublik Deutschland
GmbHG	Gesetz betreffend die Gesellschaften mit beschränkter Haftung
Hamb., hamb.	Hamburg, hamburgisch
HBO	Hessische Bauordnung
Hess., hess.	Hessen, hessisch
HGB	Handelsgesetzbuch
h. M.	herrschende Meinung in Rechtsprechung und Schrifttum
LBO	Landesbauordnung
LG	Landgericht
L. S.	Leitsatz
MV	Mecklenburg-Vorpommern
MBO	Musterbauordnung
MI	Niedersächsisches Ministerium des Innern
MK	Kerngebiet
MS	Niedersächsisches Ministerium für Soziales, Frauen, Familie und Gesundheit
NBauO	Niedersächsische Bauordnung
Nds. MBl.	Niedersächsisches Ministerialblatt
Nds., nds.	Niedersachsen, niedersächsisch
Nds. Rpfl.	Zeitschrift „Niedersächsische Rechtspflege"
NdsVBl.	Zeitschrift „Niedersächsisches Verwaltungsblatt"
NGO	Niedersächsische Gemeindeordnung
NJW	Zeitschrift „Neue Juristische Wochenschrift"
NJW-RR	Zeitschrift „NJW Rechtsprechungs-Report Zivilrecht"
NLO	Niedersächsische Landkreisordnung
NNachbarrechtsG	Niedersächsisches Nachbarrechtsgesetz v. 31.3.1967 (Nds. GVBl. S. 91) zul. geänd. d. Art. 1 d. G. v. 23.7.2014 (Nds. GVBl. S. 206)
NRW	Nordrhein-Westfalen
NST-N	Zeitschrift „Niedersächsischer Städtetag"
NStrG	Niedersächsisches Straßengesetz idF. v. 24.9.1980 (Nds. GVBl. S. 359), zul. geänd. d. Art. 1 d. G. v. 16.3.2021 (Nds. GVBl. S. 133)
n. v.	nicht veröffentlicht
NVermG	Niedersächsisches Gesetz über das amtliche Vermessungswesen v.12.2.2002 (Nds. GVBl. 2003 S. 5), zul. geänd. d. G. v.16.5.2018 (Nds. GVBl. S. 66)
NWG	Niedersächsisches Wassergesetz idF. v. 19.2.2019 (Nds. GVBl. S. 64), zul. geänd. d. Art. 10 d. G. v. 10.12.2020 (Nds, GVBl. S. 477)

Abkürzungsverzeichnis

NVwKostG	Niedersächsisches Verwaltungs-Kostengesetz idF. v. 25.4.2007 (Nds. GVBl. S. 173), zul. geänd. d. G. v. 15.12.2016 (Nds.GVBl. S. 301)
NVwZ	„Neue Zeitschrift für Verwaltungsrecht"
NVwZ-RR	Zeitschrift „NVwZ-Rechtsprechungs-Report Verwaltungsrecht"
OLG	Oberlandesgericht
OVG	Oberverwaltungsgericht
PBefG	Personenbeförderungsgesetz
RegE	Regierungsentwurf
RdErl.	Runderlass
Rn.	Randnummer
RGaO	Reichsgaragenordnung
RhPf	Rheinland-Pfalz
Rspr.	Rechtsprechung
Saarl.	Saarland
sächs.	sächsisch
SchlH	Schleswig Holstein
st. Rspr.	ständige Rechtsprechung
StVG	Straßenverkehrsgesetz idF. v. 5.3.2003 (BGBl. I S. 310, 919), zul. geänd. d. Art. 4 Abs. 9 d. G. v. 7.5.2021 (BGBl. I S. 850)
StVZO	Straßenverkehrs-Zulassungsordnung
Thür., thür.	Thüringen, thüringisch
U. v.	Urteil vom
VBlBW	Zeitschrift „Verwaltungsblätter für Baden-Württemberg"
VG	Verwaltungsgericht
VGH	Verwaltungsgerichtshof
VwGO	Verwaltungsgerichtsordnung idF. v. 19.3.1991(BGBl. I S. 686), zul. geänd. d. Art. 1 d. G. v. 3.12.2020 (BGBl. I S. 2694)
VwVfG	Verwaltungsverfahrensgesetz idF. v 23.1.2003 (BGBl. I S. 102), zul. geänd. d. Art. 5 Abs. 25 d. G. v. 21.6.2019 (BGBl. I S. 846)
WA	Allgemeines Wohngebiet
WaStrG	Bundeswasserstraßengesetz idF. v. 23.5.2007 (BGBl. I S. 962), zul. geänd. d. Art. 2a d. G. v. 3.12.2020 (BGBl. I S. 2694)
WHG	Wasserhaushaltsgesetz idF. v. 31.7.2009 (BGBL. I S. 2585), zul. geänd. d. Art. 1 d. G. v. 19.6.2020 (BGBl. I S. 1408)
WiVerw	Zeitschrift „Wirtschaft und Verwaltung" (Beilage zum Gewerbearchiv)
ZfBR	Zeitschrift für deutsches und internationales Baurecht
ZMR	„Zeitschrift für Miet- und R
ZVG	Gesetz über die Zwangsversteigerung und Zwangsverwaltung idF. v. 20.5.1898 (RGBl. S. 713), zul. geänd. d. Art. 4 d. G. v. 22.12.2020 (BGBl. I S. 3256)

Vorbemerkungen zu abstandsrelevanten Vorschriften

A. Die Gesetzgebungskompetenz für das Bauordnungsrecht und deren Abgrenzung gegenüber der Ermächtigung nach § 9 Abs. 1 Nr. 2a BauGB

Übersicht Rn.

I. Die Gesetzgebungskompetenz für das Bauordnungsrecht 1–3
II. Die Ermächtigung nach § 9 Abs. 1 Nr. 2a BauGB 4–12

I. Die Gesetzgebungskompetenz für das Bauordnungsrecht

Die Länder besitzen die **ausschließliche Gesetzgebungskompetenz für das Bauordnungsrecht**, insbesondere für die bauordnungsrechtlichen Abstandsvorschriften. Dies ergibt sich aus dem Rechtsgutachten des BVerfG vom 16.6.1954 (1 PBvV 2/52 – E 3/407), wonach das „Baupolizeirecht im bisher gebräuchlichen Sinne" in die ausschließliche Gesetzgebungskompetenz der Länder fällt. Nach dem Rechtsgutachten erstreckt sich die Zuständigkeit des Bundes auf das „Baupolizeirecht im bisher gebräuchlichen Sinne" nur, soweit es Bestandteile des heutigen Planungsrechts enthielt. Im Zuge der Föderalismusreform ist durch Neufassung des Art. 74 Abs. 1 Nr. 18 GG (52. Gesetz zur Änderung des GG vom 28.8.2006 – BGBl. I S. 3316) die konkurrierende Gesetzgebungskompetenz des Bundes für das Wohnungswesen entfallen. Infolgedessen hat der Bund nicht mehr die Kompetenz, für das Wohnungswesen „auch einzelne spezifische das Wohnungswesen berührende baupolizeiliche Vorschriften" (Rechtsgutachten des BVerfG vom 16.6.1954 a. a. O.) erlassen zu können. 1

Zu den Kernaufgaben des Bauordnungsrechts gehört die **Abwehr von Gefahren für die öffentliche Sicherheit**, insbesondere für Leben und Gesundheit. Das kommt bereits in den grundsätzlichen Anforderungen des § 3 Abs. 1 und 5 NBauO zum Ausdruck. 2

Das „Baupolizeirecht im bisher gebräuchlichen Sinne" beschränkt sich nach dem Rechtsgutachten des BVerfG vom 16.6.1954 (a. a. O.) jedoch nicht auf die Abwehr von Gefahren für die öffentliche Sicherheit, sondern erstreckt sich auch auf Befugnisse, die „ästhetische oder der allgemeinen Wohlfahrt dienende Absichten verfolgen". Der Landesgesetzgeber hat daher auch die Kompetenz, im Rahmen des Bauordnungsrechts **Anforderungen an gesunde Wohn- und Arbeitsverhältnisse**} zu stellen (§ 3 Abs. 2 NBauO). Das hat das BVerwG in seinem Beschluss vom 23.10.1990 (4 B 130.90 – Buchholz 406.11 § 9 BauGB Nr. 46) im Zusammenhang mit dem bisherigen § 13 NBauO inzident bestätigt. Davon unberührt bleiben die Anforderungen an gesunde Wohn- und Arbeitsverhältnisse, die nach § 1 Abs. 6 Nr. 1 BauGB als städtebauliche Grundsätze bei der Bauleitplanung zu berücksichti- 3 gen sind. Festsetzungen, die diesen Anforderungen Rechnung tragen, räumt das niedersächsische Bauordnungsrecht jedoch keinen Vorrang ein (BVerwG, B. v. 23.10.1990 – 4 B 130.90 – a. a. O.).

II. Die Ermächtigung nach § 9 Abs. 1 Nr. 2a BauGB

4 Nach **§ 9 Abs. 1 Nr. 2a BauGB** können im Bebauungsplan aus städtebaulichen Gründen vom Bauordnungsrecht abweichende Maße der Tiefe der Abstandsflächen festgesetzt werden. Diese Ermächtigung ist durch das Gesetz vom 21.12.2006 (BGBl. I S. 3316) eingefügt worden. Die Gesetzgebungskompetenz der Länder für das Bauordnungsrecht ist daher gegenüber der Ermächtigung der Gemeinde nach § 9 Abs. 1 Nr. 2a BauGB abzugrenzen.

5 Der Bund besitzt nach Artikel 74 Abs. 1 Nr. 18 GG die konkurrierende Gesetzgebungskompetenz für das Boden- und damit für das Städtebaurecht. Hieraus lässt sich die **verfassungsrechtliche Kompetenz des Bundes** für die Ermächtigung nach § 9 Abs. 1 Nr. 2a BauGB herleiten. Die hierdurch bedingte Kollision mit den landesrechtlichen Vorschriften des Bauordnungsrecht regelt Art. 31 GG, wonach Bundesrecht Landesrecht bricht (OVG Lüneburg B. v. 22.12.2014 – 1MN 118/14 – BRS 82 Nr. 40).

6 Die Ermächtigung nach § 9 Abs. 1 Nr. 2a BauGB bezieht sich nur auf einen **Faktor der Abstandsflächenregelung**, nämlich auf das Maß für die Tiefe der Abstandsflächen. Alle übrigen landesrechtlichen Regelungen des Abstandsflächenrechts bleiben von der Ermächtigung unberührt.

7 Die Ermächtigung lässt zu, abweichende **Maße der Tiefe der Abstandsflächen** festzusetzen. Nach dem Wortlaut unterliegt der Begriff „abweichend" keinen Einschränkungen, so dass § 9 Abs. 1 Nr. 2a BauGB die Befugnis einschließt, neben einer größeren auch eine geringere Tiefe der Abstandsflächen vorzusehen. Auch der Mindestabstand von 3 m darf unterschritten werden (OVG NRW U. v. 15.4.2011 – 7D 68/10 – juris).

8 Festsetzungen auf Grund der Ermächtigung nach § 9 Abs. 1 Nr. 2a BauGB sind nur **aus städtebaulichen Gründen** zulässig. Hierbei handelt es sich um eine zwingende Voraussetzung für die Gesetzeskompetenz des Bundes. Insbesondere bedürfen Festsetzungen, die zu geringeren Tiefen der Abstandsflächen führen besonderer städtebaulicher Rechtfertigung. Es müssen besondere städtebaulichen Gründe die damit verbundenen Abstriche erfordern (OVG Lüneburg B. v. 22,12,2014 – 1MN 118/14 – a. a. O.; OVG NRW U. v. 20.11 2009 – 7D 124/08 – Juris) Das wird auch in dem BauGBÄndG 2007 – Mustererlass bestätigt, in dem es unter Nr. 2.3.1.1 heißt:

„Bei den Überlegungen der Gemeinde, ob sie von der Ermächtigung Gebrauch machen soll, dürfen – wie auch bei den anderen Festsetzungsmöglichkeiten – ausschließlich städtebauliche Erwägungen eine Rolle spielen. Dagegen wäre es der Gemeinde verwehrt, eigene bauordnungsrechtliche Erwägungen anzustellen".

9 Die Ermächtigung nach § 9 Abs. 1 Nr. 2a BauGB bezieht sich auf die Abstandsflächen und lässt für deren Tiefe abweichende Maße zu. Der **Begriff der Abstandsflä-**

chen wird im BauGB nicht definiert. Maßgebend dafür, wie auch für die Ermittlung und Berechnung der Abstandsflächen ist allein das jeweilige Landesrecht.

Das **System der Abstandsflächen** ist 1981 in die MBO aufgenommen worden. Es orientierte sich mit erheblichen Abweichungen an dem bereits seit 1.1.1974 in Niedersachsen maßgebenden **System des Punktabstandes**. Niedersachsen hat das System des Punktabstandes beibehalten, während die übrigen Länder das System der Abstandsflächen in ihre Bauordnungen übernommen haben. Nach dem **System der Abstandsflächen** (§ 6 MBO) müssen vor Außenwänden von Gebäuden Abstandsflächen liegen, die von oberirdischen Gebäuden freizuhalten sind. Die Abstandsflächen müssen grundsätzlich auf dem Grundstück liegen. Ein unmittelbarer Bezug zu den Grenzen des Baugrundstücks wird nicht hergestellt. Die Tiefe der Abstandsflächen bemisst sich nach der Wandhöhe, während die Höhe von Dächern je nach deren Neigung mit unterschiedlichen Maßen hinzuzurechnen ist, so dass es an einer die Dächer einschließenden Gesamtkonzeption mangelt. Wandhöhe ist das Maß von der Geländeoberfläche bis zum Schnittpunkt der Wand mit der Dachhaut oder bis zum oberen Abschluss der Wand. Dabei wird auf die vorhandene Geländeoberfläche abgestellt, die ein Bauherr zu seinen Gunsten verändern kann.

Die Niedersächsisch Bauordnung stellt hingegen für die Bemessung der Grenzabstände auf das **System des Punktabstands** ab. Danach müssen Gebäude mit allen auf ihren Außenflächen oberhalb der Geländeoberfläche gelegenen Punkten von allen Grenzen des Baugrundstücks Abstand halten. Das System des Punktabstandes erfasst mit seiner Konzeption das gesamte Gebäude nach einheitlichen Maßstäben und nimmt unmittelbar Bezug zu den Grenzen des Baugrundstücks. Es stellt grundsätzlich auf die gewachsene Geländeoberfläche ab und berücksichtigt Aufschüttungen nur, soweit sie nicht zu ungerechtfertigten Vorteilen führen (§ 5 Abs. 9 NBauO).

Dennoch findet die Vorschrift des § 9 Abs. 1 Nr. 2a BauGB auch in Niedersachsen Anwendung. Das folgt daraus, dass sowohl das System der Abstandsflächen wie auch das System des Punktabstandes die gleiche Zielrichtung verfolgen, nämlich einen ausreichenden Abstand von baulichen Anlagen zu Grenzen des Baugrundstücks sicherzustellen. Deswegen erfasst die Regelung des § 9 Abs. Nr. 2a BauGB auch die niedersächsische Konzeption des Punktabstands (OVG Lüneburg B. v. 22.12.2014 – 1MN 118/14 – BRS 82 Nr. 40) Das bedeutet im Ergebnis, dass § 5 Abs. 2 NBauO im Geltungsbereich von Festsetzungen nach § 9 Abs. 1 Nr. 2a BauGB keine Anwendung findet (OVG Lüneburg, B. v. 22.12.2014 – 1MN 118/14 – a. a. O.).

B. Nutzungsänderungen

Übersicht

		Rn.
I.	Begriff der Nutzungsänderungen	13, 14
II.	Das Erfordernis der Rechtmäßigkeit baulicher Anlagen bei Nutzungsänderungen	15–17
III.	Baugenehmigungspflicht von Nutzungsänderungen	18, 19

I. Begriff der Nutzungsänderungen

13 Der **bauordnungsrechtliche Begriff der Nutzungsänderung** erstreckt sich auch auf Nutzungsänderungen nach § 29 Abs. 1 BauGB. Hierbei handelt es sich zwar um einen bundesrechtlich selbständigen Begriff. Dennoch sind Nutzungsänderungen im Sinne des städtebaulichen Planungsrechts zugleich auch Nutzungsänderungen im Sinne der NBauO (BVerwG, U. v. 23.1.1981 – 4 C 83.77 – BRS 38 Nr. 89).

14 Die NBauO enthält wie das BauGB keine Bestimmung des Begriffs der Nutzungsänderung.
Eine Nutzungsänderung **im Sinne des § 29 Abs. 1 BauGB** liegt nach st. Rspr. vor, wenn die – jeder Art von Nutzung eigene – Variationsbreite der bestehenden Nutzung überschritten wird und wenn durch die Aufnahme dieser veränderten Nutzung bodenrechtliche Belange neu berührt werden können, so dass sich die Genehmigungsfrage unter bodenrechtlichen Aspekten neu stellt (BVerwG, B. v. 1.3.1989 – 4 B 24.89 – DÖV 1989/725).
Nutzungsänderung im Sinne des Bauordnungsrechts ist jede Vollziehung einer mindestens teilweisen neuen Zweckbestimmung, die einer baulichen Anlage gegeben wird. Dabei kann es sich allerdings immer nur um solche Änderungen der Zweckbestimmung handeln, die rechtlich relevant sind, sei es weil bauordnungsrechtliche, sei es weil bauplanungsrechtliche Vorschriften bestehen, denen eine Konkretisierung des Zwecks entnommen werden kann (Evers, DVBl. 1967/249).
Auch **Änderungen allein der Zweckbestimmung** einer baulichen Anlage bei gleichbleibender Nutzung können bauliche Belange berühren. So handelt es sich um eine Nutzungsänderung, wenn Wohnungen für Aufsichts- und Bereitschaftspersonen nach § 8 Abs. 3 Nr. 1 und § 9 Abs. 3 Nr. 1 BauNVO einen nicht privilegierten Personenkreis zur Verfügung gestellt werden. Das OVG Berlin-Brandenburg hat mit Beschluss vom 30.5. 2016 (10 S 34.15 – Juris) entschieden, dass die dauerhafte Nutzung einer Wohnung, für die eine Genehmigung als Wohngebäude vorliegt, als Ferienwohnung für einen wechselnden Personenkreis eine baugenehmigungspflichtige Nutzungsänderung darstelle.
Jedoch nicht jede noch so geringe Änderung der Nutzung einer baulichen Anlage stellt eine rechtlich relevante Nutzungsänderung dar, da jeder Nutzung eine gewisse Variationsbreite inne wohnt (OVG Lüneburg v. 20.5.1992 – v. 125/91 – BRS 54 Nr. 143).

II. Das Erfordernis der Rechtmäßigkeit baulicher Anlagen bei Nutzungsänderungen

Bei einer Nutzungsänderung ist Gegenstand der Beurteilung nicht allein die Nutzungsänderung als solche, sondern das bestehende **Bauwerk** und die beabsichtigte **Nutzung als untrennbare Einheit** (vgl. BVerwG, U. v. 15.11.1974 – IV C 32.71 – BRS 28 Nr. 34; U. v. 11.11.1988 – 4 C 50.87 – BRS 48 Nr. 58; Sarnighausen, DÖV 1995/225). Für die Beurteilung einer Nutzungsänderung kann daher das bestehende Bauwerk nicht ausgesondert und losgelöst von der beabsichtigten Nutzung einer separaten Beurteilung unter dem Gesichtspunkt des Bestandsschutzes unterzogen werden (a. A. OVG MV, B. v. 27.8.1998 – 3 M 65/98 – BauR 1999/624).

Nutzungsänderungen müssen mit den zu diesem Zeitpunkt maßgebenden städtebaulichen und bauordnungsrechtlichen Anforderungen in vollem Umfang vereinbar sein (Nds. OVG, B. v. 2.3.1993 – 1 M 263/91 – BRS 55 Nr. 183). In planungs- und bauordnungsrechtlicher Hinsicht ist die Nutzungsänderung eines Gebäudes daher nicht anders zu beurteilen als die **Erst- oder Neuerrichtung des Gebäudes** zu dem angestrebten Zweck (BVerwG, U. v. 23.1.1981 – 4 C 83.77 – BRS 38 Nr. 89).

Die NBauO unterwirft **das Gebäude in seiner Gesamtheit** den Anforderungen an Grenzabstände. Ein Gebäude, dessen Nutzung geändert werden soll, ist bei dieser Beurteilung deshalb insgesamt baurechtswidrig, wenn es den erforderlichen Grenzabstand auch nur gegenüber einer Grenze unterschreitet. Eine Nutzungsänderung bestimmter Räume eines Gebäudes, das beispielsweise den Mindestabstand um 1 m unterschreitet, ist deshalb auch dann nicht mit § 5 vereinbar, wenn die Gebäudeteile mit diesen Räumen außerhalb des Abstandsbereichs von 3 m liegen. Daraus folgt insbesondere, dass bei jeder Nutzungsänderung die zu diesem Zeitpunkt maßgebenden Abstandsvorschriften einzuhalten sind. Jede Nutzungsänderung eines Gebäudes, das die Grenzabstände unterschreitet, ist daher nur nach Gewährung einer Abweichung nach § 66 NBauO von den Abstandsvorschriften materiell-rechtmäßig. Demgegenüber meinen der BayVGH (U. v. 26.11.1979 – Nr. 51 XIV 78 – BRS 36 Nr. 181) und das OVG NRW (U. v. 15.5.1997 – 11 A 7224/95 – BRS 59 Nr. 144), dass bei Nutzungsänderungen von Gebäuden, die die Grenzabstände unterschreiten, eine Anwendung der Abstandsvorschriften nur in Betracht komme, wenn durch die neue Nutzung nachteiligere Auswirkungen als durch die bisherige Nutzung auf die abstandsrelevanten Belange zu erwarten seien.

III. Baugenehmigungspflicht von Nutzungsänderungen

Nutzungsänderungen sind **Baumaßnahmen** im Sinne des § 2 Abs. 13 NBauO. Damit unterwirft die NBauO Nutzungsänderungen dem formellen und materiellen Bauordnungsrecht. Nutzungsänderungen bedürfen daher nach § 59 einer **Baugenehmigung**, soweit sich aus den §§ 60 bis 62, 74 und 75 nichts anderes ergibt.

19 Nach § 60 Abs. 2 Nr. 1 gehören Nutzungsänderungen zu den **verfahrensfreien Baumaßnahmen**, wenn das öffentliche Baurecht an die neue Nutzung weder andere noch weitergehende Anforderungen stellt. Ferner sind nach § 60 Abs. 2 Nrn 2 und 3 eine Umnutzung bestimmter Räume verfahrensfrei.
Nach § 62 Abs. 1 Satz 2 bedürfen Nutzungsänderungen von baulichen Anlagen **keiner Baugenehmigung**, wenn die baulichen Anlagen nach der Nutzungsänderung den Anforderungen entsprechen, die in § 62 Abs. 1 Satz 1 Nrn. 1 bis 4 gestellt werden. Dazu gehört insbesondere die Erfüllung der Anforderungen nach § 62 Abs. 2. Die Vorschrift des § 62 Abs. 1 Satz 2 findet keine Anwendung wenn es sich um Sonderbauten (§ 62 Abs. 1 Satz 3 oder um Nutzungsänderungen nach § 62 Abs. 1 Satz 4 handelt.

C. Grundstücksteilungen (§ 8 NBauO)

§ 8 Grundstücksteilungen

(1) Durch die Teilung eines Grundstücks, das bebaut ist oder dessen Bebauung genehmigt ist, dürfen keine Verhältnisse geschaffen werden, die den Vorschriften dieses Gesetzes oder aufgrund dieses Gesetzes erlassenen Vorschriften zuwiderlaufen.

(2) Soll bei einer Teilung eines Grundstücks nach Absatz 1 von Vorschriften dieses Gesetzes oder von aufgrund dieses Gesetzes erlassenen Vorschriften abgewichen werden, so ist § 66 entsprechend anzuwenden.

20 Die Teilung eines Grundstücks ist die dem Grundbuchamt gegenüber abgegebene oder sonst wie erkennbar gemachte Erklärung des Eigentümers, dass ein Grundstücksteil grundbuchmäßig abgeschrieben und als selbständiges Grundstück oder als ein Grundstück zusammen mit anderen Grundstücken oder mit Teilen anderer Grundstücke eingetragen werden soll (§ 19 Abs. 1 BauGB).

21 Grundstücksteilungen bedürfen nicht mehr der Genehmigung der BauAB. Dennoch **müssen Grundstücksteilungen** nach dem Bauordnungsrecht **materiell-rechtmäßig sein.** Deshalb fordert § 8 Abs. 1, dass durch die Teilung eines Grundstücks, das bebaut ist oder dessen Bebauung genehmigt ist, keine Verhältnisse geschaffen werden dürfen, die den Vorschriften der NBauO oder den Vorschriften aufgrund der NBauO zuwiderlaufen. Grundstücksteilungen müssen insbesondere mit den Vorschriften über die Grenzabstände und den Brandschutz vereinbar sein.

22 Vielfach soll die **Teilung eines Grundstücks zwischen vorhandenen Gebäuden** erfolgen, die untereinander nicht die nach § 7 erforderlichen Abstände einhalten (s. **Abb. 1**).

23 Vorbemerkungen

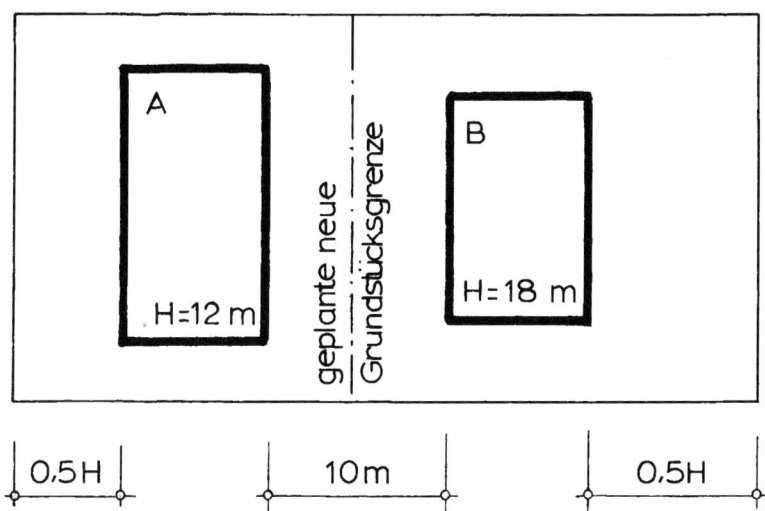

Abb. 1: Die Gebäude A und B halten nicht den nach § 7 Abs. 1 Satz 1 i. V. m. § 5 Abs. 2 Satz 1 erforderlichen Abstand von insgesamt 15 m ein; dennoch soll die Grundstücksteilung zwischen den Gebäuden erfolgen.

Eine solche Grundstücksteilung würde zwar an dem Gebäudebestand nichts ändern, der mit § 7 unvereinbar ist. Diese Teilung würde jedoch § 5 **zuwiderlaufen**, denn durch die Teilung würde eine neue Grundstücksgrenze entstehen, von der die Gebäude nach § 5 Abstand zu halten hätten.
Dem § 5 liegt zwar die gleiche Zielsetzung zu Grunde wie dem § 7. Dennoch würde eine Grundstücksteilung zwischen Gebäuden, die den nach § 7 erforderlichen Abstand nicht einhalten, zu einer **materiellen Verschlechterung** der baulichen Situation führen. Bei Gebäuden auf demselben Baugrundstück, die untereinander den erforderlichen Abstand unterschreiten, darf bei Abbruch eines der Gebäude ein Ersatzbau nur unter Einhaltung des nach § 7 erforderlichen Abstands errichtet werden. Diese Rechtsfolge würde durch die Teilung umgangen, weil sich der Abstand nach erfolgter Teilung für jeden Ersatzbau allein nach § 5 bestimmen würde, ohne Rücksicht auf die Abstände der vorhandenen und künftigen Gebäude untereinander, zwischen denen nunmehr eine Grenze verläuft. Hierin liegt die materielle Verschlechterung der baulichen Situation, die mit dem auf der Teilung beruhenden Verstoß gegen § 5 herbeigeführt würde (OVG Lüneburg, U. v. 27.10.1983 – 6 A 72/82 zu den bisherigen §§ 7 und 10 – BRS 40 Nr. 112).

In diesen Fällen ließe sich die Rechtmäßigkeit der Grundstücksteilung nur durch eine **Vereinigungsbaulast** nach § 2 Abs. 12 Satz 2 oder eine Abweichung nach § 66 NBauO (s. Rn. 32 ff.) herbeiführen. Diese Vorschrift wird von § 8 Abs. 2 NBauO ausdrücklich für entsprechend anwendbar erklärt, wenn bei Teilung eines Grundstücks, das bebaut ist oder dessen Bebauung genehmigt ist, von den Vorschriften der NBauO oder den Vorschriften aufgrund der NBauO abgewichen werden soll.

Eine Vereinigungsbaulast würde aus den durch Teilung verselbständigten Grundstücken im Sinne des Bürgerlichen Rechts ein Baugrundstück bilden, so dass sich die Abstände zwischen den Gebäuden auf diesem Baugrundstück nach § 7 und nicht nach § 5 bestimmen würden.

Vereinigungsbaulasten, die die Rechtmäßigkeit von Grundstücksteilungen ermöglichen, müssen jedoch übernommen sein, bevor die Grundstücksteilungen erfolgen. Bei Übernahme einer Vereinigungsbaulast ist jedoch zu berücksichtigen, dass die Grundstücke im Sinne des Bürgerlichen Rechts, die Gegenstand der Vereinigungsbaulast sein sollen, erst durch die Teilung entstehen. Dieses Problem lässt sich jedoch durch eine Vereinigungsbaulast ausräumen, die der Eigentümer als **Eigentümerbaulast** mit allen begünstigenden und verpflichtenden Wirkungen auf sein Grundstück übernimmt.

24 Eigentümerbaulast nach § 2 Abs. 12 Satz 2:

Ich/Wir … bestelle(n) folgende Baulast:
Auf den Grundstücken, die durch Teilung des Grundstücks in …, Flurstück … der Flur …, Gemarkung …, eingetragen im Grundbuch von …, Band …, Blatt … entstehen werden, müssen alle baulichen Anlagen das öffentliche Baurecht so einhalten, als wären diese Grundstücke ein Grundstück.

25 **Die Eigentümerbaulast ist** nach erfolgter Teilung und Bildung der neuen Grundstücke von Amts wegen **fortzuschreiben.** Jedes der neuen Grundstücke ist entsprechend dem Inhalt der Eigentümerbaulast von Amts wegen mit einer Vereinigungsbaulast nach § 2 Abs. 12 Satz 2 zu belasten.

26 Vereinigungsbaulast nach § 2 Abs. 12 Satz 2:

Auf den Grundstücken in …
a) Flurstück …der Flur …,Gemarkung…,eingetragen im Grundbuch von … ,Band …,Blatt, …
b) Flurstück … der Flur …, Gemarkung …, eingetragen im Grundbuch von …, Band …, Blatt …,
c) Flurstück … der Flur …, Gemarkung …, eingetragen im Grundbuch von …, Band …, Blatt …
müssen alle baulichen Anlagen das öffentliche Baurecht so einhalten, als wären diese Grundstücke ein Grundstück.

27 Für die Teilung eines bebauten Grundstücks, die der **Abtrennung eines unbebauten Grundstücksteils** dient, bedarf es einer Baulast nach § 6 Abs. 2, wenn das vorhandene Gebäude die erforderlichen Abstände gegenüber der künftigen Grundstücksgrenze nicht einhält (s. **Abb. 2**). Dabei ist zu berücksichtigen, dass das künftige Grundstück, auf dem die Baulast liegen soll, erst nach der Grundstücksteilung gebildet werden kann. Auch dieses Problem lässt sich dadurch ausräumen, dass die Baulast nach § 6 Abs. 2 als **Eigentümerbaulast** auf das noch ungeteilte Grundstück übernommen werden kann, wobei sich die zurechenbare Fläche an der künftigen Grundstücksgrenze zu orientieren hat. Nach der Teilung ist die Eigentümerbaulast von Amts wegen fortzuschreiben.

28, 29 Vorbemerkungen

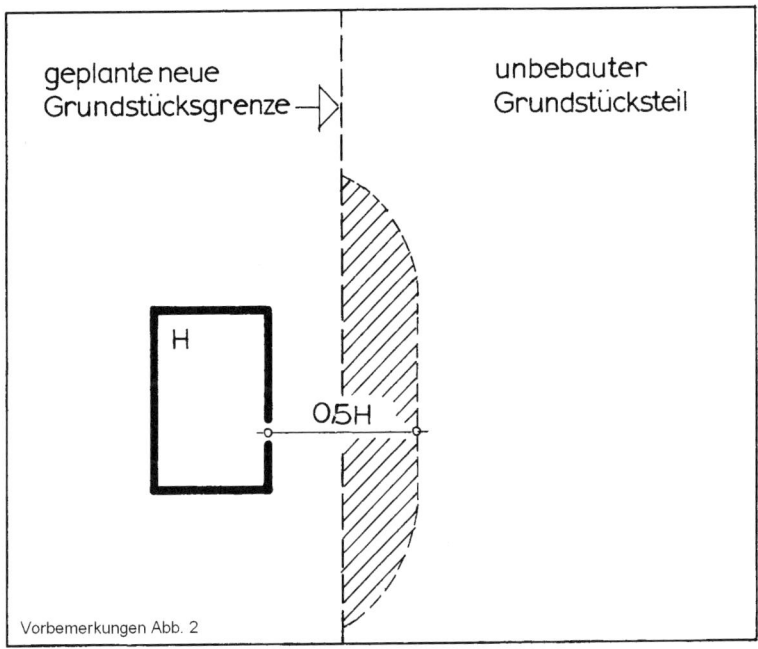

Vorbemerkungen Abb. 2

Abb. 2: Die für die Grundstücksteilung erforderliche Baulast nach § 6 Abs. 2 kann vor der Grundstücksteilung als Eigentümerbaulast auf das gesamte Grundstück übernommen werden.

Eigentümerbaulast nach § 6 Abs. 2: **28**

Ich/Wir ... bestelle(n) folgende Baulast:
Auf dem unbebauten Grundstücksteil des Grundstücks in ..., Flurstück ... der Flur ..., Gemarkung ..., eingetragen im Grundbuch von ..., Band ..., Blatt ... müssen bauliche Anlagen die vorgeschriebenen Abstände von der Begrenzungslinie der Grundstücksfläche einhalten, die in dem beiliegenden Lageplan gelb schraffiert ist. Der unbebaute Grundstücksteil wird durch die geplante und aus dem Lageplan ersichtliche Grundstücksgrenze abgegrenzt.

Bei Teilungen bebauter Grundstücke können die vorhandenen Gebäude häufig nicht den nach § 8 Abs. 1 Satz 1 Nr. 1 DVO-NBauO **erforderlichen Abstand von 2,50 m von der neuen Grundstücksgrenze** einhalten, obwohl die der neuen Grundstücksgrenze zugekehrten Außenwände keine Brandwände sind und vielfach Öffnungen haben. In diesen Fällen können Grundstücksteilungen nicht durch Vereinigungsbaulasten legalisiert werden. Dies schließt § 8 Abs. 1 Satz 3 DVO-NBauO ausdrücklich aus, damit Forderungen nach Brandwänden nicht durch Vereinigungsbaulasten umgangen werden können. Grundstücksteilungen, die zur Unterschreitung des nach § 8 Abs. 1 Nr. 1 DVO-NBauO erforderlichen Abstands von 2,50 m zu der geplanten Grenze führen, **29**

sind daher nur nach Zulassung einer **Abweichung nach** § 66 NBauO (s. Rn. 32 ff.) rechtmäßig.
Liegen die Voraussetzungen für eine Abweichung von § 8 Abs. 1 Satz 1 Nr. 1 DVO-NBauO nicht vor und lassen sich diese Voraussetzungen auch nicht durch bestimmte Baumaßnahmen schaffen, wie die Beseitigung von Fensteröffnungen in den Außenwänden, dann darf eine Grundstücksteilung nicht vorgenommen werden.

30 Eine beabsichtigte Teilung bebauter Grundstücke kann auch mit den Anforderungen des **städtebaulichen Planungsrechts** unvereinbar sein, insbesondere wenn die Teilung zu einer Unterschreitung der zulässigen Grund- und Geschoßflächenzahl führen würde. In diesen Fällen kann nur eine Befreiung von den Vorschriften des städtebaulichen Planungsrechts nach § 31 Abs. 2 BauGB in Betracht kommen. Durch eine Baulast ließe sich eine Teilung nicht legalisieren, da das Baugrundstück im Sinne des städtebaulichen Planungsrechts grundsätzlich das Grundstück im Sinne des Bürgerlichen Rechts ist.

31 Häufig werden jedoch Grundstücksteilungen vorgenommen, auch wenn sie nicht mit dem Bauordnungsrecht oder dem städtebaulichen Planungsrecht vereinbar sind. In diesen Fällen lässt sich die **rechtswidrige Grundstücksteilung** noch nachträglich durch eine Baulast, eine Abweichung nach § 66 NBauO oder eine Befreiung nach § 31 Abs. 2 BauGB legalisieren, wenn deren Voraussetzungen vorliegen. In der Regel erfährt die BauAB von der rechtswidrigen Grundstücksteilung jedoch erst dann, wenn nach der Grundstücksteilung ein Baugenehmigungsverfahren durchgeführt wird.

D. Abweichungen (§ 66 NBauO)

§ 66 Abweichungen

(1) [1]Die Bauaufsichtsbehörde kann Abweichungen von Anforderungen dieses Gesetzes und aufgrund dieses Gesetzes erlassener Vorschriften zulassen, wenn diese unter Berücksichtigung des Zwecks der jeweiligen Anforderung und unter Würdigung der öffentlich-rechtlich geschützten nachbarlichen Belange mit den öffentlichen Belangen, insbesondere den Anforderungen nach § 3 Abs. 1 vereinbar sind. [2]Es ist anzugeben, von welchen Vorschriften und in welchem Umfang eine Abweichung zugelassen wird. [3]§ 83 Abs. 1 Satz 3 bleibt unberührt.

(2) [1]Die Zulassung einer Abweichung bedarf eines schriftlichen und begründeten Antrags. [2]Für Anlagen, die keiner Genehmigung bedürfen, sowie für Abweichungen von Vorschriften, deren Einhaltung nicht geprüft wird, gilt Satz 1 entsprechend.

(3) [1]Eine Abweichung wird, wenn die Erteilung einer Baugenehmigung von ihr abhängt, durch die Baugenehmigung zugelassen. [2]Wenn eine Bestätigung nach § 65 Abs. 2 Satz 3 oder eine Entscheidung nach § 65 Abs. 9 oder den §§ 72 bis 75 von der Abweichung abhängt, wird diese durch die Bestätigung oder die Entscheidung zugelassen. [3]Die Zulassung einer Abweichung nach

Satz 1 gilt, solange die Baugenehmigung wirksam ist. 4 Für die gesonderte Zulassung einer Abweichung gilt § 71 entsprechend.
(4) Wird nach Absatz 1 Satz 1 zugelassen, dass notwendige Einstellplätze innerhalb einer angemessenen Frist nach Ingebrauchnahme der baulichen Anlage hergestellt werden, so kann die Baugenehmigung von einer Sicherheitsleistung abhängig gemacht werden.
(5) Abweichungen von örtlichen Bauvorschriften nach § 84 Abs. 1 und 2 dürfen nur im Einvernehmen mit der Gemeinde zugelassen werden.
(6) Die Absätze 2 und 3 gelten auch für die Erteilung von Ausnahmen und Befreiungen nach anderen Vorschriften des öffentlichen Baurechts, soweit nichts anderes bestimmt ist.

Übersicht

		Rn.
I.	Allgemeines	32
II.	Voraussetzungen für die Zulassung von Abweichungen (§ 66 Abs. 1 Sätze 1 und 2)	33–46
1.	Anwendungsbereich des § 66 Abs. 1 Satz 1	33
2.	Erfordernis der Atypik im Einzelfall	34–40
3.	Würdigung der öffentlich-rechtlich geschützten nachbarlichen Belange	41, 42
4.	Vereinbarkeit mit den öffentlichen Belangen	43–45
5.	Erforderliche Angaben bei Zulassung einer Abweichung	46
III.	Unberührtheitsklausel (§ 66 Abs. 1 Satz 3)	47
IV.	Verfahren (§ 66 Abs. 2 und 3)	48–52
V.	Verlangen nach Sicherheitsleistung im Zusammenhang mit notwendigen Einstellplätzen (§ 66 Abs. 4)	53
VI.	Abweichungen von örtlichen Bauvorschriften (§ 66 Abs. 5)	54
VII.	Verfahrensregelungen für Ausnahmen und Befreiungen (§ 66 Abs. 6)	55
VIII.	Nachbarbeteiligung (§ 68 Abs. 2 Satz 1)	56

I. Allgemeines

Die Vorschrift des § 66 ist **aus der MBO übernommen**. Sie ersetzt die bisherigen §§ 85 und 86 über Ausnahmen und Befreiungen, insbesondere § 13 mit seinen klar strukturierten Ausnahmetatbeständen.
Die Regelung über Abweichungen haben **Bayern** bereits 1994 **und Nordrhein-Westfalen** 1995 eingeführt. Diese Regelungen, wie auch die Regelungen in § 63 HBO und in § 69 LBO RhPf, entsprechen nahezu wörtlich § 66 Abs. 1 Satz 1. Die Vorschrift des § 66 wurde 2012 in die NBauO übernommen. Zu den bayerischen und nordrhein-westfälischen Regelungen über Abweichungen gibt es daher eine **langjährige Rechtsprechung** des BayVGH und des OVG NRW, die, wie auch die Rechtsprechung des Hess. VGH und des OVG RhPf, zu den jeweiligen landesrechtlichen Vorschriften über Abweichungen richtungsweisend und überzeugend ist.

II. Voraussetzungen für die Zulassung von Abweichungen (§ 66 Abs. 1 Sätze 1 und 2)

1. Anwendungsbereich des § 66 Abs. 1 Satz 1

33 Die Vorschrift des § 66 Abs. 1 ermöglicht im Einzelfall eine **Abweichung von materiell-rechtlichen Anforderungen** der NBauO und der aufgrund der NBauO erlassenen Verordnungen und örtlichen Baubestimmungen. Auch örtliche Baubestimmungen, die nach § 84 Abs. 6 in Bebauungspläne oder in Satzungen nach § 34 Abs. 4 Satz 1 Nrn. 2 und 3 BauGB aufgenommen worden sind, sind Vorschriften, die ausschließlich auf der Grundlage der NBauO getroffen werden. Für sie kann deshalb keine Befreiung nach § 31 Abs. 2 BauGB, sondern nur eine Abweichung nach § 66 in Betracht kommen.
Die Vorschrift des § 66 Abs. 1 lässt nur Abweichungen von **materiellen bauordnungsrechtlichen Anforderungen** zu. Dazu gehören nicht Regelungen des Geltungsbereichs oder des Verwaltungsverfahrens.

2. Erfordernis der Atypik im Einzelfall

34 Der Gesetzgeber hat, wie aus der Begründung zu § 66 hervorgeht (Drs. 16/3195), mit der Normierung des Abweichungstatbestandes das Ziel verfolgt, Abweichungen ohne Verknüpfung mit dem Erfordernis des atypischen Einzelfalls zuzulassen. Dabei geht, wie es in der **Begründung zum Gesetzentwurf** heißt, die Neufassung davon aus, dass Vorschriften des Bauordnungsrechts bestimmte Schutzziele verfolgen und zur Erreichung dieser Schutzziele nur einen Weg von mehreren möglichen Wegen weisen.

35 Fälle, in denen es der Zulassung einer Abweichung bedarf, um die Schutzziele auf anderen als den gesetzlich vorgeschriebenen Wegen zu erreichen und zwar **unter Gewährleistung des jeweiligen normativen Standards**, sind, wie schon die Fälle der bisherigen Zulassungen von Ausnahmen und Befreiungen zeigen, äußerst selten. Sie sind aus verfassungsrechtlicher Sicht auch unproblematisch, weil sich diese Abweichungen am jeweiligen normativen Standard orientieren. In den weit überwiegenden Fällen wird bei Abweichungen von den bauordnungsrechtlichen Anforderungen hingegen **der jeweilige normative Standard unterschritten**. Deshalb verlangt § 66 Abs. 1 Satz 1 unter Bezugnahme auf § 3 Abs. 1 auch, dass durch die Zulassung einer Abweichung die öffentliche Sicherheit nicht gefährdet werden darf und dass unzumutbare Belästigungen nicht entstehen dürfen.

36 Die Vorschrift über Abweichungen ist so auszulegen, dass sie dem **verfassungsrechtlichen Gebot der Bestimmtheit von Normen** genügt und dem Prinzip der Gesetzmäßigkeit der Verwaltung (Art. 20 Abs. 3 GG) nicht widerspricht. Eine Auslegung der Vorschrift, die es den Behörden ermöglichen würde, über die Normenanwendung im Bereich des Abstandsflächenrechts mehr oder minder nach Belieben zu verfügen, würde diesen Anforderungen nicht genügen und gegen das Rechtsstaatsprinzip verstoßen. (OVG NRW, B. v. 5.3.2007 – 10 B 274/07 – BRS 71 Nr. 124).

37 Durch die bauordnungsrechtlichen Vorschriften sind die schutzwürdigen und schutzbedürftigen Belange und Interessen regelmäßig schon in einen gerechten

Ausgleich gebracht worden. Die Gleichmäßigkeit des Gesetzesvollzugs gestattet daher nicht ein mehr oder minder beliebiges Abweichen von den Vorschriften der Landesbauordnung. Deshalb ist auch die Abweichung **kein Instrument zur Legalisierung gewöhnlicher Rechtsverletzungen** (OVG NRW, B. v. 10.8.2006 – 7 A 3176/05 – s. *nrw.de*; B. v. 5.11.2007 – 7 E 737/07 – s. *nrw.de*; B. v. 2.3.2007 – 10B 275/07 – *BauR 2007/1027*).

38 Die Zulassung einer Abweichung kommt daher nur in Betracht, wenn im konkreten Einzelfall **eine besondere, d. h. atypische Situation vorliegt**, die sich vom gesetzlichen Regelfall derart unterscheidet, dass die Nichtberücksichtigung oder die Unterschreitung des normativen Standards gerechtfertigt ist (OVG RhPf, U. v. 3.11.1999 – 8 A 10951/99 – BRS 62 Nr. 143; OVG NRW, B. v. 10.8.2006 – 7 A 3176/05 – s. *nrw.de*).
Das gilt erst recht, wenn es sich um **Abweichungen von Anforderungen der Abstandsvorschriften** handelt (BayVGH, U. v. 14.12.1994 – 26 B 93.4017 – BRS 57 Nr. 156).
Die Abstandsvorschriften sollen dem Nachbarn ein angemessenes Maß an Schutz garantieren und zugleich den Standard festlegen, was er an Bebauung in welchem Abstand hinzunehmen hat. Die Gewährleistung dieser Schutzziele erfordert eine strikte Beachtung der vorgeschriebenen Abstände. Demgemäß kann regelmäßig nur eine **grundstücksbezogene Atypik** eine Abweichung von Abstandsvorschriften rechtfertigen (OVG NRW, B. v. 5.3.2007 – 10 B 274/07 – BRS 71 Nr. 124;).

39 Der **Zweck der Abstandsvorschriften** wird in vollem Umfang nur erreicht, wenn das Vorhaben den Bestimmungen entspricht. Abweichungen von den Abstandsanforderungen können deshalb nicht allein mit der Erwägung gerechtfertigt werden, dass im konkreten Fall die Einhaltung des Zwecks der Vorschrift auf andere Weise gewährleistet erscheint. Vielmehr haben solche Abweichungen zur Folge, dass die Ziele des Abstandsrechts nur unvollkommen verwirklicht werden. Hierfür müssen Gründe vorliegen, durch die sich das Vorhaben von dem Regelfall unterscheidet. Eine Abweichung kann nur zugelassen werden, wenn die für sie sprechenden Gründe so viel Gewicht haben, dass die Anforderungen der Abstandsvorschriften auch dann noch als angemessen berücksichtigt angesehen werden können, wenn sie nur eingeschränkt zum Zuge kommen. Dabei müssen die Gründe umso bedeutender sein, je weiter die Verkürzung der Abstände gehen soll (BayVGH, U. v. 14.12.1994 – 26 B 93.4017 – BRS 57 Nr. 156; U. v. 15.12.2008 – 22 B 07. 143 – BRS 73 Nr. 129; OVG RhPf, U. v. 3.11.1999 – 8 A 10951/99 – BRS 62 Nr. 143).

40 Die Grundstückssituation muss **vom Normalfall**, welcher der gesetzlichen Abstandsregelung zugrunde liegt, in so deutlichem Maße **abweichen**, dass die strikte Anwendung des Gesetzes zu Ergebnissen führen würde, die der Zielrichtung der Norm nicht entsprechen (OVG NRW, B. v. 5.10.1998 – 7 B 1850/98 – BRS 60 Nr. 105).
Es muss sich um eine atypische, von der gesetzlichen Regel **nicht zureichend erfasste und bedachte Fallgestaltung** handeln. Dies kann sich aus einem besonderen Grundstückszuschnitt, einer aus dem Rahmen fallenden Bebauung auf dem Bau- oder Nachbargrundstück, aus einer besonderen städtebaulichen Situation,

wie der Lage des Baugrundstücks in einem historischen Ortskern oder aus topographischen Besonderheiten des Geländeverlaufs ergeben (OVG NRW, B. v. 2.3.2007 – 10 B 275/07 – BauR 2007/1027; BayVGH, B. v. 16.7.2007 – 1 CS 07.1340 – BauR 2007/1858; U. v. 15.12.2008 – 22 B 07.143 – BRS 73 Nr. 129; OVG Mecklenburg-Vorpommern, B. v. 25.6.2014 (3L 218/13 – BRS 82 Nr. 142).

3. Würdigung der öffentlich-rechtlich geschützten nachbarlichen Belange

41 Eine Abweichung von bauordnungsrechtlichen Anforderungen kann nur zugelassen werden, wenn sie unter Würdigung der **öffentlich-rechtlich geschützten nachbarlichen Belange** mit den öffentlichen Belangen vereinbar ist. Die nachbarlichen Belange sind Belange, die durch die jeweilige Norm geschützt sind. Bei den nachbarlichen Belangen muss es sich hingegen nicht um subjektiv-öffentlichen Rechtspositionen oder um Belange handeln, die auf nachbarschützenden Normen beruhen. Das Gesetz verlangt, wie bei dem planungsrechtlichen Gebot der Rücksichtnahme, eine Abwägung zwischen den für das Vorhaben sprechenden Gründen und den Belangen des Nachbarn. Werden die nachbarlichen Interessen nicht mit dem ihnen zukommenden Gewicht berücksichtigt, dann wird der Nachbar auch dann in seinen Rechten verletzt, wenn die Vorschrift, von der die Abweichung zugelassen wird, nicht dem Nachbarschutz dient (BayVGH, B. v. 16.7.2007 – 1 CS 07.1340 – BauR 2007/1858).

42 Je stärker die Interessen des Nachbarn berührt sind, umso gewichtiger müssen die für die Abweichung sprechenden Gründe sein. Soll von einer **nachbarschützenden Vorschrift über Grenzabstände** abgewichen werden, bedarf es des Vorliegens von privaten oder öffentlichen Belangen von herausgehobener Bedeutung, um sich gegen die Nachbarinteressen durchzusetzen. Bei der Gewichtung der nachbarlichen Interessen ist zu bedenken, dass diesen Interessen schon deshalb ein gewisser Vorrang zukommt, weil sie auf einem Interessenausgleich beruhen, den der Gesetzgeber für sachgerecht angesehen hat (VGH Kassel, B. v. 6.8.2007 – 4 TG 1133/07 – NVwZ – RR 2008/83; OVG RhPf, U. v. 3.11.1999 – 8 A 10951/99 – BRS 62 Nr. 143).

4. Vereinbarkeit mit den öffentlichen Belangen

43 Eine Abweichung von bauordnungsrechtlichen Anforderungen muss **mit den öffentlichen Belangen,** insbesondere mit den Anforderungen nach § 3 Abs. 1 **vereinbar sein.** Dabei handelt es sich um einen gerichtlich voll überprüfbaren unbestimmten Rechtsbegriff. Die Auslegung der jeweiligen Norm muss ergeben, welche öffentlichen Belange mit ihr verfolgt werden. Erst dann kann die Frage beantwortet werden, ob die Abweichung gleichwohl mit den öffentlichen Belangen vereinbar ist.

44 Die öffentlichen Belange umfassen alle baurechtlich relevanten Allgemeininteressen. Zur Beantwortung der Frage, welche öffentlichen Belange eine Norm schützt und welchen Zweck eine gesetzliche Anforderung verfolgt, ist das **von der Norm geschützte Rechtsgut zu ermitteln** und bei der Entscheidung in den Vordergrund zu stellen (OVG Lüneburg, U. v. 8.4.1961 – I A 2/60 – DVBl. 1961/477; OVG NRW, U. v. 28.1.2009 – 10 A 1075/08 – s. *nrw.de*).

Die Zulassung einer Abweichung muss insbesondere **mit den Anforderungen nach § 3 Abs. 1 vereinbar sein.** Das heißt, dass durch die Zulassung einer Abweichung weder die öffentliche Sicherheit gefährdet werden darf, noch unzumutbare Belästigungen entstehen dürfen. Mit dieser in § 66 Abs. 1 Satz 1 vorgenommenen Grenzziehung für die Zulassung einer Abweichung, die sich eigentlich schon unmittelbar aus § 3 Abs. 1 ergibt, wird zugleich signalisiert, in welchem Ausmaß der normgerechte Standard durch Abweichungen unterschritten werden darf.

Eine Abweichung kann auch durch **besonders schutzwürdige öffentliche Belange** gerechtfertigt sein, die sich gegenüber den mit der Norm verfolgten Belangen durchsetzen. Hier liegt ein die Abweichung rechtfertigender Sonderfall vor. Auch diese Fallgruppe verlangt eine Atypik, wobei sich die besondere Situation nicht aus der spezifischen Lage des Baugrundstücks ergibt, sondern aus den anders nicht durchsetzbaren öffentlichen Belangen, wie Belange des Lärmschutzes (VGH Kassel, B. v. 6.8.2007 – 4 TG 1133/07 – NVwZ – RR 2008/83). Grundsätzlich können auch städtebauliche Gründe als öffentliche Belange die Zulassung einer Abweichung von den Abstandsvorschriften rechtfertigen (BayVGH, B. v. 4.6.2007 – 25 CS 07.940 – NVwZ – RR 2007/578). Das gilt auch für Belange des Denkmalschutzes. **45**

5. Erforderliche Angaben bei Zulassung einer Abweichung

Nach § 66 Abs. 1 Satz 2 hat **die BauAB bei Zulassung einer Abweichung anzugeben, von welchen Vorschriften und in welchem Umfang eine Abweichung zugelassen wird.** Wird eine Baugenehmigung ohne erforderliche Abweichung erteilt oder wird die erforderliche Abweichung stillschweigend zugelassen, kann sie durch besonderen Verwaltungsakt nachgeholt werden. Die Rechtmäßigkeit der nachgeschobenen Abweichung kann in einem bereits anhängigen Nachbarrechtsstreit ohne Vorverfahren zusammen mit der Baugenehmigung geprüft werden (vgl. BVerwG, U. v. 17.2.1971 – IV C 2.68 – NfW 1971/1147). **46**

III. Unberührtheitsklausel (§ 66 Abs. 1 Satz 3)

Nach § 66 Abs. 1 Satz 3 bleibt § 83 Abs. 1 Satz 3 unberührt. Diese Vorschrift, nach der von Technischen Baubestimmungen unter bestimmten Voraussetzungen abgewichen werden darf, geht der Regelung des § 66 vor. Nach § 83 Abs. 1 Satz 3 bleibt wiederum § 66 unberührt, so dass Abweichungen nach § 66 dann möglich sind, wenn die Voraussetzungen für eine Abweichung von den Technischen Baubestimmungen nach § 83 Abs. 1 Satz 3 nicht vorliegen. **47**

IV. Verfahren (§ 66 Abs. 2 und 3)

Die Zulassung einer Abweichung bedarf nach § 66 Abs. 2 Satz 1 eines **schriftlichen und begründeten Antrags.** Danach genügt es nicht, für ein Vorhaben, das mit dem öffentlichen Baurecht unvereinbar ist, in einem Bauantrag stillschweigend einen Antrag auf Zulassung einer Abweichung zu stellen. Der Bauherr muss vielmehr ausdrücklich einen **48**

Vorbemerkungen 49–51

solchen Antrag stellen, die Vorschrift angeben, mit der das Vorhaben nicht vereinbar ist und den Antrag begründen. Hierdurch soll der Bauherr gezwungen werden, die Abweichungsbedürftigkeit seines Vorhabens gegenüber der BauAB offenzulegen.
Unterbleibt ein Antrag, so hat die BauAB nach § 69 Abs. 2 Satz 1 den Antrag unter Fristsetzung nachzufordern. Wird der Forderung nicht nachgekommen, so soll die BauAB nach § 69 Abs. 2 Satz 2 den Bauantrag unter Angabe der Gründe ablehnen.

49 Ein schriftlicher und begründeter Antrag für die Zulassung einer Abweichung ist nach § 66 Abs. 2 Satz 2 auch erforderlich **für Anlagen, die keiner Genehmigung bedürfen.** Hierbei geht es um die verfahrensfreien Baumaßnahmen nach § 60, insbesondere um die im Anhang genannten baulichen Anlagen und Teile baulicher Anlagen, um die genehmigungsfreien öffentlichen Baumaßnahmen nach § 61 sowie um die sonstigen genehmigungsfreien Baumaßnahmen nach § 62.

50 Ferner bedarf es nach § 66 Abs. 2 Satz 2 eines schriftlichen und begründeten Antrags für **Abweichungen von Vorschriften, deren Einhaltung nicht geprüft wird.**
Eine eingeschränkte Prüfung erfolgt im **vereinfachten Baugenehmigungsverfahren** nach § 63. In diesem Verfahren erstreckt sich die Prüfung im Bereich des Bauordnungsrechts nur auf die Vereinbarkeit mit den in § 63 Abs. 1 Satz 2 Nr. 2 genannten bauordnungsrechtlichen Vorschriften sowie nach § 65 Abs. 2 Satz 2 auf die Nachweise der Standsicherheit und des Brandschutzes für die in § 65 Abs. 3 genannten baulichen Anlagen. Die Einhaltung aller übrigen bauordnungsrechtlichen Vorschriften wird im vereinfachten Baugenehmigungsverfahren nicht geprüft.
Auch im **Baugenehmigungsverfahren** beschränkt sich nach § 64 Satz 3 die Prüfung der bautechnischen Nachweise auf die in § 65 Abs. 2 Satz 1 genannten Nachweise der Standsicherheit und des Brandschutzes für die in § 65 Abs. 3 genannten baulichen Anlagen.
Für Abweichungen von den **Anforderungen der Standsicherheit**, die auf Technischen Baubestimmungen beruhen, ist jedoch nicht § 66, sondern § 83 Abs. 1 Satz 3 maßgebend.

51 Nach § 66 Abs. 3 Sätze 1 und 2 **erfolgt die Zulassung einer Abweichung durch bestimmte Verwaltungsakte**, wenn deren Erteilung von der Abweichung abhängt.
Nach § 66 Abs. 3 Satz 1 wird eine Abweichung **durch eine Baugenehmigung zugelassen**, wenn deren Erteilung von der Zulassung abhängt.
Nach § 66 Abs. 3 Satz 2 wird eine Abweichung **durch eine Bestätigung nach § 65 Abs. 2 Satz 3 zugelassen**, wenn deren Erteilung von der Abweichung abhängt (bautechnische Nachweise).
Ferner wird nach § 66 Absatz 3 Satz 2 eine Abweichung durch einen Bescheid über eine Typenprüfung (§ 65 Abs. 8), eine Entscheidung über die Durchführung baugenehmigungsbedürftiger Anlagen (§ 72), einen Bauvorbescheid (§ 73), eine bauaufsichtliche Zustimmung (§ 74) oder eine Ausführungsgenehmigung

für fliegende Bauten (§ 75) zugelassen, wenn eine dieser Entscheidungen von der Abweichung abhängt.

Die Vorschrift des § 66 Abs. 3 Sätze 3 und 4 bestimmt die **Geltungsdauer einer erteilten Abweichung.** Eine Abweichung, die die Erteilung einer Baugenehmigung rechtfertigt, gilt nach § 66 Abs. 3 Satz 3, solange die Baugenehmigung wirksam ist. Für die gesonderte Zulassung einer Abweichung ist nach § 66 Abs. 3 Satz 2 die Regelung maßgebend, die nach § 71 für die Geltungsdauer der Baugenehmigung und der Teilbaugenehmigung gilt.

52 Über Abweichungen, deren Zulassung weder durch eine Baugenehmigung, noch durch eine Bestätigung oder durch eine sonstige Entscheidung nach § 66 Abs. 3 erfolgen kann, ist **durch besonderen Verwaltungsakt zu entscheiden**, auch wenn § 66 abweichend von den bisherigen §§ 85 und 86 hierüber keine Aussage enthält. Das betrifft Abweichungen von Anforderungen, die an verfahrensfreie Baumaßnahmen (§ 60), an genehmigungsfreie öffentliche Baumaßnahmen (§ 61), an sonstige genehmigungsfreie Baumaßnahmen (§ 62) sowie an Baumaßnahmen gestellt werden, deren Vereinbarkeit mit bauordnungsrechtlichen Vorschriften im vereinfachten Baugenehmigungsverfahren (§ 63) nicht zu prüfen ist, denn diese Baumaßnahmen müssen, wie § 59 Abs. 3 betont, die Anforderungen des öffentlichen Baurechts ebenso wie genehmigungsbedürftige Baumaßnahmen erfüllen.

V. Verlangen nach Sicherheitsleistung im Zusammenhang mit notwendigen Einstellplätzen (§ 66 Abs. 4)

53 Die Vorschrift des § 66 Abs. 4 bietet die Rechtsgrundlage dafür, im Rahmen einer Ermessensentscheidung **die Erteilung der Baugenehmigung von einer Sicherheitsleistung abhängig zu machen**, wenn durch Abweichung von § 47 Abs. 1 Satz 1 zugelassen wird, dass notwendige Einstellplätze erst innerhalb einer angemessenen Frist nach Ingebrauchnahme der baulichen Anlage hergestellt werden.
Nach § 47 Abs. 1 Satz 1 **müssen notwendige Einstellplätze** für bauliche Anlagen **zur Verfügung stehen**, soweit nicht § 47 Abs. 3 oder 5 Anwendung findet. In den Worten „müssen zur Verfügung stehen" kommt zum Ausdruck, dass notwendige Einstellplätze bei Ingebrauchnahme der baulichen Anlage hergestellt und nutzbar sein müssen.
Die Herstellung notwendiger Einstellplätze erst **nach Ingebrauchnahme der baulichen Anlage** würde daher zur Rechtswidrigkeit der baulichen Anlage führen, es sei denn, die BauAB hat nach § 66 Abs. 1 Satz 1 eine Abweichung von der Anforderung des § 47 Abs. 1 Satz 1 zugelassen. In diesen Fällen kann die BauAB nach § 66 Abs. 4 bei baugenehmigungspflichtigen baulichen Anlagen die Erteilung der Baugenehmigung von einer Sicherheitsleistung abhängig machen. Die Worte „abhängig machen" besagen, dass die BauAB die Baugenehmigung erst dann erteilt, wenn die Sicherheitsleistung erbracht worden ist.
Wie Sicherheit geleistet werden kann, ergibt sich aus § 232 BGB. In der Regel wird heute Sicherheit durch eine Bankbürgschaft geleistet. Höhe und Art der

Sicherheit bestimmt die BauAB nach pflichtgemäßem Ermessen unter Beachtung der Grundsätze der Verhältnismäßigkeit. Die BauAB hat aber hinzunehmen, wenn der Bauherr eine andere ausreichende Sicherheit anbietet.

VI. Abweichungen von örtlichen Bauvorschriften (§ 66 Abs. 5)

54 **Abweichungen von örtlichen Bauvorschriften** nach des § 84 Abs. 1 und 2 dürfen nach § 66 Abs. nur im Einvernehmen mit der Gemeinde zugelassen werden. Das gilt nach § 36 Abs. 1 Satz 1 BauGB auch für die Erteilung von Ausnahmen und Befreiungen nach § 31 BauGB. Das erforderliche Einvernehmen der Gemeinde ist ausdrücklich auf örtliche Bauvorschriften nach § 84 Abs, 1 und 2 beschränkt, da es sich hier um örtliche Bauvorschriften handelt, die die Gemeinde nach § 84 Abs. 4 als Satzung im **eigenen Wirkungskreis** erlässt.

Bei Abweichungen von örtlichen Bauvorschriftennach § 84 Abs. 3 ist hingegen ein Einvernehmen der Gemeinde nicht erforderlich, da die Gemeinde diese örtlichen Bauvorschriften im **übertragenen Wirkungskreis** erlässt. Eine Gemeinde hat auch kein eigenes Recht zu fordern, dass die BauAB die von ihr im übertragenen Wirkungskreis erlassenen örtlichen Baubestimmungen richtig anwendet. Ist eine Gemeinde der Ansicht, dass eine solche örtliche Bauvorschrift durch eine Entscheidung der BauAB verletzt worden ist, so kann sie diese Entscheidung daher nicht gerichtlich angreifen. Auch eine Beiladung der Gemeinde in einem anhängigen Verwaltungsgerichtsverfahren kommt nicht in Betracht, da ihr die Rechtsmacht fehlt, ein von ihr im übertragenen Wirkungskreis erlassene örtliche Bauvorschrift zu verteidigen (OVG Lüneburg, B. v. 28.1.2014 – ME 176/13 – BRS 82 Nr. 157).

VII. Verfahrensregelungen für Ausnahmen und Befreiungen (§ 66 Abs. 6)

55 Nach § 66 Abs. 6 gelten die Absätze 2 und 3 des § 66 auch **für die Erteilung von Ausnahmen und Befreiungen** nach anderen Vorschriften des öffentlichen Baurechts, soweit nichts anderes bestimmt ist.

Ausnahmen und Befreiungen bedürfen daher nach § 66 Abs. 2 **eines schriftlichen und begründeten Antrags.** Das gilt auch, wenn die Anlagen keiner Genehmigung bedürfen sowie für Ausnahmen und Befreiungen von Vorschriften, deren Einhaltung nicht geprüft wird.

Nach § 66 Abs. 3 werden erforderliche Ausnahmen und Befreiungen von Anforderungen an genehmigungspflichtige Baumaßnahmen durch die Baugenehmigung, im Übrigen durch den Bauvorbescheid (§ 73), die bauaufsichtliche Zustimmung (§ 74) oder die Ausführungsgenehmigung (§ 75) erteilt.

Ferner werden erforderliche Ausnahmen und Befreiungen von Anforderungen an Baumaßnahmen, die keiner Baugenehmigung bedürfen, **durch besonderen Verwaltungsakt erteilt,** auch wenn § 66 hierüber keine Aussage enthält.

VIII. Nachbarbeteiligung (§ 68 Abs. 2 Satz 1)

Vor einer positiven Entscheidung über eine Abweichung, Ausnahme oder Befreiung von einer nachbarschützenden Vorschrift des öffentlichen Baurechts, wozu die Abstandsvorschriften gehören, **soll die BauAB** nach § 68 Abs. 2 Satz 1 **die betroffenen Nachbarn beteiligen.** Das Gesetz stellt die Beteiligung der betroffenen Nachbarn nicht in das Belieben der BauAB. Sollvorschriften sind für die Behörde ebenso verbindlich wie Mussvorschriften, solange nicht besondere Umstände vorliegen, die ein Abweichen von der Regel rechtfertigen (BVerwG, U. v. 8.9.1972 – IV C 17.71 – DVBl. 1973/35).
Unterbleibt die nach § 68 Abs. 2 Satz 1 vorgeschriebene Nachbarbeteiligung, so berührt dies nicht die Wirksamkeit der von der BauAB getroffenen Entscheidung, insbesondere die Wirksamkeit einer Baugenehmigung. Das ergibt sich aus § 46 VwVfG.

E. Baulasten, Baulastenverzeichnis (§ 81 NBauO)

§ 81 Baulasten, Baulastenverzeichnis

(1) [1]Durch Erklärung gegenüber der Bauaufsichtsbehörde können Grundstückseigentümer öffentlich-rechtliche Verpflichtungen zu einem ihre Grundstücke betreffendes Tun, Dulden oder Unterlassen übernehmen, die sich nicht schon aus dem öffentlichen Baurecht ergeben (Baulasten). [2]Baulasten werden mit der Eintragung in das Baulastenverzeichnis wirksam und wirken auch gegenüber den Rechtsnachfolgern.

(2) Die Erklärung nach Absatz 1 bedarf der Schriftform; die Unterschrift muss öffentlich, von einer Gemeinde oder von einer Vermessungsstelle nach § 6 Abs. 1, 2 oder 3 des Niedersächsischen Gesetzes über das amtliche Vermessungswesen beglaubigt sein, wenn sie nicht vor der Bauaufsichtsbehörde geleistet oder vor ihr anerkannt wird.

(3) [1]Die Bauaufsichtsbehörde kann die Baulast löschen, wenn ein öffentliches und privates Interesse an der Baulast nicht mehr besteht. [2]Auf Antrag des Eigentümers eines begünstigten oder des belasteten Grundstücks hat die Bauaufsichtsbehörde die Baulast zu löschen, wenn die Voraussetzungen nach Satz 1 erfüllt sind. [3]Vor der Löschung sind die Eigentümer der begünstigten Grundstücke zu hören; die Frist zur Äußerung beträgt zwei Wochen. [4]Die Löschung wird mit ihrer Eintragung im Baulastenverzeichnis wirksam. [5]Von der Löschung sind die Eigentümer des belasteten Grundstücks und der begünstigten Grundstücke zu benachrichtigen.

(4) [1]Das Baulastenverzeichnis wird von der Bauaufsichtsbehörde geführt. [2]In das Baulastenverzeichnis können auch eingetragen werden, soweit ein öffentliches Interesse an der Eintragung besteht,
1. Verpflichtungen des Eigentümers zu einem sein Grundstück betreffendes Tun, Dulden oder Unterlassen, die sich aus öffentlichem Baurecht ergeben, und
2. Bedingungen, Befristungen und Widerrufsvorbehalte.

(5) Wer ein berechtigtes Interesse darlegt, kann das Baulastenverzeichnis einsehen und sich Auszüge erteilen lassen.

Vorbemerkungen 57

Übersicht

		Rn.
I.	Allgemeines	57
II.	Inhalt der Baulast	58–64
1.	Öffentlich-rechtliche Verpflichtung	59
2.	Grundstücksbezogenheit der Verpflichtung	60
3.	Baurechtliche Relevanz der Verpflichtung	61–63
4.	Subsidiarität der Verpflichtung	64
III.	Voraussetzungen für die Entstehung der Baulast	65–86
1.	Erklärung des Grundstückseigentümers	65, 66
2.	Öffentlich-rechtliche Willenserklärung	67–72
3.	Bestimmtheit der Baulasterklärung	73, 74
4.	Form der Verpflichtungserklärung	75–77
5.	Eintragung der Baulast in das Baulastenverzeichnis	78–82
IV.	Fehlerhafte Baulasten	83–86
V.	Rechtswirkungen der Baulast	87–91
1.	Rechtsposition des Baulastbegünstigten gegenüber der BauAB	87
2.	Verhältnis Baulastbegünstigter und Baulastübernehmer	88
3.	Wirkungen der Baulast gegenüber dem Baulastübernehmer	89, 90
4.	Rechtswirkungen der Baulast gegenüber Dritten	91
VI.	Die Baulast im Anwendungsbereich des städtebaulichen Planungsrechts	92–98
VII.	Löschung einer Baulast	99–102
VIII.	Das Baulastenverzeichnis	103–107

I. Allgemeines

57 Die große Bedeutung der Baulast liegt darin, dass sie rechtliche Hindernisse, die einer Bebauung entgegenstehen, ausräumt und damit eine **größere Flexibilität auf dem Gebiet des öffentlichen Baurechts** bewirkt.
So ermöglicht die Baulast u. a.:
- die Bildung eines Baugrundstücks aus mehreren Baugrundstücken (§ 2 Abs. 12),
- die Erschließung eines Baugrundstücks über Flächen, die nicht dem öffentlichen Verkehr gewidmet sind (§ 4 Abs. 2),
- eine Grenzbebauung im Rahmen der uneingeschränkten offenen Bauweise (§ 5 Abs. 5).
- die Hinzurechnung benachbarter Grundstücksflächen für die Bemessung des Grenzabstands (§ 6 Abs. 2),
- die Verlagerung notwendiger Einstellplätze auf fremde Grundstücke (§ 47 Abs. 4) und
- die Verlagerung von Fahrradabstellanlagen auf fremde Grundstücke (§ 48 Abs. 1).

Die Baulast sorgt auch für die notwendige **Transparenz** der vom Baulastübernehmer übernommenen Pflichten und Einschränkungen, die für den Baulastübernehmer und dessen Rechtsnachfolger jeder Zeit aus dem Baulastenverzeichnis ersichtlich sind.

II. Inhalt der Baulast

Die NBauO definiert in § 81 Abs. 1 Satz 1 die Baulast als öffentlich-rechtliche Verpflichtung eines Grundstückseigentümers zu einem sein Grundstück betreffendes Tun, Dulden oder Unterlassen, die sich nicht schon aus dem öffentlichen Baurecht ergibt. **58**

1. Öffentlich-rechtliche Verpflichtung

Die Verpflichtung, die Gegenstand einer Baulast ist, **muss öffentlich-rechtlichen Charakter haben.** Für die Zuordnung einer Verpflichtung zum öffentlichen Recht ist entscheidend, ob die Verpflichtung nach ihrem Inhalt der Erfüllung von Anforderungen des öffentlichen Rechts dient. Wer nach § 6 Abs. 2 Grundstücksflächen für die Bemessung des nach § 5 erforderlichen Grenzabstands zur Verfügung stellt, übernimmt eine öffentlich-rechtliche Verpflichtung, mit der eine Anforderung der NBauO als öffentliches Recht erfüllt wird. Aus dem **NNachbarrechtsG** als Privatrecht lassen sich hingegen nur Anforderungen herleiten, die privatrechtlicher Natur sind, so dass Verpflichtungen nach § 50 NNachbarrechtsG, mit Bäumen und Büschen Grenzabstände einzuhalten, nicht Gegenstand einer Baulast sein können. Nur die Bereitstellung notwendiger Einstellplätze nach § 47 Abs. 4 dient der Erfüllung öffentlich-rechtlicher Verpflichtung, so dass **nicht notwendige Einstellplätze** nicht durch eine Baulast gesichert werden können. **59**

2. Grundstücksbezogenheit der Verpflichtung

Die öffentlich-rechtliche Verpflichtung muss, vergleichbar mit einer Grunddienstbarkeit (§ 1018 BGB), **grundstücksbezogen sein.** Sie kann nur von einem Grundstückseigentümer für sein Grundstück übernommen werden. Die sich hieraus herleitende Rechtsnatur der Baulast als öffentlich-rechtliche Grundstücksbelastung hat vor allem Konsequenzen im Hinblick auf die Verfügungsbefugnis des jeweiligen Eigentümers über sein Grundstück. **60**

3. Baurechtliche Relevanz der Verpflichtung

Die öffentlich-rechtliche Verpflichtung muss **baurechtlichen Zwecken dienen;** sie muss baurechtlich bedeutsam sein. Diese Beschränkung ergibt sich aus der geschichtlichen Entwicklung der Baulast zu einem bauaufsichtlichen Institut, aus der Bezeichnung „Baulast" und der Regelung der Baulastmaterie in der Bauordnung. **61**
Verpflichtungen mit baurechtlicher Relevanz beschränken sich nicht auf das Bauordnungsrecht. Sie können auch zu Rechtsbereichen des sonstigen öffentlichen Baurechts, insbesondere zum städtebaulichen Planungsrecht gehören. Eine Einschränkung ergibt sich jedoch daraus, dass die verwaltungsmäßige Behandlung der Baulast zum Aufgabenbereich der BauAB gehören muss. Eine baurechtlich relevante Verpflichtung, die Gegenstand einer Baulast sein kann, liegt deshalb nur dann vor, wenn die Verpflichtung in den Bereich der Aufgaben fällt, die die BauAB wahrzunehmen haben. Zwischen der durch die Baulast übernommenen Verpflichtung und der Wahrnehmung der der BauAB obliegenden Aufgaben muss ein Zusammenhang bestehen (VGH BW, U. v. 10.1.2007 – 3 S 1251/06 – BRS 71 Nr. 136). Diese Einschränkung stellt sicher,

Vorbemerkungen   62, 63

dass die BauAB nicht mit Baulasten befasst werden, deren Verpflichtungen in den Aufgabenbereich einer anderen Behörde fällt. Andernfalls könnten Baulasten zu einer Aufgabenverlagerung zugunsten der BauAB führen. Baulasten können daher nicht im Rahmen des Aufgabenbereichs anderer Behörden eingesetzt werden.

Der Einsatz von Baulasten ist jedoch nicht ausgeschlossen, wenn andere Genehmigungen, wie die Genehmigung nach § 13 BImSchG, die Baugenehmigung einschließt, da durch die Konzentrationswirkung nur das Baugenehmigungsverfahren entfällt. Entsprechendes gilt, wenn die Baugenehmigung andere Genehmigungen einschließt.

Auch wenn die BauAB auf die Mitwirkung anderer Behörden angewiesen ist, wird die Sachentscheidungskompetenz der BauAB nicht in Frage gestellt. Das gilt beispielsweise bei der Sicherung von Ausgleichs- und Ersatzmaßnahmen im Naturschutzrecht durch Baulasten.

62 Eine Baulast kann ohne konkreten Anlass, „**auf Vorrat**", insbesondere unabhängig von einem Genehmigungsverfahren übernommen werden. Voraussetzung ist lediglich, dass nicht ausgeschlossen sein darf, dass die Baulast in naher Zukunft baurechtliche Bedeutung gewinnen kann (VGH BW, U. v. 1.10.2004 – 3 S 1743/03 – BRS 67 Nr. 150; Nds. OVG, U. v. 16.1.2012 – 1 LB 219/09 – s. Nds. Landesjustizportal; zu eng mit der Beschränkung auf ein unmittelbar vor der Verwirklichung stehendes konkretes Bauvorhaben, OVG NRW, B. v. 10.10.1997 – 7 B 1974/97 – BRS 59 Nr. 228).

Häufig führen Überlegungen zur Bebauung eines Grundstücks erst dann zu konkreten und auch kostspieligen Plänen, wenn das in Aussicht genommene Vorhaben allen Anforderungen des öffentlichen Baurechts entspricht. Das gilt insbesondere, wenn ein Teil des erforderlichen Grenzabstands auf das Nachbargrundstück verlagert werden muss oder wenn die Zufahrt über private Grundstücksflächen führen soll. Es besteht daher ein Bedürfnis nach Baulasten bereits zu dem Zeitpunkt, zu dem sich das in Aussicht genommene Vorhaben noch nicht hinreichend konkretisieren lässt.

Baulasten werden nicht immer zugunsten eines benachbarten Grundstücks übernommen. Sie können vom Baulastübernehmer als sog. **Eigentümerbaulasten** auch zugunsten seines Grundstücks übernommen werden, um beispielsweise vor der Abtrennung und Veräußerung eines Teilgrundstücks auf diesem die Zufahrt zu dem Restgrundstück sicherzustellen oder um das zu veräußernde Teilgrundstück mit einer Baulast nach § 6 Abs. 2 für ein vorhandenes Gebäude auf dem Restgrundstück zu belasten (s. Rn. 23).

63 Die Baulastverpflichtung hat auch nur dann eine baurechtliche Relevanz, wenn ihr **Inhalt rechtlich zulässig** ist. So darf eine Stellplatzbaulast nicht auf eine Grundstückszufahrt übernommen werden. Ebenfalls rechtswidrig wäre eine Baulast nach § 5 Abs. 5, wenn der Bebauungsplan nach § 22 Abs. 2 BauNVO nur „Einzelhäuser" zuließe. An einer baurechtlichen Relevanz mangelt es beispielsweise auch dann, wenn die Bebauung eines Grundstücks aus Gründen des Planungsrechts unzulässig ist.

4. Subsidiarität der Verpflichtung

64 Wie aus § 81 Abs. 1 Satz 1 hervorgeht, kann Inhalt einer Baulast nur eine Verpflichtung sein, die sich nicht schon aus dem öffentlichen Baurecht ergibt. Nach dem hier zum Ausdruck kommenden **Grundsatz der Subsidiarität** muss es sich um eine eigenständig begründete Verpflichtung handeln, für die das öffentliche Baurecht keine unmittelbare Rechtsgrundlage bietet. Eine Verpflichtung, die sich unmittelbar aus dem öffentlichen Baurecht ergibt und die deshalb nur deklaratorisch übernommen werden könnte, ist nicht baulastfähig. So sind nach § 8 Abs. 3 und § 9 Abs. 3 BauNVO in Gewerbe- und Industriegebieten nur Wohnungen für Aufsichts- und Bereitschaftspersonen sowie für Betriebsinhaber und Betriebsleiter zulässig. Diese Einschränkungen ergeben sich unmittelbar aus dem Gesetz, so dass im Falle der Genehmigung einer solchen Wohnung eine Baulast mit gleichlautendem Inhalt nicht zulässig wäre.

Eine Verpflichtung, die nach § 36 VwVerfG durch **Auflage** auferlegt werden kann, ergibt sich nicht unmittelbar aus dem öffentlichen Baurecht. Es besteht daher zwischen Baulast und Auflage eine Wahlmöglichkeit, so dass eine Verpflichtung durch Baulast übernommen werden kann, so lange sie noch nicht als Auflage angeordnet worden ist.

III. Voraussetzungen für die Entstehung der Baulast

1. Erklärung des Grundstückseigentümers

65 Die Baulast als öffentlich-rechtliche Grundstücksbelastung kann nur von demjenigen übernommen werden, der Grundstückseigentümer ist oder spätestens zum Zeitpunkt der Eintragung der Baulast in das Baulastenverzeichnis im Grundbuch eingetragen ist (OVG Berlin, U. v. 8.9.1995 – 2 B 4.94 – BRS 57 Nr. 203) und der die **uneingeschränkte Verfügungsbefugnis über das Grundstück** besitzt. Daraus folgt:

- Bei **Miteigentum** muss die Verpflichtungserklärung von sämtlichen Miteigentümern abgegeben werden (OVG NRW, U. v. 9.5.19955 – 11 A 4010 – BRS 57 Nr. 204). Das gilt auch bei **Wohnungseigentum** nach dem Wohnungseigentumsgesetz, so dass die Verpflichtungserklärung von sämtlichen Wohnungseigentümern als Miteigentümer abgegeben werden muss (BGH, U. v. 26.10.1990 – V ZR 105/89 – JZ 1991/252). Betrifft die Baulast nur das Sondereigentum eines Miteigentümers (z. B. einen Einstellplatz in einer Tiefgarage), dann bedarf es nicht der Mitwirkung der übrigen Miteigentümer.
- Besteht ein **Erbbaurecht**, dann müssen der Grundstückseigentümer und der Erbbauberechtigte jeweils mit Zustimmung des anderen die Verpflichtungserklärung abgeben (OVG Lüneburg, U. v. 26.5.1989 – 6 A 147/87 – BRS 49 Nr. 177; VGH BW, U. v. 13.7.1992 – 8 S 588/92 – BRS 54 Nr. 162 = DVBl. 1993/119).
  Das Erbbaurecht ist ein grundstücksgleiches Recht, das wie ein Grundstück behandelt wird (§ 11 ErbbauVO). Bei Bestehen eines Erbbaurechts muss die Baulast daher auf das Erbbaurecht übernommen werden. Dies kann jedoch nicht ohne Zustimmung des Grundstückseigentümers geschehen, da dieser durch die Baulast in seinem Eigentumsrecht beeinträchtigt wird (OVG Lüneburg, U. v. 26.5.1989 – 6 A 147/87 – a. a. O.).

Vorbemerkungen 65

Auch der Grundstückseigentümer muss die Baulast auf sein Grundstück übernehmen, denn mit dem Erlöschen des Erbbaurechts erlischt auch eine auf das Erbbaurecht übernommene Baulast (§ 33 Abs. 1 Satz 3 ErbbauVO), was mit dem auf Dauer angelegten Sicherungszweck einer Baulast unvereinbar ist. Der Eigentümer eines mit einem Erbbaurecht belasteten Grundstücks hat jedoch nicht mehr die alleinige Verfügungsbefugnis, so dass zur Bestellung einer Baulast die Zustimmung des Erbbauberechtigten erforderlich ist.

- Ist das Grundstück mit einer **Grunddienstbarkeit** (§ 1018 BGB), einer **beschränkt persönlichen Dienstbarkeit** (§ 1090 BGB) oder einem **Nießbrauch** (§ 1030 BGB) belastet, dann bedarf es der Zustimmung der dinglich Berechtigten zu einer Baulastbestellung des Grundstückseigentümers, wenn durch die Baulast die Rechte der dinglich Berechtigten berührt werden. Ist beispielsweise eine Grundstückszufahrt Gegenstand einer Grunddienstbarkeit und wird auf die Zufahrtsfläche eine Abstandsbaulast nach § 6 Abs. 2 übernommen, ist die Zustimmung des dinglich Berechtigten nicht erforderlich, weil die Baulast die Grunddienstbarkeit nicht berührt. Hingegen wird ein Nießbrauch als umfassendes Nutzungsrecht durch eine Zufahrts- oder Stellplatzbaulast beeinträchtigt, so dass die Baulastbestellung der Zustimmung des Nießbrauchers bedarf.
- Auch eine **Auflassungsvormerkung** (§ 883 BGB), die im Grundbuch zugunsten eines Käufers eingetragen ist, führt zur Einschränkung der Verfügungsbefugnis des Grundstückseigentümers. Dieser bedarf für die Bestellung einer Baulast daher der Zustimmung des Auflassungs-Vormerkungsberechtigten (OVG Lüneburg, U. v. 12.9.1997 – 1 L 5585/96 – BRS 59 Nr. 192 = Nds. Rpfl. 1998/14; Sächs. OVG, B. v. 9.9.1994 – 1 S 259/94 – BRS 56 Nr. 115).
- Ein **nicht befreiter Vorerbe** (§ 2113 BGB) ist ebenfalls in seiner Verfügungsbefugnis beschränkt (VGH BW, U. v. 27.2.1989 – 5 S 3256/88 – NJW 1990/268). Für die Übernahme einer Baulast auf ein zur Erbschaft gehörendes Grundstück ist daher die Zustimmung des Nacherben erforderlich.
- Durch Eröffnung des **Insolvenzverfahrens** geht das Recht des Schuldners, über ein zur Insolvenzmasse gehörendes Grundstück zu verfügen, auf den Insolvenzverwalter über (§ 80 Abs. 1 InsO). Die Übernahme einer Baulast auf ein zur Insolvenzmasse gehörendes Grundstück kann daher nur durch den Insolvenzverwalter erfolgen.
- Durch Anordnung der **Zwangsversteigerung** gilt das Grundstück zugunsten des Gläubigers als beschlagnahmt, was zu einem Veräußerungsverbot führt (§§ 20, 23 ZVG). Deshalb kann eine Baulast auf ein solches Grundstück nur mit Zustimmung des Vollstreckungsgläubigers übernommen werden (Hess. VGH, U. v. 19.4.1981 – IV OE 70/80 – BRS 38 Nr. 135; OVG NRW, U. v. 18.6.1995 – 11 A 11/94 – BRS 57 Nr. 205).
- Im **Umlegungsverfahren** dürfen Baulasten nur mit Genehmigung der Umlegungsstelle begründet, geändert oder aufgehoben werden (§ 51 Abs. 1 Nr. 1 BauGB).
- In **förmlich festgesetzten Sanierungsgebieten** dürfen Baulasten nur mit Genehmigung der Gemeinde begründet, geändert oder aufgehoben werden (§ 144 Abs. 1 Nr. 4 BauGB).

- Eine im Grundbuch eingetragene **Hypothek** oder **Grundschuld** führt nach h. M. nicht zu einer Verfügungsbeschränkung des Grundstückseigentümers.
- Auch ein **dingliches Vorkaufsrecht** (§ 1094 BGB) berührt nicht die uneingeschränkte Verfügungsbefugnis des Grundstückseigentümers bei der Bestellung einer Baulast.

Die genannten Verfügungsbeschränkungen des jeweiligen Grundstückseigentümers ergeben sich aus **Abteilung II des Grundbuchs**, entweder aus den dort eingetragenen dinglichen Rechten oder aus Vermerken, wie dem Nacherbenvermerk (§ 51 GO), Versteigerungsvermerk (§ 19 ZVG), Insolvenzvermerk (§ 32 InsO), Umlegungsvermerk (§ 54 BauBG) oder Sanierungsvermerk (§ 143 Abs. 2 BauGB).

Bei minderjährigen Kindern oder juristischen Personen, die als Grundstückseigentümer eine Baulast übernehmen, stellt sich die Frage nach deren **Vertretung**.

- Für **minderjährige Kinder** handeln grundsätzlich deren Eltern. Diesen obliegt nach § 1626 Abs. 1 BGB die Personen- und Vermögenssorge. Zu Rechtsgeschäften für das minderjährige Kind bedürfen die Eltern nach § 1643 BGB jedoch der Genehmigung des Familiengerichts in den Fällen, in denen nach § 1821 BGB ein Vormund der Genehmigung des Vormundschaftsgerichts bedarf. Die Genehmigung des Vormundschaftsgerichts ist nach § 1821 Abs. 1 Nr. 1 BGB erforderlich „zur Verfügung über ein Grundstück oder ein Recht an einem Grundstück". Die Übernahme einer Baulast ist eine Verfügung im Sinne des § 1821 Abs. 1 Nr. 1 BGB, so dass die Eltern dazu der Genehmigung des Familiengerichts nach § 1643 BGB bedürfen (OVG NRW, U. v. 9.5.1995 – 11 A 4010/92 – BRS 57 Nr. 204). Eine ohne diese Genehmigung übernommene Baulast ist nach § 1643 in Verbindung mit § 1831 BGB unwirksam.
- Eine **Gesellschaft mit beschränkter Haftung** (**GmbH**) wird nach § 35 Abs. 1 GmbHG durch die Geschäftsführer vertreten. Ist im Gesellschaftsvertrag nichts anderes bestimmt, muss nach § 35 Abs. 2 GmbHG die Verpflichtungserklärung zur Übernahme einer Baulast auf ein der GmbH gehörendes Grundstück von sämtlichen Geschäftsführern abgegeben werden. Entsprechendes gilt für eine **Aktiengesellschaft** (**AG**) nach § 78 AktG.
- Eine **offene Handelsgesellschaft** (**OHG**) ist zwar keine juristische Person, dennoch kann sie nach § 124 HGB auch Eigentum erwerben, insbesondere Eigentümer eines Grundstücks sein. Zur Vertretung der OHG ist nach § 125 HGB jeder Gesellschafter ermächtigt, soweit im Gesellschaftsvertrag nichts anderes bestimmt ist.

Für die Übernahme einer Baulast durch die beispielhaft genannten Gesellschaften ist die Vorlage eines **Auszugs aus dem Handelsregister** und des **Gesellschaftsvertrags bzw. der Satzung** erforderlich.

2. Öffentlich-rechtliche Willenserklärung

Die Erklärung, mit der ein Grundstückseigentümer nach § 81 Abs. 1 Satz 1 gegenüber der BauAB eine Baulast übernehmen kann, ist eine empfangsbedürftige **öffentlich-rechtliche Willenserklärung**. Sie wird entsprechend § 130 BGB mit ihrem Zugang bei der BauAB wirksam, es sei denn, der BauAB geht vorher oder gleichzeitig ein Widerruf zu.

68 Mit der Verpflichtungserklärung ist der Antrag auf Eintragung verbunden. Eine **Rücknahme des Eintragungsantrags** ist nur möglich, solange die Baulast noch nicht entstanden, d. h. solange sie noch nicht in das Baulastenverzeichnis eingetragen ist. In der Regel entfalten Anträge auf Erlass von Verwaltungsakten bis zur Unanfechtbarkeit der Verwaltungsentscheidung keine Außenwirkung. Sie stellen lediglich ein Internum zwischen dem Antragsteller und der Verwaltung dar und können deswegen bis zu Unanfechtbarkeit der Verwaltungsentscheidung zurückgenommen werden (vgl. BVerwG, U. v. 3.4.1987 – 4 C 30/85 – NJW 1988/275; BSG, U. v. 17.4.1986 – 7 RAr 81/84 – BSGE 60/79).

Anträge können jedoch nicht mehr zurückgenommen werden, sobald sie im Außenverhältnis Rechtsfolgen herbeigeführt haben, durch die Dritte rechtlich betroffen sind (Wolff-Bachhof-Stober, Verwaltungsrecht II Rdn. 9 ff. zu § 60). Diese Voraussetzungen liegen vor, wenn ein Antrag auf Eintragung einer fremdnützigen Baulast zur Eintragung geführt hat, denn mit der Entstehung der Baulast erweitert der durch die Baulast Begünstigte seine Rechtsposition und erlangt ein subjektiv-öffentliches Recht auf Erteilung der Baugenehmigung unter Berücksichtigung der Baulast (Nds. OVG, U. v. 2.7.1991 – 6 L 132/89 – BRS 52 Nr. 164 = Nds. Rpfl. 1992/10).

69 Die öffentlich-rechtliche Willenserklärung, mit der eine Baulast übernommen wurde, kann in entsprechender Anwendung des § 119 BGB **wegen Irrtums angefochten werden** (OVG Lüneburg, U. v. 12.12.1986 – 1 A 172/86 – BRS 46 Nr. 164; a.A. VGH BW, U. v. 13.4.1984 – 3 S 696/84 – NJW 1985/1723). Eine Anfechtung der Baulasterklärung ist jedoch dann nicht mehr zulässig, wenn eine Baugenehmigung erteilt worden ist, deren Rechtmäßigkeit auf der Baulast beruht (Nds. OVG, U. v. 21.1.1999 – 1 L 5580/96 – BRS 62 Nr. 146; U. v. 26.3.1999 – 1 L 215/97 – BRS 62 Nr. 145 = BauR 2000/373). Das Gleiche gilt, wenn ein genehmigungsfreies Bauvorhaben, dessen Rechtmäßigkeit von der Baulast abhängt, begonnen worden ist.

Ist eine Baulasterklärung erfolgreich wegen Irrtums angefochten worden, dann findet auch § 122 BGB entsprechend Anwendung, wonach der Baulastübernehmer dem durch die Baulast Begünstigten den **Schaden zu ersetzen** hat, den dieser dadurch erleidet, dass er auf die Gültigkeit der Erklärung vertraut hat. Darunter fallen beispielsweise Planungskosten für ein Gebäude, das nach Wegfall der angefochtenen Baulast nicht mehr wie geplant errichtet werden kann.

70 Eine **Anfechtung wegen arglistiger Täuschung** nach § 123 Abs. 2 Satz 1 BGB kommt in der Regel nicht in Betracht, weil die BauAB, der gegenüber die Erklärung abzugeben ist, keine Kenntnis von einer zwischen dem Baulastübernehmer und dem Baulastbegünstigten erfolgten Täuschung erlangt. Nach § 123 Abs. 2 Satz 2 BGB kann eine Baulasterklärung, die auf einer arglistigen Täuschung durch den Baulastbegünstigten beruht, jedoch diesem gegenüber angefochten werden, weil der Baulastbegünstigte aus der Baulasterklärung unmittelbar ein Recht im Sinne des § 123 Abs. 2 Satz 2 BGB erwirbt. Dabei handelt es sich um ein subjektiv-öffentliches Recht, das auch gegenüber der BauAB geltend gemacht werden kann (a.A. OVG NRW, B. v. 9.4.1987 – 7 A 2686/86 – BRS 47 Nr. 148). In diesen Fällen dürfte sich die Anfechtungsfrist ohne Rücksicht auf eine bereits erteilte Baugenehmigung nach § 124 BGB bestimmen.

Vorbemerkungen

Die Abgabe einer Willenserklärung zur Übernahme einer Baulast steht **im Belieben des Grundstückseigentümers**. Ein Dritter kann die Übernahme einer Baulast nur verlangen, wenn sich der Grundstückseigentümer ihm gegenüber vertraglich dazu verpflichtet hat.
Eine Verpflichtung zur Übernahme einer Baulast kann sich aber auch als **Nebenpflicht aus einem durch eine Grunddienstbarkeit begründeten Schuldverhältnis** ergeben, wenn insbesondere Inhalt und Umfang der geforderten Baulast der Grunddienstbarkeit entsprechen (BGH, U. v. 6.10.1989 – VZR 127/88 – NVwZ 1990/192; U. v. 3.7.1992 – VZR 203/91 – NJW 1992/2885 = NJW-RR 1992/1484).
Auch bei **Miteigentum an einem Wegegrundstück** kann sich aus dem Gemeinschaftsrecht (§ 743 Abs. 2, § 745 Abs. 2 BGB) ein Anspruch eines Miteigentümers gegen den anderen auf Bewilligung einer Baulast ergeben (BGH, U. v. 3.12.1990 – II ZR 107/90 – BauR 1991/227). Hingegen lässt sich aus einem **Notwegerecht** nach § 917 BGB keine Verpflichtung zur Übernahme einer Baulast herleiten (VGH BW, U. v. 25.3.1981 – 3 S 2346/80 – BRS 38 Nr. 160).

Eine Baulastübernahme mit einer **Befristung** (§ 36 Abs. 2 Nr. 1 VwVfG) oder unter einer **Bedingung** (§ 36 Abs. 2 Nr. 2 VwVfG) kann nur in Betracht kommen, wenn das Bauvorhaben, das die Baulast ermöglicht, ebenfalls mit der gleichen Nebenbestimmung genehmigt wird. Andernfalls würde ein baurechtswidriger Zustand entstehen. **Auflagen** (§ 36 Abs. 2 Nr. 4 VwVfG), die die Übernahme von Baulasten durch Dritte zum Inhalt haben, sind unzulässig, da sie nicht vollzogen werden können, insbesondere hat derjenige, der die Auflage umsetzen soll, keinen Anspruch gegenüber einem Dritten auf Bestellung der Baulast.

3. Bestimmtheit der Baulasterklärung

Verpflichtungserklärungen müssen **inhaltlich hinreichend bestimmt sein**. Sie müssen dem Bestimmtheitsanfordernis für Verwaltungsakte (§ 37 Abs. 1 VwVfG) entsprechen (Nds. OVG, U. v. 27.9.2001–1 LB 1137/01 – BRS 64 Nr. 130 = Nds. Rpfl. 2002/177). Danach müssen Verpflichtungserklärungen so formuliert sein, dass sich ihr Inhalt und ihre Tragweite objektiv hinreichend, d. h. ohne unterschiedliche subjektive Bewertungen zugänglich zu sein, ermitteln lassen. Die Verpflichtungserklärung muss inhaltlich so eindeutig und klar sein, dass die BauAB die Baulast im Konfliktfalle durchsetzen kann. Auch für die beteiligten Grundstückseigentümer ist die Tragweite der öffentlich-rechtlichen Wirkungen, die die Baulast entfaltet, nur erkennbar, wenn die Verpflichtungserklärung eindeutig und unmissverständlich ist (Nds. OVG, U. v. 8.7.2004 – 1 LB 48/04 – BRS 67 Nr. 151; OVG NRW, U. v. 15.5.1992 – 11 A 890/91 – BRS 54 Nr. 158 = NJW 1993/1284).
Welche Angaben erforderlich sind, damit eine Baulast hinreichend bestimmt ist, richtet sich nach dem Inhalt der Baulast. Eine Baulast über notwendige Einstellplätze nach § 47 Abs. 4 Satz 1 wäre nicht hinreichend bestimmt, wenn sich aus der Baulast nicht die Größe und der Standort der Einstellplätze ergäben. Eine Baulast nach § 5 Abs. 5 Satz 1 muss das Vorhaben, das auf dem Nachbargrundstück an der Grenze ermöglicht werden soll, nicht nur grundrissmäßig, sondern auch nach Art und Höhe der Grenzbebauung festlegen

Vorbemerkungen 74–76

(Nds. OVG, U. v. 27.9.2001 – 1 LB 1137/01 – BRS 64 Nr. 130 = Nds. Rpfl. 2002/177).

74 In der Regel wird das Bedürfnis nach einer Baulast durch ein bestimmtes Bauvorhaben ausgelöst, an dem sich der Baulastübernehmer orientiert. Für den Inhalt der Baulastverpflichtung ist es jedoch unerheblich, ob eine Baulast **aus Anlass eines bestimmten Bauvorhabens** (vorhaben bezogene Baulast) oder unabhängig von einem bestimmten Anlass, „auf Vorrat" (s. Rn. 62), übernommen wird, denn Inhalt und Umfang der Verpflichtung mit sämtlichen Modifizierungen müssen sich aus der Baulast selbst ergeben (VGH BW, U. v. 27.10.2000 – 8 S 1445/00 – BRS 63 Nr. 184; a. A. Hamb. OVG, U. v. 24.4.2002 – 2 Bf 701/98 – BRS 66 Nr. 140). Deswegen ist eine Beschränkung der Baulast auf ein bestimmtes Bauvorhaben nur möglich, wenn dessen Pläne zum Inhalt der Verpflichtung gemacht worden sind, zumal sich auch der Rechtsnachfolger des Baulastbegünstigten für Umbau- und Erweiterungsmaßnahmen nur an dem Inhalt der Verpflichtungserklärung orientieren kann.

4. Form der Verpflichtungserklärung

75 Die Verpflichtungserklärung bedarf nach § 81 Abs. 2 der **Schriftform** (§ 126 BGB). Die Schriftform erfordert grundsätzlich eine einheitliche Urkunde. Sie erfordert jedoch keine körperliche Verbindung der einzelnen Blätter der Urkunde, wenn sich deren Einheit aus fortlaufender Paginierung, fortlaufender Nummerierung der einzelnen Bestimmungen, inhaltlichem Zusammenhang des Textes oder vergleichbaren Merkmalen zweifelsfrei ergibt (BGH, U. v. 24.9.1997 – XII ZR 234/95 – NJW 1998/58). Deshalb genügt es, wenn in der Baulasterklärung auf einen Lageplan Bezug genommen wird, in dem die für die Baulast maßgebende Fläche gekennzeichnet ist (Nds. OVG, U. v. 26.3.1999 – 1 L 215/97 – BRS 62 Nr. 145 = BauR 2000/373).

76 Die **Unterschrift des Baulastübernehmers** muss nach § 81 Abs. 2
- öffentlich beglaubigt sein (§ 129 BGB),
- von einer Gemeinde beglaubigt sein,
- von einer Vermessungsstelle nach § 6 Abs. 1, 2 oder 3 NVermG beglaubigt sein oder
- vor der BauAB geleistet oder vor ihr anerkannt werden.

Die **öffentliche Beglaubigung der Unterschrift** kann nach § 129 BGB nur durch einen Notar erfolgen. Deshalb findet § 34 VwVfG, der die Beglaubigung der Unterschriften regelt, ausdrücklich keine Anwendung auf Unterschriften, die der öffentlichen Beglaubigung bedürfen (§ 34 Abs. 1 Satz 2 Nr. 2 VwVfG).
Vermessungsstellen im Sinne des § 6 Abs. 1, 2 oder 3 NVermG sind insbesondere die Vermessungs- und Katasterbehörden des Landes und die öffentlich bestellten Vermessungsingenieure.
Eine **Anerkennung der Unterschrift vor der BauAB** kommt in Betracht, wenn der Baulastübernehmer eine bereits außerhalb der BauAB geleistete Unterschrift vor der BauAB als die seinige anerkennt.
Bei einer Verpflichtungserklärung durch Bevollmächtigte kann die BauAB zur Beweiserleichterung eine beglaubigte Vollmacht verlangen, auch wenn nach § 167 Abs. 2 BGB eine Erklärung des Bevollmächtigten nicht der Form bedarf,

welche für das Rechtsgeschäft bestimmt ist, auf das sich die Vollmacht bezieht.

Bei Übernahme von Baulasten auf behördeneigene Grundstücke bedürfen Unterschriften von öffentlichen Behörden keiner Beglaubigung, da es sich bei den Verpflichtungserklärungen öffentlicher Behörden um öffentliche Urkunden im Sinne des § 415 ZPO handelt, die nach § 417 ZPO vollen Beweis ihres Inhalts begründen. Zu den öffentlichen Behörden im Sinne des § 415 ZPO gehören nicht nur die Behörden der Gebietskörperschaften, sondern auch die Behörden der Körperschaften des öffentlichen Rechts, wie die zahlreichen Kammern und die Religionsgemeinschaften, die die Rechte einer Körperschaft des öffentlichen Rechts besitzen.

5. Eintragung der Baulast in das Baulastenverzeichnis

Nach § 81 Abs. 1 Satz 2 wird die Baulast mit der Eintragung in das Baulastenverzeichnis wirksam. Hiernach kommt der Eintragung der Baulast in das Baulastenverzeichnis **konstitutive Wirkung** zu.

Nach der bis 1986 geltenden Regelung hatte die Eintragung der Baulast in das Baulastenverzeichnis nur deklaratorische Bedeutung. Die Baulast entstand, sobald der BauAB eine entsprechende Willenserklärung zugegangen war, was zu unzureichender Transparenz und bei fehlerhaften Willenserklärungen zur Rechtsunsicherheit geführt hatte.

Die konstitutive Wirkung der Eintragung dient der **Rechtssicherheit**. Der Erwerber eines Grundstücks kann darauf vertrauen, dass auf dem Grundstück keine Baulasten ruhen, wenn in dem Baulastenverzeichnis keine Baulasten eingetragen sind.

Das Baulastenverzeichnis genießt im Gegensatz zum Grundbuch jedoch **keinen öffentlichen Glauben** (§ 892 BGB). Der Erwerber eines Grundstücks, zu dessen Gunsten eine Baulast in das Baulastenverzeichnis eingetragen ist, kann nicht darauf vertrauen, dass die Baulast unter allen Umständen Bestand hat.

Abweichend von § 81 Abs. 1 Satz 2 werden Baulasten im **Umlegungsverfahren** nicht mit der Eintragung in das Baulastenverzeichnis wirksam. Nach § 61 Abs. 1 Satz 3 BauGB kann der Umlegungsausschuss im Einvernehmen mit der BauAB durch den Umlegungsplan vielmehr Baulasten aufheben, ändern oder neu begründen. Nach § 72 BauGB wird mit der Bekanntgabe des unanfechtbaren Umlegungsplans der bisherige Rechtszustand durch den im Umlegungsplan vorgesehenen neuen Rechtszustand ersetzt. Die Umlegungsstelle muss daher die BauAB hierüber unterrichten, damit das Baulastenverzeichnis berichtigt werden kann.

Die Eintragung der Baulast in das Baulastenverzeichnis ist **ein Verwaltungsakt** (§ 35 VwVerfG), da der Eintragung rechtsbegründende Wirkung zukommt (OVG Lüneburg, U. v. 26.5.1989 – 6 A 147/87 – BRS 49 Nr. 177; OVG Bremen, U. v. 21.10.1997 – 1 BA 23/97 – BRS 60 Nr. 120).

Die BauAB hat **kein Ermessen** bei der Entscheidung über die Eintragung der Baulast. Sie darf eine Eintragung nur ablehnen, wenn die Eintragungsvoraussetzungen nicht vorliegen, insbesondere, wenn die Baulast keinen baulastfähigen Inhalt hat, inhaltlich nicht hinreichend bestimmt ist oder der Grundstückseigentümer nicht uneingeschränkt verfügungsbefugt ist.

Vorbemerkungen 80–83

80 Der durch die Baulast Begünstigte Grundstückseigentümer hat einen **Anspruch auf Eintragung** einer rechtmäßigen Baulast, weil die Baulast seine Rechte erweitert. Deshalb ist er auch berechtigt, gegen die Ablehnung der Eintragung mit der Verpflichtungsklage vorzugehen (Nds. OVG, U. v. 2.7.1991 – 6 L 132/89 – BRS 52 Nr. 164; a. A. OVG NRW, U. v. 28.1.1997 – 10 A 3465/95 – BRS 59 Nr. 229).
Auch der Grundstückseigentümer, der zugunsten seines Nachbarn eine Baulasterklärung abgibt, hat einen Anspruch auf Eintragung (Schwarz, Rn. 57), denn die NBauO gewährt ihm das Recht, durch eine fremdnützige Baulast die Bebaubarkeit seines Grundstücks zugunsten seines Nachbarn einzuschränken. Dieses Recht, an dessen Ausübung auch ein wirtschaftliches Interesse bestehen kann, wäre im Sinne des § 42 Abs. 2 VwGO verletzt, wenn die Eintragung mit der Begründung abgelehnt würde, es bestände kein Eintragungsanspruch.

81 Die BauAB muss sich unmittelbar vor der Eintragung einer Baulast **Kenntnisse über den Inhalt des Grundbuchs verschaffen.**
Ein Grundbuchauszug ermöglicht der BauAB zwar, zunächst einen Überblick über den Inhalt des Grundbuchs zu gewinnen. Um sicherzugehen, dass in der Zwischenzeit keine Änderungen, insbesondere keine Verfügungsbeschränkungen erfolgt sind, ist es unerlässlich, dass sich die BauAB unmittelbar vor der Eintragung einer Baulast hierüber Gewissheit verschafft, sei es durch telefonische Rückfrage beim Grundbuchamt oder durch Einsichtnahme in das Grundbuch.
Das **Grundbuchabrufverfahren** in Niedersachsen (s. dazu *oberlandesgerichtcelle.niedersachsen.de*) ermöglicht die elektronische Einsichtnahme in die Grundbücher aller 80 Nieders. Grundbuchämter. Die BauAB können nach ihrer Zulassung am uneingeschränkten Abrufverfahren teilnehmen. Sie sind nach § 1 Abs. 1 Nr. 2 des Gebührenbefreiungsgesetzes vom 10.4.1973 (Nds. GVBl. 1973/111) von der Zahlung von Gebühren befreit.

82 Eine Baulast erlischt nicht durch **Zwangsversteigerung** des belasteten Grundstücks, denn die Baulast ist ein eigenständiges Rechtsinstitut des Landesrechts und der Landesgesetzgeber ist nicht gehindert, öffentlich-rechtliche Baulastvorschriften im Rahmen des Bauordnungsrechts vorzusehen und auszugestalten (BVerwG, B. v. 29.10.1992 – 4 B 218.92 – DVBl. 1993/114 = NJW 1993/480; Hamb. OVG, U. v. 12.11.1992 – Bf 29/91 – BRS 54 Nr. 160).

IV. Fehlerhafte Baulasten

83 Baulasten können **aus unterschiedlichen Gründen fehlerhaft sein.** Eine Baulastverpflichtung, die zu unbestimmt ist, die privatrechtlichen und nicht öffentlich-rechtlichen Charakter hat, der die baurechtliche Relevanz fehlt oder die nur deklaratorische Bedeutung hat, ist nicht vollzugsfähig bzw. entspricht der Verpflichtung, die sich bereits aus dem öffentlichen Baurecht ergibt. In diesen Fällen kann die BauAB nach § 81 Abs. 3 Satz 1 **die Baulast löschen**, da an der Baulast weder ein öffentliches noch ein privates Interesse besteht.

84 Bei anderen Fehlern einer Baulast, deren Eintragung ein Verwaltungsakt ist, stellt sich die Frage, ob diese Fehler zur **Nichtigkeit oder** lediglich zur **Rechtswidrigkeit der Baulast** führen.
Nach § 44 Abs. 1 VwVfG **ist ein Verwaltungsakt nichtig**, soweit er an einem besonders schwerwiegenden und offensichtlichen Fehler leidet. Nach Ansicht des BVerwG (U. v. 22.2.1985 – 8 C 107.83 – DVBl. 1985/624) sind besonders schwerwiegend im Sinne des § 44 Abs. 1 VwVfG nur solche Rechtsfehler, die deshalb mit der Rechtsordnung unter keinen Umständen vereinbar sein können, weil sie tragenden Verfassungsprinzipien oder den der Rechtsordnung immanenten Wertvorstellungen widersprechen.
Diese Voraussetzungen erfüllen **Baulasten, die inhaltlich nicht hinreichend bestimmt sind**. Sie sind daher nach § 44 Abs. 1 VwVfG nichtig. Eine nicht hinreichend bestimmte oder bestimmbare Baulast kann nicht Bestandteil der öffentlich-rechtlichen Rechtsordnung sein (Schwarz, Rn. 318; vgl. Kopp/Ramsauer, Rn. 26 zu § 44 VwVfG)), da sie von der BauAB nicht durchgesetzt werden kann und den beteiligten Grundstückseigentümern nicht ermöglicht, die Tragweite der Verpflichtungserklärung zu erfassen.
So muss ein Planfeststellungsbeschluss bei baulichen Anlagen, die auf seiner Grundlage errichtet werden sollen, auch deren konkrete Ausführung nach Maßgabe eingereichter Bauvorlagen regeln. Andernfalls ist ein Planfeststellungsbeschluss wegen nicht hinreichender Bestimmtheit nichtig (VGH Kassel, B. v. 28.8.1986 – 5 TH 3071/84 – NVwZ 1987/987).
Das Nds. OVG hat in seinem Urteil vom 27.9.2001 (1 LB 1137/01 – BRS 64 Nr. 130 = Nds. Rpfl. 2002/177) lediglich die Frage angesprochen, ob die mangelnde Bestimmtheit einer Baulasterklärung deren Nichtigkeit oder nur deren Anfechtbarkeit zur Folge hat, ohne hierüber jedoch eine Entscheidung zu treffen.

85 Die Fehlerhaftigkeit einer Baulast kann auch darauf beruhen, dass der **Baulastübernehmer nicht uneingeschränkt oder überhaupt nicht verfügungsbefugt war**, wie bei Baulasten, die nach Eintragung einer Auflassungsvormerkung oder die von einem Nichteigentümer übernommen worden sind. In diesen Fällen sind die Baulasten lediglich rechtswidrig und können mit Widerspruch und Anfechtungsklage angefochten werden (Schwarz, Rn. 256).

86 Die **Anfechtungsfrist** beginnt nach § 70 VwGO mit der Bekanntgabe der Baulasteneintragung gegenüber dem Grundstückseigentümer und den davon Betroffenen. Hat die BauAB die Baulasteneintragung nicht gegenüber demjenigen bekannt gemacht, dessen Rechte zu einer Verfügungsbeschränkung des Grundstückseigentümers geführt haben, dann beginnt auch die Anfechtungsfrist nicht zu laufen, so dass die Baulasteneintragung jederzeit anfechtbar ist und im Falle der Anfechtung gelöscht werden muss. Erfolgt jedoch die Bekanntgabe der fehlerhaften Baulasteneintragung gegenüber den Betroffenen, wie den Auflassungsvormerkungsberechtigten, dann erlangt die fehlerhafte Baulasteneintragung nach Ablauf der Anfechtungsfrist **Bestandskraft**. Das gilt insbesondere, wenn ein Nichteigentümer die Baulasterklärung abgegeben hatte und die fehlerhafte Baulast auch dem wahren Grundstückseigentümer bekannt gegeben worden ist.

V. Rechtswirkungen der Baulast

1. Rechtsposition des Baulastbegünstigten gegenüber der BauAB

87 Eine Baulast verschafft dem begünstigten Grundstückseigentümer in der Regel erst die Voraussetzungen für die materielle Rechtmäßigkeit seines Bauvorhabens. Die Baulast erweitert daher die Rechte des begünstigten Grundstückseigentümers und vermittelt ihm ein **subjektiv-öffentliches Recht auf Eintragung einer rechtmäßigen Baulast** und auf Erteilung einer Baugenehmigung unter Berücksichtigung der Baulast (Nds. OVG, U. v. 2.7.1991 – 6 L 132/89 – BRS 52 Nr. 164 = Nds. Rpfl. 1992/10; a. A. OVG NRW, U. v. 17.11.1986 – 7 A 2169/85 – BRS 47 Nr. 149 = NJW 1988/278). Daraus folgt auch, dass der Baulastbegünstigte diese Rechte mit der Verpflichtungsklage geltend machen kann und ein Anfechtungsrecht hat, wenn die BauAB nach § 81 Abs. 3 die Baulast löscht. Dem Baulastbegünstigten steht auch ein **Abwehrrecht** gegen eine dem Baulastübernehmer erteilte Baugenehmigung zu, die mit der Baulast nicht vereinbar ist (Nds. OVG, U. v. 26.8.2004 – 1 LB 298 – NdsVBl. 2005/103).

2. Verhältnis Baulastbegünstigter und Baulastübernehmer

88 Für das Rechtsverhältnis zwischen dem Baulastbegünstigten und dem Baulastübernehmer **ist ausschließlich das Privatrecht maßgebend**. Aus der Baulast kann der begünstigte Grundstückseigentümer jedoch keine privatrechtlichen Rechte herleiten, da sich aus der Baulast allein eine öffentlich-rechtliche Verpflichtung des Baulastübernehmers gegenüber der BauAB ergibt. Eine Zufahrtsbaulast nach § 4 Abs. 2 oder eine Stellplatzbaulast nach § 47 Abs. 4 gewährt dem Begünstigten daher keinen privatrechtlichen Nutzungsanspruch gegenüber dem Baulastübernehmer (BGH, U. v. 8.7.1983 – V ZR 204/82 – BRS 40 Nr. 180 = BGHZ 88/97). Der Baulastübernehmer, dessen Grundstück auf Grund einer Baulast, aber ohne privatrechtliche Grundlage genutzt wird, hat gegenüber dem Baulastbegünstigten einen Bereicherungsanspruch nach § 812 BGB (BGH, U. v. 19.4.1985 – V ZR 152/83 – NJW 1985/1952 = BGHZ 94/160). Aber auch wenn dem Baulastbegünstigten wegen fehlender privatrechtlicher Grundlagen die baulastmäßige Nutzung verwehrt ist, kann ein Bereicherungsanspruch des Baulastübernehmers bestehen (BGH, U.v. 7.10.1994 – V ZR 4/94 – NJW 1995/53). Der vermögenswerte Vorteil einer Stellplatzbaulast ohne tatsächliche Nutzung liegt darin, dass mit der eingeräumten Baulast der zur baurechtlichen Zulässigkeit des Bauvorhabens erforderliche Stellplatznachweis erbracht werden kann.
Bei Baulasten, die eine dauerhafte Nutzung des Grundstücks des Baulastübernehmers beinhalten, wie in den Fällen des § 4 Abs. 2 und des § 47 Abs. 4 ist es daher dringend erforderlich, dass die beteiligten Grundstückseigentümer vertragliche Regelungen hierüber treffen und diese durch eine Grunddienstbarkeit nach § 1018 BGB dinglich sichern. Nur unter diesen Voraussetzungen kann der Baulastbegünstigte eine eigene **zivilrechtliche Rechtsposition** erlangen, die es ihm erlaubt, selbst gegen eine mögliche Beeinträchtigung der Grundstücksnutzung vorzugehen.

3. Wirkungen der Baulast gegenüber dem Baulastübernehmer

89 Eine auf einer Baulast beruhende öffentlich-rechtliche Verpflichtung des Baulastübernehmers kann nur dann ihren Zweck erfüllen, wenn die BauAB sie ebenso

wie eine Verpflichtung, die sich aus öffentlich-rechtlichen Vorschriften ergibt, auch durchsetzen kann, ohne dass es im Einzelfall des Nachweises bedarf, ob der Verstoß gegen die Baulast eine konkrete Gefahr darstellt (OVG Lüneburg, B. v. 2.9.1983 – 1 A 72/82 – BRS 40 Nr. 223 = NJW 1984/380). Bei einem Verstoß gegen eine Baulast ist die BauAB daher berechtigt, die Baulast durch eine sog. **selbständige Ordnungsverfügung nach § 79** durchzusetzen.
Für den Erlass einer solchen Verfügung spielt das **private Rechtsverhältnis** zwischen Baulastübernehmer und Baulastbegünstigten keine Rolle. Es liegt im Wesen der öffentlich-rechtlichen Baulast, dass die mit ihr bezweckte Sicherung der Genehmigungsvoraussetzungen des begünstigten Bauvorhabens gegenüber privatrechtlichen Rechtsverhältnissen verselbständigt wird (Nds. OVG, B. v. 8.12.1995 – 1 M 7201/95 – BRS 57 Nr. 129 = Nds. Rpfl. 1996/96 = NJW 1996/1363). Mangelt es an privatrechtlichen Vereinbarungen über die Nutzung des Grundstücks des Baulastübernehmers, sind privatrechtliche Nutzungsrechte gekündigt worden oder besteht Streit über die Angemessenheit eines monatlichen Nutzungsentgeltes, dann berührt dies nicht die Baulast und deren Durchsetzbarkeit (Nds. OVG, B. v. 4.3.2010 – 1 ME 13/10 – *BRS 76 Nr. 209*; OVG RhPf, B. v. 6.11.2009 – 8 A 10851/09 – BRS 74 Nr. 208). Das gilt insbesondere, wenn eine die Zuwegung sichernde Grunddienstbarkeit in der Zwangsversteigerung erloschen ist (Nds. OVG, B. v. 8.12.1995 – 1 M 7201/95 – a. a. O.).
Die Durchsetzung einer Baulast nach § 79 steht jedoch im Ermessen der BauAB. ImRahmen der Ermessensausübung sollte die BauAB einen Eingriff in privatrechtliche Streitigkeiten vermeiden, es sei denn, der Verstoß gegen die Baulast fordert ein sofortiges Eingreifen der BauAB (OVG Lüneburg, B. v. 4.3.2010 – 1 M 13/10 – NVwZ-RR 2010/510).

Nach § 81 Abs. 1 wirken Baulasten auch gegenüber den **Rechtsnachfolgern**. **90**
Rechtsnachfolger im Sinne der Vorschrift sind diejenigen, die als Nachfolger des Baulastübernehmers Eigentum an dem belasteten Grundstück erlangen. Deshalb beschränkt sich der Begriff der Rechtsnachfolge nicht auf den rechtsgeschäftlichen Erwerb und die Gesamtrechtsnachfolge (§ 1922 BGB), sondern erfasst auch den Erwerb des belasteten Grundstücks in der **Zwangsversteigerung.** Entsprechendes gilt für denjenigen, der die Rechtsnachfolge bei einem mit einer Baulast belasteten Erbbaurecht antritt. Da die Baulast, anders als die Dienstbarkeit, kein Recht an einem Grundstück ist, sondern eine öffentlich-rechtliche Baubeschränkung, bedarf die Baulast in der Zwangsversteigerung auch keiner Anmeldung und bleibt außerhalb des geringsten Gebots (OVG Hamburg 12.11.1992 – II 29/91 – BRS 54 Nr. 160; BVerwG 29.10. 1992 – 4 B 218.92 – NJW 1993/480).

4. Rechtswirkungen der Baulast gegenüber Dritten

Eine Baulast hat auch **Rechtswirkungen gegenüber obligatorisch und dinglich Berechtigten**, wie Mietern oder Pächtern. Eine Baulast lässt sich zwar nicht unmittelbar durch eine selbständige Ordnungsverfügung gegenüber Dritten durchsetzen, weil andernfalls der Verstoß gegen die Baulast, wie ein Verstoß gegen eine baurechtliche Norm behandelt würde (OVG Lüneburg, B. v. 27.2.1984 – 6 B 15/84 – n. v.). Das OVG Lüneburg hat in dem genannten Beschluss das Vorgehen gegen einen Mieter jedoch auf den bisherigen § 61 Satz 3, der dem jetzigen § 56 Satz 3 entspricht, gestützt, wonach ein Mieter neben dem **91**

Vorbemerkungen 92–94

Eigentümer dafür verantwortlich ist, dass bauliche Anlagen und Grundstücke dem öffentlichen Baurecht entsprechen.
In dem vom OVG Lüneburg entschiedenen Fall hatte sich der Grundstückseigentümer, der ein Wohnhaus mit Altenteilerwohnung errichten wollte, in einer Baulast verpflichtet, das bisherige Wohnhaus innerhalb von drei Monaten nach Bezugsfertigkeit des neuen Wohnhauses abzubrechen. Das bisherige Wohnhaus wurde jedoch nicht abgebrochen, sondern vermietet.
Nach dem bisherigen § 61 Satz 3 und jetzigen § 56 Satz 3 kann ein Mieter oder Pächter entsprechend seiner vom Eigentümer abgeleiteten Rechtsstellung aber nur eingeschränkt zur Verantwortung herangezogen werden. In dem genannten Fall konnte von dem Mieter daher nur die Einstellung der weiteren Wohnnutzung, nicht aber der Abbruch des Gebäudes verlangt werden.
Demgegenüber hat der VGH BW in seinem Urteil vom 19.6.1968 (III 402/67 – BRS 20 Nr. 98) die Ansicht vertreten, dass eine Baulast auch einem Dritten gegenüber (hier einem Mieter) unmittelbare Rechtswirkungen entfalte. Die Baulast sei als öffentlich-rechtliche Dienstbarkeit mit der Grunddienstbarkeit vergleichbar, so dass die §§ 1027 und 1004 BGB auf eine Baulast entsprechend anwendbar seien.

VI. Die Baulast im Anwendungsbereich des städtebaulichen Planungsrechts

92 **Die Baulast ist im Bereich des Planungsrechts uneingeschränkt anwendbar**, zumal die BauAB für den Vollzug des Planungsrechts zuständig sind. Die Baulast ist im Bereich des Planungsrechts jedoch anders einsetzbar als im Bereich des Bauordnungsrechts. Die NBauO lässt in bestimmten Fällen ausdrücklich Abweichungen von bauordnungsrechtlichen Grundsatzanforderungen zu, wenn die Abweichungen durch Baulast gesichert sind. So darf beispielsweise abweichend von der Grundsatzanforderung nach § 4 Abs. 1 das Baugrundstück nach § 4 Abs. 2 auch über Flächen zugänglich sein, die nicht dem öffentlichen Verkehr gewidmet sind, wenn deren Sicherung durch Baulast erfolgt. Auch die Regelung nach § 6 Abs. 2 beinhaltet eine materiell-rechtliche Abweichung von der Grundsatzanforderung des § 5 Abs. 1, wonach Abstand von den Grenzen des Baugrundstücks zu halten ist. Im Planungsrecht hingegen ist der Einsatz der Baulast auf die Sicherung von Verpflichtungen beschränkt, die sich nicht schon aus dem Planungsrecht ergeben.

93 Nach **§ 32 BauGB** dürfen wertsteigernde Vorhaben auf künftigen Gemeindebedarfs-, Verkehrs-, Versorgungs- und Grünflächen nur zugelassen werden, wenn der Eigentümer für sich und seine Rechtsnachfolger auf Ersatz der Werterhöhung für den Fall der Durchführung des Bebauungsplans verzichtet. Diese Verpflichtung kann durch eine Baulast übernommen werden.

94 Nach § 33 BauGB ist ein Vorhaben während der Planaufstellung zulässig, wenn der Antragsteller die Festsetzungen des künftigen Bebauungsplans für sich und seine Rechtsnachfolger anerkennt. Auch diese Anerkennung ist baulastfähig.

95 Ein **Altenteilerhaus** ist im Außenbereich nach § 35 Abs. 1 Nr. 1 BauGB zulässig, wenn es einem landwirtschaftlichen Betrieb dient. Ein Altenteilerhaus, das nicht auf dem Hofgrundstück, sondern auf einem selbständigen Grundstück errichtet werden soll oder das vom Hofgrundstück abgeteilt werden soll, ist nach der Rspr. des BVerwG (U. v. 5.2.1971 – IV C 1.68 – BRS 24 Nr. 57 = DÖV 1972/166) nur dann privilegiert, wenn seine freie Veräußerlichkeit durch eine Baulast ausgeschlossen ist. Das BVerwG hat in seinem Urteil vom 14.2.1991 (4C 51.87 – BRS 52 Nr. 161 = DVBl. 1991/812) bestätigt, dass „die freie Veräußerlichkeit von Altenteilerhäusern durch eine Baulast ausgeschlossen und damit die dauerhafte Zugehörigkeit des Altenteilerhauses zu einem landwirtschaftlichen Betrieb gesichert werden" kann. Die Einhaltung dieser Verpflichtung kann jedoch nicht überwacht werden, da die BauAB von dem Vollzug der Auflassung bzw. Veräußerung nicht unterrichtet wird.

Die Zuordnung eines auf einem selbständigen Grundstück errichteten Altenteilerhauses zu dem landwirtschaftlichen Betriebsgrundstück kann durch eine **Vereinigungsbaulast** nach § 2 Abs. 12 Satz 2 gesichert werden. Eine solche Baulast kann zwar eine Veräußerung des Altenteilerhauses an Dritte nicht verhindern. Sie ermöglicht jedoch, dass sich der Eigentümer des landwirtschaftlichen Betriebsgrundstücks entgegenhalten lassen muss, dass sich auf dem durch Vereinigungsbaulast gebildeten Baugrundstück bereits ein Altenteilerhaus befindet, wenn er beabsichtigen sollte, ein Altenteilerhaus auf dem Betriebsgrundstück zu errichten. Eine solche Vereinigungsbaulast würde auch lediglich die Einhaltung planungsrechtlicher Regelungen sichern, aber nicht zu einer Modifizierung des planungsrechtlichen Grundstücksbegriffs führen (Nds. OVG, U. v. 22.10.1992 – 1 L 176/91 – BRS 54 Nr. 159).

96 Nach **§ 35 Abs. 5 Satz 2 und 3 BauGB** soll die Baugenehmigungsbehörde die Einhaltung folgender Verpflichtungen durch Baulast sicherstellen:
– bei Vorhaben nach § 35 Abs. 1 Nrn. 2 bis 6 BauGB die Verpflichtung, **das Vorhaben** nach dauerhafter Aufgabe der zulässigen Nutzung **zurückzubauen und** die **Bodenversiegelung zu beseitigen**,
– bei einer nach § 35 Abs. 1 Nrn. 2 bis 6 BauGB zulässigen Nutzungsänderung die Verpflichtung, **das Vorhaben zurückzubauen**,
– bei Änderung der bisherigen Nutzung eines Gebäudes, das einem land- oder forstwirtschaftlichen Betrieb dient, die Verpflichtung nach § 35 Abs. 4 Satz 1 Buchst. g BauGB, **keine Neubebauung als Ersatz für die aufgegebene Nutzung vorzunehmen.**

Diese Verpflichtungen werden konstitutiv begründet und können daher durch Baulast übernommen werden.

97 Nach **§ 35 Abs. 5 Satz 4 BauGB** soll die Baugenehmigungsbehörde in den Fällen des § 35 Abs. 4 Satz 1 BauGB sicherstellen, dass die bauliche oder sonstige Anlage nach Durchführung des Vorhabens nur in der vorgesehenen Art genutzt wird. Das Gesetz verlangt nach § 35 Abs. 4 Satz 1 BauGB, dass
– bei Neuerrichtung eines gleichartigen Wohngebäudes an gleicher Stelle das Gebäude nur für den Eigenbedarf des bisherigen Eigentümers und seiner Familie genutzt wird (§ 35 Abs. 4 Satz 1 Nr. 2 Buchst. d BauGB)
und

Vorbemerkungen 98, 99

- bei Erweiterung eines Wohngebäudes auf bis zu höchstens zwei Wohnungen das Gebäude vom bisherigen Eigentümer und seiner Familie selbst genutzt wird (§ 35 Abs. 4 Satz 1 Nr. 5 Buchst. c BauGB).

Diese Voraussetzungen für eine Neuerrichtung bzw. für eine Erweiterung eines Wohngebäudes im Außenbereich **ergeben sich unmittelbar aus dem öffentlichen Baurecht.** Ihre Sicherstellung durch Baulast hätte daher nur deklaratorische Bedeutung und wäre mit dem Grundsatz der Subsidiarität unvereinbar (s. Rn. 64).

98 Für die Ermittlung der zulässigen **Grund- und Geschoßfläche** ist nach § 19 Abs. 3 und § 20 Abs. 2 BauNVO die Fläche des Baugrundstücks maßgebend. Nach der Rspr. des BVerwG (U. v. 14.12.1973 – IV 48.72 – E 44/250; U. v. 14.2.1991 – 4 C 51.87 – BRS 52 Nr. 161 = DVBl. 1991/812) ist das **(Bau-) Grundstück im Sinne des Planungsrechts** grundsätzlich das Grundstück im Sinne des bürgerlichen Rechts, d. h. das Buchgrundstück. Dieser bauplanungsrechtliche Grundstücksbegriff kann nach der überzeugenden Grundsatzentscheidung des BVerwG (U. v. 14.2.1991 – 4 C 51.87 – a. a. O.) weder durch eine Vereinigungsbaulast nach § 2 Abs. 12 Satz 2, noch durch eine Baulast, mit der dem Nachbargrundstück eine bestimmte Grundstücksfläche für die Bemessung der Grund- und Geschossfläche zugerechnet wird (Flächenbaulast), verändert werden. Andernfalls würde der bundesrechtliche Begriff des Grundstücks eine Modifizierung durch das Landesrecht erfahren.

Hier geht es insbesondere um die Fälle, in denen nach Errichtung einer Reihenhauszeile auf einem Grundstück Grundstücksteilungen zu selbständigen Grundstücken für jedes Reihenhaus führen sollen und nur die jeweiligen Reihenendhäuser mit dem zulässigen Maß der baulichen Nutzung vereinbar sind. Da der planungsrechtliche Grundstücksbegriff nicht durch eine Baulast verändert werden kann, ließe sich die Rechtmäßigkeit der Teilung nur durch eine Befreiung von den planungsrechtlichen Vorschriften über das Maß der baulichen Nutzung herbeiführen. Nach Ansicht des BVerwG (U. v. 14.2.1991 – 4 C 51.87 – BRS 52 Nr. 161 = DVBl. 1991/812) kann in den genannten Fällen eine Vereinigungsbaulast oder eine Flächenbaulast in Betracht kommen, um die tatsächlichen Voraussetzungen für die Erteilung einer Befreiung zu verbessern, erforderlich ist jedoch, dass die Voraussetzungen für eine Befreiung nach § 31 Abs. 2 BauGB vorliegen.

VII. Löschung einer Baulast

99 Die Löschung einer Baulast ist, wie deren Eintragung, ein Verwaltungsakt.

Nach § 81 Abs. 3 kann die BauAB die Baulast löschen, wenn ein öffentliches und privates Interesse an der Baulast nicht mehr besteht.

Das **öffentliche Interesse am Fortbestand einer Baulast** fehlt, wenn die bauaufsichtlichen Belange nicht mehr sicherungsbedürftig sind (OVG Lüneburg, U. v. 28.2.1983 – 6 A 39/82 – BRS 40 Nr. 179). Die fehlende Sicherungsbedürftigkeit bauaufsichtlicher Belange bzw. die Bedeutungslosigkeit der Baulastverpflichtung kann sich aus tatsächlichen oder rechtlichen Gründen ergeben. So bedarf es beispielsweise nicht mehr einer Baulast

- nach § 4 Abs. 2, wenn das private Grundstück, über das bisher die Zufahrt führte, dem öffentlichen Verkehr gewidmet worden ist,

- nach § 5 Abs. 5 Satz 2, wenn der Bebauungsplan statt der bisherigen offenen Bauweise geschlossene Bauweise vorschreibt,
- nach § 6 Abs. 2, wenn die benachbarten Grundstücke nach § 890 BGB vereinigt worden sind.

100 Eine Löschung einer Baulast kann ferner nur dann erfolgen, wenn auch **ein privates Interesse an der Baulast** nicht mehr besteht. Diese seit 1995 maßgebende Voraussetzung trägt den Belangen des Baulastbegünstigten in den Fällen Rechnung, in denen nach Wegfall des öffentlichen Interesses an der Baulast ein privates Interesse am Fortbestand der Baulast besteht. Ist beispielsweise ein mit einer Abstandsbaulast nach § 6 Abs. 2 errichtetes Gebäude abgebrannt, so besteht im Hinblick auf den Wiederaufbau des Gebäudes nur noch ein privates Interesse an der Aufrechterhaltung der Abstandsbaulast. Das Gleiche gilt bei Gebäudeabbrüchen. Ein privates Interesse, das einer Löschung einer Baulast entgegensteht, ist jedoch nicht jedes beliebige, sondern muss ein schutzwürdiges Interesse sein. Diese Voraussetzungen erfüllt beispielsweise ein langjähriges „Vorratsinteresse" an einer Baulast wegen mangelnder baurechtlicher Relevanz nicht (OVG Lüneburg U. v. 16.1.2012 – 1 LB 219/09 – BRS 79 Nr. 136).

101 Eine Löschung einer Baulast kommt auch dann in Betracht, wenn die Baulast **von vornherein bedeutungslos** war, weil sie privatrechtlichen Charakter hat, ohne baurechtliche Relevanz ist oder nur deklaratorische Bedeutung hat. Für die Löschung der Baulast stellt § 81 Abs. 3 Satz 1 zwar darauf ab, dass das öffentliche und private Interesse an der Baulast nach deren Eintragung weggefallen ist. Am Fortbestand von Baulasten, **die schon bei ihrer Eintragung ohne Bedeutung waren**, besteht jedoch ebenso wenig ein öffentliches und privates Interesse wie an Baulasten, die erst nach ihrer Eintragung bedeutungslos geworden sind. Darüber hinaus besteht ein Bedürfnis, den Rechtsschein von Baulasten, an denen von Anfang an kein öffentliches und privates Interesse bestand, zu tilgen.
Dem steht auch nicht das Urteil des OVG Lüneburg vom 8.7.2004 (LB 48/04 – BauR 2004/1924) entgegen. Hier ging es um einen Fall, in dem die eingetragene Baulast zwar von der Baulasterklärung abwich, an der Aufrechterhaltung jedoch nach wie vor ein öffentliches und privates Interesse bestand und der Baulastübernehmer nicht rechtzeitig Widerspruch gegen die Baulasteintragung eingelegt hatte. Deshalb ist das Gericht zutreffend zu dem Ergebnis gelangt, dass gegen die Eintragung einer bestandskräftigen Baulast nur im Falle ihrer Nichtigkeit ein Anspruch auf deren Löschung besteht.

102 Die Löschung einer Baulast von Amts wegen steht im Ermessen der BauAB. Auf **Antrag des Eigentümers eines begünstigten oder des belasteten Grundstücks hat** die BauAB nach § 81 Abs. 3 Satz 2 jedoch die Baulast zu löschen, wenn die Voraussetzungen vorliegen. Dieser Anspruch kann durch eine Verpflichtungsklage geltend gemacht werden. Der begünstigte Grundstückseigentümer, dessen Rechte durch die Baulast erweitert werden, hat wiederum ein Anfechtungsrecht gegen die Löschung der Baulast durch die BauAB (Nds. OVG, U. v. 2.7.1991 6 L 132/89 – BRS 52 Nr. 164 = Nds. Rpfl. 1992/10).

Vorbemerkungen 103–106

Die BauAB hat nach § 81 Abs. 3 Satz 3 vor der Löschung der Baulast die Eigentümer der begünstigten Grundstücke **zu hören**, was sich schon aus § 28 VwVfG ergibt. Die Frist zur Äußerung ist jedoch auf zwei Wochen beschränkt.
Nach § 81 Abs. 3 Satz 4 wird die **Löschung der Baulast** mit ihrer Eintragung im Baulastenverzeichnis **wirksam**. Die Löschung einer Baulast im Baulastenverzeichnis erfolgt wie im Grundbuchrecht durch Eintragung eines Löschungsvermerks und durch Rötung der Eintragung.
Nach § 81 Abs. 3 Satz 5 hat die BauAB die Eigentümer des belasteten Grundstücks und der begünstigten Grundstücke **von der Löschung zu benachrichtigen**. Unterbleibt die Benachrichtigung, kann die Löschung, die wie die Eintragung einer Baulast ein Verwaltungsakt ist, nach § 43 VwVfG keine Wirksamkeit gegenüber den Betroffenen erlangen. Die Benachrichtigung sollte im Hinblick auf § 58 VwGO auch stets mit einer **Rechtsmittelbelehrung** erfolgen. Andernfalls erlangt die die Löschung erst ein Jahr nach ihrer Bekanntgabe Unanfechtbarkeit.

VIII. Das Baulastenverzeichnis

103 Das Baulastenverzeichnis dient, wie das Grundbuch, der Rechtssicherheit, da Baulasten erst mit ihrer Eintragung in das das Baulastenverzeichnis wirksam werden. Auf Grund der **rechtsbegründenden Wirkung der Eintragung** kann der Erwerber eines Grundstücks darauf vertrauen, das nur die aus dem Baulastenverzeichnis ersichtlichen Baulasten bestehen. Das Baulastenverzeichnis genießt im Gegensatz zum Grundbuch jedoch keinen öffentlichen Glauben (s. Rn. 78).

104 Baulasten, die vor dem 1.5.1986 bestellt wurden, sind nach Art. II Abs. 4 des 5. ÄnG-NBauO (Nds. GVBl. S. 157) erloschen, wenn sie nicht bis zum 30.06 1986 eingetragen wurden.

105 Die Eintragung einer Baulast in das Baulastenverzeichnis ist eine **gebührenpflichtige Amtshandlung** der BauAB. Für den Ansatz der Gebühr bestimmt die BauGO einen Rahmen. Bei der Festsetzung der Gebühr innerhalb dieses Rahmens hat die BauAB nach § 9 Abs. 1 NVwKostG das Maß des Verwaltungsaufwandes sowie den Wert des Gegenstandes der Amtshandlung zu berücksichtigen.
Kostenschuldner ist nach § 5 Abs. 1 NVwKostG derjenige, der zu der Amtshandlung Anlass gegeben hat. Das ist der Baulastübernehmer, weil er den Antrag auf Eintragung der Baulast gestellt hat, auch wenn in der Regel der durch die Baulast Begünstigte aufgrund interner Absprachen die Gebühr übernimmt. Bei Löschung einer Baulast von Amts wegen kann der Eigentümer des belasteten Grundstücks nicht als Kostenschuldner herangezogen werden, da dieser nach § 5 Abs. 1 NVwKostG zur Löschung keinen Anlass gegeben hat.

106 Das Baulastenverzeichnis hat nach § 81 Abs. 4 eine weitere Funktion, nämlich die als **allgemeines Bauregister**. Nach dieser Vorschrift können in das Baulastenverzeichnis, soweit ein öffentliches Interesse besteht, auch Verpflichtungen eines Eigentümers eingetragen werden, die sein Grundstück betreffen und die sich aus dem öffentlichen Baurecht ergeben sowie Bedingungen, Befristungen und Widerrufsvorbehalte.

Das Baulastenverzeichnis als öffentliches Bauregister hat bisher keine nennenswerte Rolle gespielt, zumal Eintragungen im Ermessen der BauAB liegen und ein öffentliches Interesse an den Eintragungen bestehen muss. Es erscheint jedoch geboten, in den Fällen eine Eintragung vorzunehmen, in denen für ein bewohntes Gebäude eine unanfechtbare Abbruchverfügung vorliegt, deren Vollzug aus sozialen Erwägungen langfristig jedoch ausgesetzt ist. Eintragungen hierüber würden für Kaufinteressenten zu der notwendigen Transparenz der Rechtslage führen.

Nach § 81 Abs. 5 kann **Einsicht in das Baulastenverzeichnis** nehmen, wer ein berechtigtes Interesse darlegt. Der Begriff des berechtigten Interesses umfasst jedes schutzwürdige Interesse rechtlicher, wirtschaftlicher oder ideeller Art (Kopp/Schenke § 43 Rn. 23). Für die Führung des Baulastenverzeichnisses ist der **Erlass** vom 30.9.2016 (Nds. MBl. S. 989) maßgebend.

Niedersächsische Bauordnung (NBauO)

vom 3. April 2012 (Nds. GVBl. S. 46), zuletzt geändert durch Gesetz vom 10. November 2020 (Nds. GVBl, S. 387)

§ 5   Grenzabstände

(1) [1]Gebäude müssen mit allen auf ihren Außenflächen oberhalb der Geländeoberfläche gelegenen Punkten von den Grenzen des Baugrundstücks Abstand halten. [2]Satz 1 gilt entsprechend für andere bauliche Anlagen, von denen Wirkungen wie von Gebäuden ausgehen, und Terrassen, soweit sie jeweils höher als 1m über der Geländeoberfläche sind. [3]Der Abstand ist zur nächsten Lotrechten über der Grenzlinie zu messen. [4]Er richtet sich jeweils nach der Höhe des Punktes über der Geländeoberfläche (H). [5]Der Abstand darf auf volle 10 cm abgerundet werden.

(2) [1]Der Abstand beträgt 0,5 H, mindestens jedoch 3 m. [2]In Gewerbe- und Industriegebieten sowie in Gebieten, die nach ihrer baulichen Nutzung diesen Baugebieten entsprechen, beträgt der Abstand 0,25 H, mindestens jedoch 3 m. [3]Satz 2 gilt nicht für den Abstand von den Grenzen solcher Nachbargrundstücke, die ganz oder überwiegend außerhalb der genannten Gebiete liegen.

(3) Der Abstand nach den Absätzen 1 und 2 darf unterschritten werden von
1. Dachüberständen und Gesimsen um nicht mehr als 0,50 m,
2. Eingangsüberdachungen, Hauseingangstreppen, Balkonen, sonstigen Vorbauten und anderen vortretenden Gebäudeteilen, wenn die Gebäudeteile insgesamt nicht mehr als ein Drittel der Breite der jeweiligen Außenwand in Anspruch nehmen, um nicht mehr als 1,50 m, höchstens jedoch um ein Drittel,
3. Gebäudeteilen, die ausschließlich der Aufnahme von Aufzügen zur nachträglichen Herstellung der Barrierefreiheit einer vor dem 1. Januar 2019 rechtmäßig errichteten oder genehmigten baulichen Anlage oder eines Teils einer baulichen Anlage dienen und höchstens 2,50 m vor die Außenwand vortreten und von der Grenze des Baugrundstücks mindestens 1,50 m Abstand halten, und
4. Antennen einschließlich der Masten außerhalb von Gewerbe- und Industriegebieten sowie außerhalb von Gebieten, die nach ihrer baulichen Nutzung diesen Baugebieten entsprechen, um 0,1 H.

(4) [1]Bei der Bemessung des erforderlichen Abstands bleiben folgende Gebäudeteile außer Betracht:
1. Schornsteine, wenn sie untergeordnet sind, Antennen, Geländer, Abgas- und Abluftleitungen,
2. Giebeldreiecke und entsprechende andere Giebelformen soweit sie, waagerecht gemessen, nicht mehr als 6 m breit sind.

[2]Außer Betracht bleiben ferner
1. Außenwandbekleidungen, soweit sie den Abstand um nicht mehr als 0,25 m unterschreiten, und
2. Bedachungen, soweit sie um nicht mehr als 0,25 m angehoben werden, wenn der Abstand infolge einer Baumaßnahme zum Zweck des Wärmeschutzes oder der Energieeinsparung bei einem vorhandenen Gebäude unterschritten wird.

§ 5

(5) ¹Soweit ein Gebäude nach städtebaulichem Planungsrecht ohne Grenzabstand errichtet werden muss, ist Absatz 1 Satz 1 nicht anzuwenden. ²Soweit ein Gebäude nach städtebaulichem Planungsrecht ohne Grenzabstand errichtet werden darf, ist es abweichend von Absatz 1 Satz 1 an der Grenze zulässig, wenn durch Baulast gesichert ist, dass auf dem Nachbargrundstück entsprechend an diese Grenze gebaut wird, oder wenn auf dem Nachbargrundstück ein Gebäude ohne Abstand an der Grenze vorhanden ist und die neue Grenzbebauung der vorhandenen, auch in der Nutzung, entspricht.

(6) Erhebt sich über einen nach Absatz 5 an eine Grenze gebauten Gebäudeteil ein nicht an diese Grenze gebauter Gebäudeteil, so ist für dessen Abstand von dieser Grenze abweichend von Absatz 1 Satz 4 die Höhe des Punktes über der Oberfläche des niedrigeren Gebäudeteils an der Grenze maßgebend.

(7) ¹Ist ein Gebäude nach Absatz 5 Satz 1 an eine Grenze gebaut, so sind nicht an diese Grenze gebaute Teile des Gebäudes, die unter Absatz 3 fallen, in beliebigem Abstand von dieser Grenze zulässig. ²Ist ein Gebäude nach Absatz 5 Satz 2 an eine Grenze gebaut, so darf der nach Absatz 3 einzuhaltende Abstand der dort genannten Gebäudeteile von dieser Grenze weiter verringert werden, wenn der Nachbar zugestimmt hat. ³Sind im Fall des Satzes 2 auf dem Nachbargrundstück entsprechende Gebäudeteile mit verringertem Abstand vorhanden, so darf der Abstand in gleichem Maß verringert werden.

(8) ¹Abstand brauchen nicht zu halten
1. Stützmauern, Aufschüttungen und Einfriedungen
    a) in Gewerbe- und Industriegebieten, jedoch von den Grenzen eines Nachbargrundstücks, das ganz oder teilweise außerhalb eines solchen Gebiets liegt, nur solche mit einer Höhe von nicht mehr als 2 m, und
    b) außerhalb von Gewerbe- und Industriegebieten mit einer Höhe von nicht mehr als 2 m,
2. Gebäude und Einfriedungen in Baugebieten, in denen nach dem Bebauungsplan nur Gebäude mit einem fremder Sicht entzogenen Gartenhof zulässig sind, soweit sie nicht höher als 3,50 m sind, und
3. Antennen einschließlich der Masten
    a) im Außenbereich und
    b) im Übrigen, wenn der Durchmesser der Masten nicht mehr als 1,50 m beträgt, jedoch nur solche mit einer Höhe von
        aa) nicht mehr als 10 m bei Anlagen in reinen Wohngebieten sowie in einem 2,50 m tiefen Grenzbereich zu solchen Gebieten in Gebieten nach Doppelbuchstabe bb und
        bb) nicht mehr als 15 m bei Anlagen in sonstigen Gebieten.

²Satz 1 Nr. 3 Buchst. a gilt nicht für den Abstand von den Grenzen eines Nachbargrundstücks, das ganz oder teilweise nicht im Außenbereich liegt. ³Die nach Satz 1 Nr. 3 Buchst. b maßgebliche Höhe wird
a) bei freistehenden Anlagen ab der Geländeoberfläche und
b) bei Anlagen an baulichen Anlagen ab dem Schnittpunkt der Anlage mit der Außenfläche der baulichen Anlage

gemessen. ⁴Ohne Abstand oder mit einem bis auf 1 m verringerten Abstand von der Grenze sind zulässig
1. Garagen und Gebäude ohne Aufenthaltsräume und Feuerstätten mit einer Höhe bis zu 3 m und
2. Solaranlagen, die nicht Teil eines Gebäudes sind, mit einer Höhe bis zu 3 m.

§ 5

⁵Bauliche Anlagen nach Satz 4 dürfen den Abstand nach Absatz 2 auf einer Gesamtlänge von 9 m je Grundstücksgrenze, auf einem Baugrundstück insgesamt jedoch nur auf einer Länge von 15 m unterschreiten. ⁶Bei Anwendung der Sätze 4 und 5 sind nach Absatz 5 Satz 2 ohne Abstand an eine Grenze gebaute Gebäude der in Satz 4 Nr. 1 genannten Art anzurechnen. ⁷Bei Anwendung des Satzes 1 Nr. 2 gilt Absatz 2 Satz 3 entsprechend.

(9) ¹Die sowie Aufschüttungen berücksichtigen, die wegen des vorhandenen Geländeverlaufs gerechtfertigt sind.nach den Absätzen 1 bis 8 und den §§ 6 und 7 maßgebliche Höhe der Geländeoberfläche ist die der gewachsenen Geländeoberfläche. ²Eine Veränderung dieser Geländeoberfläche durch Abgrabung ist zu berücksichtigen, eine Veränderung durch Aufschüttung dagegen nur, wenn die Geländeoberfläche dadurch an die vorhandene oder genehmigte Geländeoberfläche des Nachbargrundstücks angeglichen wird. ³Die Bauaufsichtsbehörde setzt die Höhe der Geländeoberfläche fest, soweit dies erforderlich ist. ⁴Dabei kann sie unter Würdigung nachbarlicher Belange den Anschluss an die Verkehrsflächen und die Abwasserbeseitigungsanlagen

Übersicht

		Rn.
A.	Allgemeines	1–34
I.	Zielsetzung	1–5
II.	Konzeption	6, 7
III.	Verhältnis zum Planungsrecht	8–10
IV.	Kollision zwischen den Abstandsvorschriften und städtebaulichen Festsetzungen	11–15
V.	Baumaßnahmen an bestehenden und genehmigten baulichen Anlagen mit zu geringen Grenzabständen	16–19
VI.	Grenzabstände und Öffentlich- rechtlicher Nachbarschutz	20–34
B.	Grenzabstände	35–238
I.	Abstandsanforderungen an Gebäude und andere baulichen Anlagen	35–238
1.	Abstandsanforderungen an Gebäude (Absatz 1 Satz 1)	35–44
2.	Abstandsanforderungen an andere bauliche Anlagen, insbesondere an Terrassen (Absatz 1 Satz 2)	45–63
II.	Ermittlung und Maß des Abstands	64–75
1.	Messung des Abstands (Absatz 1 Satz 3)	64–66
2.	Höhe H (Absatz 1 Satz 4)	67–69
3.	Abrundung des Abstands (Absatz 1 Satz 5)	70
4.	Maß des Abstands (Absatz 2 Sätze 1 und 2)	71–74
5.	Aneinandergrenzende Grundstücke mit unterschiedlichem Abstandsmaß (Absatz 2 Satz 3)	75
III.	Gebäudeteile	76–116
1.	Gebäudeteile und Antennen mit verringertem Abstand (Absatz 3)	76–99
2.	Gebäudeteile ohne Abstand (Absatz 4)	100–116
IV.	Grenzbebauung (Absatz 5)	117–154
1.	Zwingende Grenzbebauung (Absatz 5 Satz 1)	117–130
2.	Mögliche Grenzbebauung mit Baulast (Absatz 5 Satz 2 erster Halbsatz)	131–144

3. Mögliche Grenzbebauung auf Grund vorhandener Grenzbebauung auf dem Nachbargrundstück (Absatz 5 Satz 2 zweiter Halbsatz)	145–154
V. Abweichende Bezugsebene für die Höhe H (Absatz 6)	155–158
VI. Abstand von Gebäudeteilen von der Grenze bei Grenzbebauung (Absatz 7)	159–167
VII. Wegfall oder Verringerung der Abstände von bestimmten Gebäuden und von sonstigen bestimmten baulichen Anlagen (Absatz 8)	168–219
1. Stützmauern, Aufschüttungen und Einfriedungen (Absatz 8 Satz 1 Nr. 1)	168–179
2. Gebäude mit einem fremder Sicht entzogenen Gartenhof und dessen Einfriedigungen (Absatz 8 Satz 1 Nr. 2 und Satz 5)	180–186
3. Antennen einschließlich der Masten (Absatz 8 Satz 1 Nr. 3 und Sätze 2 und 3)	187
4. Garagen, Gebäude ohne Aufenthaltsräume und Feuerstätten sowie Solaranlagen (Absatz 8 Sätze 4 bis 6)	188–219
VIII. Höhe der Geländeoberfläche und deren Festsetzung (Absatz 9)	220–238
1. Höhe der Geländeoberfläche (Absatz 9 Sätze 1 und 2)	220–232
2. Festsetzung der Höhe der Geländeoberfläche durch die BauAB (Absatz 9 Sätze 3 und 4)	233–238

A. Allgemeines

I. Zielsetzung

Die Abstandsvorschriften sind hauptsächlich darauf gerichtet, die allgemeinen Anforderungen an **gesunde Wohn- und Arbeitsverhältnisse** zu verwirklichen, indem sie für Gebäude insbesondere eine ausreichende Belichtung, Besonnung und Belüftung unter Berücksichtigung der jeweiligen Nutzung sicherstellen. Mit dieser Zielsetzung wird der Grundsatzanforderung in § 3 Abs. 2 Satz 1 Rechnung getragen. **1**

Die Abstandsvorschriften dienen ferner dem **Wohnfrieden**. Sie sorgen für einen angemessenen Schutz der privaten Sphäre und schaffen die nötige Distanz im Sinne eines Sozialabstandes für den Wohnfrieden (OVG Saarl., U. v. 28.11.2000 – 2 R 2/00 – BRS 63 Nr. 135). Dies kommt beispielsweise in § 7 Abs. 4 zum Ausdruck, der insbesondere zum Schutz der Privatsphäre Abstände zwischen bestimmten, einander zugekehrten Fenstern verlangt. **2**
Die Aufgabe der Abstandsvorschriften, zur Wahrung des nachbarlichen Wohnfriedens ein störungsfreies Wohnen sicherzustellen, beinhaltet jedoch nicht den **Schutz vor Immissionen aus gewerblichen Betrieben**, wie Kfz-Werkstätten oder Schreinereien. Dafür ist das Bundes-Immissionsschutzgesetz maßgebend. Auf dieser mangelnden Differenzierung beruht das Urteil des VGH BW vom 10.9.1998 (8 S 2137/98 – BRS 60 Nr. 103). Der VGH meint, den Abstandsvorschriften falle nicht die Aufgabe zu, den nachbarlichen Wohnfrieden sicherzustellen, weil durch sie nicht der Schutz vor Immissionen aus gewerblichen Betrieben ermöglicht werde.

Der **Brandschutz** wird im Bauordnungsrecht in speziellen Vorschriften geregelt. Dazu gehören insbesondere die Vorschriften zur ausreichend langen Begrenzung **3**

einer Brandausbreitung, wie § 6 DVO-NBauO mit seiner Anforderung an Außenwände und deren Bekleidung, wie § 8 Abs. 1 Satz 1 DVO-NBauO mit seiner Forderung nach Brandwänden und wie § 11 DVO-NBauO mit seinen Anforderungen an die Dachhaut.
Die Abstandsvorschriften dienen grundsätzlich nicht dem Brandschutz, insbesondere der Begrenzung einer Brandausbreitung. Dies hat sich bestätigt durch die Regelung in § 5 Abs. 2, wonach künftig in Gewerbe- und Industriegebieten der Regelabstand nur noch 0,25 H, mindestens jedoch 3 m beträgt. Wenn der Regelabstand in Gewerbegebieten zulässt, dass 12 m hohe Verwaltungsgebäude nur den jeweiligen Mindestabstand von insgesamt 6 m untereinander einzuhalten brauchen, dann können die Abstandvorschriften generell keine Funktion wahrnehmen, die dem Brandschutz dient. Die Abstandsvorschriften spielen für den Brandschutz lediglich eine Rolle, soweit es um die Mindestabstände geht, die Gebäude auf demselben Baugrundstück nach § 7 Abs. 1 Satz 1 untereinander einzuhalten haben, da § 8 Abs. 1 Satz 1 Nr. 1 DVO-NBauO nur Mindestabstände von den Grenzen eines Baugrundstücks als Alternative zu Brandwänden vorschreibt.

4 Die Abstandsvorschriften haben auch nicht den Zweck **vor fremder Einsicht** in Grundstücke oder in Räume **zu schützen.** Das BVerwG hat in seinem Beschluss vom 10.12.1997 (4 B 204.97 – BRS 59 Nr. 188) zwar gemeint, es sei nicht fernliegend, dass Abstandsflächenregelungen auch dem Schutz der Nachbargrundstücke vor Einsicht Dritter dienten. Diese Erwägungen erscheinen jedoch unrealistisch, denn die erforderlichen Grenzabstände – vielfach genügt der Mindestabstand von 3 m – können Einblicke auf benachbarte Grundstücke oder in Räume benachbarter Gebäude, insbesondere aus Obergeschossen, gar nicht verhindern. Demjenigen, der sich durch Einsicht des Nachbarn belästigt fühlt, ist vielmehr zuzumuten, zur Selbsthilfe zu greifen und sich durch den Einbau von Gardinen zu schützen (OVG Lüneburg, B. v. 14.6.2004 – 1 ME 101/04 – juris).

5 Die Abstandsvorschriften sind auch nicht darauf gerichtet, eine **ungestörte Aussicht** sicherzustellen oder zu erhalten (VGH BW, U. v. 1.6.1978 – III 2190/77 – BRS 33 Nr. 159). Das steht nicht im Widerspruch zu der Ansicht des OVG Lüneburg (U. v. 10.3.1986 – 6 OVG A 133/84 – BRS 46 Nr. 153), wonach zu den Schutzgütern der Abstandsvorschriften der Ausblick auf die Umgebung gehört, denn dieser wird allein schon durch die Mindestabstände sichergestellt, die bauliche Anlagen einzuhalten haben.

II. Konzeption

6 Den Regelungen der NBauO über die Abstände liegt die **aus § 5 Abs. 1 Satz 1 ersichtliche Konzeption des** Punktabstands zugrunde. Maßgebend für den Abstand eines Gebäudes ist die Höhe jedes einzelnen Gebäudeteils über der Geländeoberfläche. Diese Konzeption kommt in der Forderung zum Ausdruck, dass Gebäude mit allen auf ihren Außenflächen gelegenen Punkten von den Grenzen des Baugrundstücks Abstand halten müssen und dass sich dieser Abstand nach der Höhe des einzelnen Punktes über der Geländeoberfläche richtet.

Diese Konzeption ermöglicht, dass sich die im Einzelfall erforderlichen Abstände auf das notwendige Maß beschränken. Sie erleichtert damit insbesondere moderne Bauformen mit Vor- und Rücksprüngen sowie mit besonderen vertikalen und horizontalen Gliederungen.

Die 1981 **in die MBO aufgenommene Regelung über die Abstandsflächen** **7** hat sich mit erheblichen Abweichungen an der Konzeption der NBauO orientiert. Diese Regelung verlangt, dass vor den Außenwänden von Gebäuden Abstandsflächen freizuhalten sind, deren Tiefe sich jeweils nach der Höhe der Außenwände bestimmt. Dächer sind nach dieser Regelung mit einem Teil ihrer Höhe der Wandhöhe hinzuzurechnen.
Hiernach erstreckt sich die Grundsatzanforderung der MBO, abweichend von der NBauO, nur auf Teile eines Gebäudes, obwohl die den Abstandsanforderungen zu Grunde liegende Zielsetzung eine Konzeption erfordert, in die das gesamte Gebäude einbezogen ist. Dieser Mangel in der konzeptionellen Ausgestaltung der Abstandsflächenregelung der MBO führt zwangsläufig auch zu Abgrenzungsschwierigkeiten, vor allem bei modernen Bauformen. Die Abstandsflächenregelung der MBO ist von den meisten Ländern mit verhältnismäßig geringen Abweichungen in deren Bauordnungen übernommen worden.

III. Verhältnis zum Planungsrecht

Das städtebauliche Planungsrecht **gehört zum öffentlichen Baurecht** im Sinne **8** des § 2 Abs. 16.
Die Vorschriften der NBauO über die Abstände gelten selbständig und gleichrangig neben dem Planungsrecht und umgekehrt. Eine Baumaßnahme ist daher nur dann materiell rechtmäßig, wenn sie sowohl die bauordnungsrechtlichen Anforderungen als auch die Anforderungen des Planungsrechts sowie alle übrigen Anforderungen des öffentlichen Baurechts im Sinne des § 2 Abs. 16 erfüllt.

Darüber hinaus ist das Verhältnis zwischen den Vorschriften der NBauO über die **9** Grenzabstände und dem Planungsrecht durch vielfältige **Wechselbeziehungen** gekennzeichnet.
Die planungsrechtlichen Regelungen über die Bauweise bestimmen, inwieweit mit oder ohne Grenzabstand gebaut werden darf oder muss. Dieser planungsrechtlichen Vorgabe trägt die NBauO in § 5 Abs. 5 Satz 1 Rechnung, indem sie § 5 Abs. 1 Satz 1 für nicht anwendbar erklärt, soweit ein Gebäude nach städtebaulichem Planungsrecht ohne Grenzabstand errichtet werden muss. Die NBauO lässt in § 5 Abs. 1 Satz 2 eine Grenzbebauung auch nur zu, soweit nach städtebaulichem Planungsrecht ohne Grenzabstand gebaut werden darf.
Das Planungsrecht wiederum verknüpft seine materiellrechtlichen Regelungen in § 20 Abs. 4 und § 23 Abs. 5 BauNVO mit den bauordnungsrechtlichen Abstandsvorschriften. Es räumt ein, dass bauliche Anlagen, soweit sie nach den Vorschriften der NBauO ohne Grenzabstand zulässig sind oder zugelassen werden können, bei der Ermittlung der Geschoßfläche unberücksichtigt bleiben und, wenn im Bebauungsplan nichts anderes festgesetzt ist, auf den nicht überbaubaren Grundstücksflächen zugelassen werden können.

10 Eine Bebauung darf nicht gegen das **Gebot der Rücksichtnahme** verstoßen. Dieses Gebot ist planungsrechtlicher Natur. Es geht in dem in § 34 Abs. 1 BauGB enthaltenen Begriff des „Einfügens" auf (BVerwG, U. v. 27.2.1992 – 4 C 50.89 – BRS 54 Nr. 193), ist als öffentlicher Belang im Rahmen des § 35 BauGB zu beachten (BVerwG, U. v. 25.2.1977 – IV C 22.75 – BRS 32 Nr. 155; Nds. OVG, B. v. 8.5.2006 – 1 ME 7/06 – NdsVBl. 2006/247) und hat seine besondere Ausprägung in § 31 Abs. 2 BauGB und in § 15 Abs. 1 BauNVO erfahren (BVerwG, U. v. 5.8.1983 – 4 C 96.79 – BRS 40 Nr. 4; U. v. 19.9.1986 – 4 C 8.84 – DVBl. 1987/476).

Das Gebot der Rücksichtnahme erstreckt sich nicht auf die **Belange ausreichender Belichtung, Besonnung und Belüftung sowie der Begrenzung der Einsichtsmöglichkeiten**, denn diesen Belangen hat der Landesgesetzgeber in den Abstandsvorschriften der Bauordnung Rechnung getragen (BVerwG, B. v. 18.12.1985 – 4 C B 49 – NVwZ 1986/468; OVG Lüneburg, B. v. 24.6.1986 – 6 B 63/86 – BRS 46 Nr. 177). Diese Auffassung hat das BVerwG wiederholt bestätigt (U. v. 28.10.1993 – 4 C 5.93 – BRS 55 Nr. 168; B. v. 6.12.1996 – 4 B 215.96 – BRS 58 Nr. 164).

In seinem Urteil vom 11.1.1999 (4 B 128.98 – BauR 1999/615) hat das BVerwG seine bisher eindeutige Rechtsprechung zur Abgrenzung des Gebots der Rücksichtnahme gegenüber Belangen, die durch spezielle bauordnungsrechtliche Vorschriften geschützt werden, jedoch in Frage gestellt. Es hat zum Ausdruck gebracht, Überwiegendes spreche für die Auffassung, dass die Belange ausreichender Belichtung, Besonnung und Belüftung sowie der Begrenzung der Einsichtsmöglichkeiten nicht allein bauordnungsrechtlich, sondern auch bauplanungsrechtlich geregelt werden dürften, weil sie auch städtebauliche Bedeutung hätten und dass deshalb die (unterschiedlichen) bauordnungsrechtlichen (Abstands-) Vorschriften Regelungen des Städtebaurechts nicht verdrängen könnten. Andererseits meint das BVerwG, dürfte die bisherige Rechtsprechung jedenfalls im Ergebnis mit der Modifikation grundsätzlich richtig bleiben, dass zumindest aus tatsächlichen Gründen das Rücksichtnahmegebot im Regelfall nicht verletzt sein werde, wenn die Abstandsvorschriften eingehalten seien.

Aus dem Urteil des BVerwG vom 11.1.1999 (a. a. O.) ist herzuleiten, dass das Gebot der Rücksichtnahme hinsichtlich der nachbarlichen Belange ausreichender Belichtung, Besonnung und Belüftung im Regelfall nicht verletzt ist, wenn die Abstandsvorschriften eingehalten sind (Hess. VGH, B. v. 20.11.2006 – 4 TG 2391/06 – BRS 70 Nr. 168). Auch das OVG Lüneburg (B. v. 4.4.2005 – 1 LA 76/04 – NdsVBl. 2005/186 = Nds. Rpfl. 2005/235) ist der Ansicht, dass bei Einhaltung der Abstandsvorschriften besondere Umstände hinzutreten müssten, um dann noch annehmen zu können, dass ein Verstoß gegen das Gebot der Rücksichtnahme vorliege.

IV. Kollision zwischen den Abstandsvorschriften und städtebaulichen Festsetzungen

11 Die NBauO räumt Festsetzungen in einem Bebauungsplan, die zwingend zu geringeren als den vorgeschriebenen Abständen führen, **keinen Vorrang gegenüber den Abstandsvorschriften** ein. Festsetzungen in Bebauungsplänen sind

nämlich grundsätzlich nicht geeignet, sicherzustellen, dass bei Abstandsunterschreitungen den allgemeinen Anforderungen an gesunde Wohn- und Arbeitsverhältnisse entsprochen wird.
Die allgemeinen Anforderungen an gesunde Wohn- und Arbeitsverhältnisse sind nach § 1 Abs. 6 Nr. 1 BauGB zwar auch bei der Aufstellung von Bebauungsplänen zu berücksichtigen. Diesem Gebot kann aber nur durch solche Festsetzungen Rechnung getragen werden, die nach § 9 BauGB Inhalt eines Bebauungsplanes sein können.
Die nach dieser Vorschrift in Betracht kommenden Festsetzungen bieten weder eine ausreichende Beurteilungsgrundlage, noch die Möglichkeit, rechtsverbindliche Entscheidungen zur Erfüllung der Anforderungen an gesunde Wohn- und Arbeitsverhältnisse zu treffen. Dazu bedarf es Bauzeichnungen, aus denen vor allem die Nutzung einzelner Räume und deren Zuordnung zu bestimmten Gebäudeseiten ersichtlich ist. Entscheidungen, die bei Abstandsunterschreitungen die genannten Belange berücksichtigen und den Bauherrn rechtlich binden, können daher nur durch die BauAB auf der Grundlage des § 66 getroffen werden.

In der Regel wird in Bebauungsplänen das **Maß der baulichen Nutzung als Höchstmaß** festgesetzt, beispielsweise hinsichtlich der Höhe baulicher Anlagen oder der Zahl der Vollgeschosse (§ 16 Abs. 4 BauNVO). Entsprechendes gilt für Festsetzungen der überbaubaren Grundstücksflächen durch Baugrenzen (§ 23 Abs. 3 BauNVO).
Festsetzungen dieser Art können nicht mit den Abstandsvorschriften kollidieren, da Unterschreitungen des Höchstmaßes stets zulässig sind. Diese Festsetzungen dürfen lediglich nicht ausgeschöpft werden, soweit dies zu Verstößen gegen die Abstandsvorschriften führen würde. Ist beispielsweise auf Grund von Baugrenzen die gesamte Fläche eines Baugrundstücks bebaubar, so darf das Grundstück dennoch nur unter Einhaltung der Abstandsvorschriften bebaut werden. Dem trägt auch § 29 Abs. 2 BauGB Rechnung, der besagt, dass die Vorschriften des Bauordnungsrechts unberührt bleiben.
Ein Bebauungsplan kann jedoch auch **Festsetzungen** enthalten, **die keinen Rahmen setzen**. Wird beispielsweise die Höhe der baulichen Anlage oder die Zahl der Vollgeschosse als zwingend (§ 16 Abs. 4 BauNVO) festgesetzt, so dürfen diese Maße nicht unterschritten werden. Auch Festsetzungen von Baulinien zur Bestimmung überbaubarer Grundstücksflächen enthalten keinen Spielraum, da auf Baulinien gebaut werden muss (§ 23 Abs. 2 BauNVO).

Städtebauliche Festsetzungen können zwingend zu geringeren als den vorgeschriebenen **Abständen führen**, wenn sie bauliche Anlagen nur in Abständen voneinander zulassen, die geringer sind, als sie unter Beachtung der Abstandsvorschriften sein dürften. Diese Voraussetzungen liegen beispielsweise vor, wenn für zwei gegenüberliegende Gebäude Baulinien (§ 23 Abs. 2 BauNVO) im Abstand von weniger als 6 m festgesetzt sind oder wenn Gebäude auf Grund von Baulinien und einer bestimmten als zwingend festgesetzten Zahl von Vollgeschossen (§ 16 Abs. 4 BauNVO) in Abständen voneinander zu errichten sind, die bei Einhaltung der §§ 5 bis 7 größer sein müssten.

Der bisherige § 13 Abs. 3 ermöglichte mit seiner Bezugnahme auf die besonderen Ausnahmetatbestände des bisherigen § 13 Abs. 1 eine Kollision zwischen den Festsetzungen, die zwingend zu geringeren als den vorgeschriebenen Abständen führten, und den Abstandsvorschriften durch Ausnahmen von den Abstandsvorschriften abzuwenden. Zur Lösung dieses Konflikts ist nunmehr **auf § 66 abzustellen.** Wie das Nds. OVG in seinem Urteil vom 29.8.1996 (1 K 387/95 – BRS 58 Nr. 18) zu dem bisherigen § 13 Abs. 3 zutreffend dargelegt hat, ist ein Widerspruch zwischen den Festsetzungen eines Bebauungsplans und den Vorschriften der NBauO über die regelmäßig einzuhaltenden Abstände so schwerwiegend, dass die Lösung dieses Widerspruchs in der Regel in der Begründung des Bebauungsplans ihren Niederschlag finden muss. Das gilt nunmehr auch für eine Konfliktlösung auf der Grundlage des § 66 (s. Rdn. 29 ff. der Vorbemerkungen).

14 Die **Begründung des Bebauungsplans** muss insbesondere die Erwägungen enthalten, die später die Zulassung einer Abweichung von den Abstandsvorschriften nach § 66 zu rechtfertigen vermögen.
Hierbei braucht in der Regel nicht auf konkrete Planungen des Bauherrn abgestellt zu werden, zumal bei der Genehmigung eines Bebauungsplanes vielfach weder der künftige Bauherr noch dessen Planungen bekannt sind. Andererseits sind später auch nur die Alternativplanungen genehmigungsfähig, für die eine Abweichung nach § 66 erteilt werden kann. Der Spielraum, den ein Bebauungsplan beispielsweise hinsichtlich der Nutzung einräumt, unterliegt daher von vornherein den Einschränkungen, die die Zulassung einer Abweichung erfordert.
Ein Bebauungsplan, dessen Festsetzungen mit den Abstandsvorschriften kollidieren, **ist** daher **nur dann rechtmäßig**, wenn unter Berücksichtigung einer überzeugenden Begründung eine Abweichung von den Abstandsvorschriften möglich ist. Die Entscheidung hierüber erfolgt später für das einzelne Bauvorhaben im Baugenehmigungsverfahren und bei genehmigungsfreien Vorhaben durch besonderen Verwaltungsakt. Steht jedoch schon vorab fest, dass sich der Konflikt zwischen den Festsetzungen des Bebauungsplans und den Abstandsvorschriften nicht durch eine Abweichung nach § 66 lösen lässt, sind die Festsetzungen des Bebauungsplans unwirksam (Nds. OVG, U. v. 22.10.2008 zu dem bisherigen § 13 – 1 KN 215/07 – BRS 73 Nr. 18).

15 Seit die Gemeinden jedoch nach **§ 9 Abs. 1 Nr. 2a BauGB** ermächtigt sind, im Bebauungsplan aus städtebaulichen Gründen vom Bauordnungsrecht abweichende Maße der Tiefe der Abstandsflächen festzusetzen, dürfte es nur noch selten zu einer Kollision zwischen Abstandsvorschriften und städtebaulichen Festsetzungen kommen, zu deren Lösung auf § 66 abzustellen ist.

V. Baumaßnahmen an bestehenden und genehmigten baulichen Anlagen mit zu geringen Grenzabständen

16 Bauliche Anlagen, die vor dem 1. November 2012 rechtmäßig errichtet oder begonnen wurden oder am 1. November 2012 aufgrund einer Baugenehmigung oder Bauanzeige errichtet werden dürfen, unterliegen nach § 85 Abs. 1 nur einer eingeschränkten Anpassungspflicht an die nunmehr geltenden Vorschriften der NBauO.

Bei Änderung einer baulichen Anlage stellt es § 85 Abs. 3 in das Ermessen der BauAB zu verlangen, dass die von der Änderung nicht betroffenen Teile der baulichen Anlage an die Vorschriften der NBauO angepasst werden, wenn sich die Kosten der Änderung dadurch um nicht mehr als 20 vom Hundert erhöhen. Damit geht § 85 Abs. 3 davon aus, dass die bauordnungsrechtlichen Anforderungen grundsätzlich nicht für die Teile des bestehenden Gebäudes gelten, die von der Änderung nicht berührt werden. Vielfach handelt es sich hierbei um Gebäude, die mit Ausnahme einiger Teile, wie fehlende Aufzüge für Arztpraxen, oder fehlende feuerhemmende Türen, zum Zeitpunkt ihrer Änderung den maßgebenden Vorschriften des öffentlichen Baurechts entsprechen. **17**

Aber auch bei baulichen Anlagen, insbesondere **bei Gebäuden, die die jetzt maßgebenden Grenzabstände nicht einhalten** und erweitert werden sollen, begrenzt § 85 Abs. 3 nach der Rechtsprechung des Nds. OVG die materielle Prüfung auf die Erweiterung. **18**

In ein Gebäude, das die Grenzabstände nicht einhält, darf daher **ein Anbau** unter Beachtung der Abstandsvorschriften voll integriert werden (Nds. OVG, B. v. 28.9.1999 – 1 M 3416/99 zu dem bisherigen § 99 Abs. 3 – s. *Nds. Landesjustizportal*). Auch bei **Errichtung eines Spitzdaches** auf einem flach gedeckten Gebäude, das die Grenzabstände unterschreitet, beschränkt sich die Prüfung der Abstandsvorschriften auf die Aufstockung, wenn die Aufstockung eine Neuberechnung der Statik nicht erforderlich macht (Nds. OVG, B. v. 5.9.2002 – 1 ME 183/02 zu dem bisherigen § 99 Abs. 3 – BRS 65 Nr. 117 = BauR 2003/77). Bei einer durch eine Aufstockung erforderlichen Neuberechnung der Statik des Gebäudes wäre der Bestandsschutz für die alte Bausubstanz hinfällig und die Aufstockung würde einem Neubau gleichkommen (vgl. BverwG, U. v. 17.1.1986 – 4 C 80.82 – BRS 46 Nr. 148).

Diese Rechtsprechung hat das Nds. OVG in seinem Beschluss vom 6.12.2004 (1 ME 256/04 zu dem bisherigen § 99 Abs. 3 – BRS 67 Nr. 64) bestätigt. Dabei ging es um die Errichtung einer UMTS-Basisstation unter einem knapp 10 m hohen Antennenmast auf dem Flachdach eines etwa 10 m hohen Bunkers. Das OVG hat auch hier unter Hinweis auf den bisherigen § 99 Abs. 3 lediglich die Antennenanlage auf ihre Vereinbarkeit mit den Abstandsvorschriften geprüft.

Aus § 85 Abs. 3 lässt sich jedoch nicht die Zulässigkeit von **Nutzungsänderungen** eines Gebäudes herleiten, das die Grenzabstände unterschreitet. Es erscheint schon fraglich, ob Nutzungsänderungen überhaupt von dem Begriff „ändern" in § 85 Abs. 3 erfasst werden, denn nach § 2 Abs. 13 ist die Nutzungsänderung ein eigenständiger Begriff neben dem Begriff der Änderung einer baulichen Anlage. Entscheidend ist jedoch, dass aus § 85 Abs. 3 lediglich zu entnehmen ist, dass Änderungen von Gebäuden, die die Grenzabstände unterschreiten, nur dann zulässig sind, wenn die Änderungen unter Einhaltung der Grenzabstände den alten Baubestand nicht berühren. Nutzungsänderungen solcher Gebäude dienen hingegen der Änderung der bisherigen Nutzung und lassen den alten Baubestand gerade nicht unberührt. Das gilt auch für Nutzungsänderungen, die sich **19** auf die Gebäudeteile beschränken, die die Grenzabstände einhalten. Bei einer Nutzungsänderung ist Gegenstand der Beurteilung das bestehende Gebäude und die beabsichtigte Nutzung als untrennbare Einheit. Nutzungsänderungen eines Gebäudes sind daher nicht anders zu beurteilen als die Erst- oder Neuerrichtung des Gebäudes zu dem angestrebten Zweck. Nutzungsänderungen eines Gebäudes, das die Grenzabstände unterschreitet, sind daher nur nach Zulassung einer Abweichung nach § 66 von den Abstandsvorschriften rechtmäßig.

VI. Grenzabstände und Öffentlich- rechtlicher Nachbarschutz

20 Die Vorschriften der NBauO über die Grenzabstände haben **nachbarschützende Wirkung**. Sie haben neben ihrer öffentlich-rechtlichen Zweckbestimmung auch den Zweck, das nachbarliche Interesse an einer ungehinderten Belichtung, Belüftung und Besonnung der Grundstücke und Gebäude zu schützen (OVG Lüneburg, U. v. 14.3.1967 – VI A 110/66 – BRS 18 Nr. 122). Die Abstandsvorschriften der NBauO sind daher auch dem Schutz des Nachbarn zu dienen bestimmt. Der Nachbarschutz bzw. der Drittschutz im Baurecht wurzelt im nachbarlichen Gemeinschaftsverhältnis. Er leitet sich daraus her, dass bestimmte Vorschriften des öffentlichen Baurechts auch der Rücksichtnahme auf individuelle Interessen oder deren Ausgleich untereinander dienen (BVerwG, B. v. 28.8.1987 – 4 N 3.86 – BRS 47 Nr. 185).

21 Die Abstandsvorschriften haben nachbarschützende Wirkung, unabhängig davon, ob deren Verletzung zu **Beeinträchtigungen des Nachbarn** führt (OVG Lüneburg, U. v. 18.2.1985 – 1 A 44/84 – Nds. Rpfl. 1985/152). Die Abstandsvorschriften verlangen zur Erfüllung ihrer Zweckbestimmung Abstände in exakt messbaren Größen. Darin kommt zum Ausdruck, dass die Nichteinhaltung des vorgeschriebenen Abstandsmaßes abstrakt und generell geeignet ist, das mit den Abstandsvorschriften u. a. verfolgte Interesse an ausreichender Belichtung, Belüftung und Besonnung benachbarter Grundstücke und Gebäude zu beeinträchtigen (OVG Saarl., U. v. 6.3.1987 – 2 R 180/84 – BRS 47 Nr. 100). Die Vorschriften der NBauO über die formelle Genehmigungspflicht sind hingegen nicht nachbarschützend (OVG Lüneburg, U. v. 14.3.1967 – VI A 110/66 – BRS 18 Nr. 122).

22 Nachbarschützend ist insbesondere der **Regelabstand von 0,5 H nach § 5 Abs. 2 Satz 1 NBauO**. Soweit dieser Abstand unter bestimmten Voraussetzungen unterschritten werden darf, braucht der Nachbar eine Unterschreitung des Regelabstands deshalb nur dann hinzunehmen, wenn sämtliche Voraussetzungen für die Unterschreitung vorliegen. Das gilt insbesondere für die Voraussetzungen nach § 5 Abs. 8 NBauO (OVG Lüneburg, B. v. 19.12.1983 – 6 B 116/83 zu dem bisherigen § 12 NBauO – BRS 42 Nr. 127).

23 Die nachbarschützende Wirkung der Abstandsvorschriften erstreckt sich jedoch nicht auf **Wegegrundstücke**, denn diese Grundstücke können nicht in einer Weise genutzt werden, die der Zweckbestimmung der Abstandsvorschriften gerecht wird (Nds. OVG, B. v. 9.9.2004 – 1 ME 194/04 – BRS 67 Nr. 188). Daraus folgt, dass dem Eigentümer eines Wegegrundstücks kein Abwehrrecht wegen einer Verletzung der Abstandsvorschriften gegenüber seinem Wegegrundstück zusteht.

Die Abstandsvorschriften der NBauO gewähren auf Grund ihrer nachbarschüt- **24** zenden Wirkung dem Nachbarn ein subjektiv-öffentliches Recht auf ihre Einhaltung (OVG Lüneburg, U. v. 22.3.1962 – 1 A 96/61 – BRS 13 B 3) bzw. ein **materielles subjektiv-öffentliches Abwehrrecht** gegen Baumaßnahmen, die die Bauaufsichtsbehörde unter Verletzung der Abstandsvorschriften zugelassen hat (OVG Lüneburg, B. v. 19.12.1983 – 6 B 116/83 – BRS 42 Nr. 127). Erteilt ein Nachbar seine Zustimmung zu dem Bauvorhaben des Bauherrn, so verzichtet er damit auf sein materiell-rechtliches Abwehrrecht.

Nach der Rechtsprechung ist eine Geltendmachung materieller nachbarlicher **25** Abwehrrechte gegen die Verletzung von Abstandsvorschriften jedoch im Hinblick auf das **Verbot unzulässiger Rechtsausübung** ausgeschlossen, wenn der Nachbar selbst die Abstandsvorschriften in vergleichbarer Weise verletzt (OVG Lüneburg, U. v. 12.9.1984 – 6 A 49/83 – BRS 42 Nr. 196; U. v. 29.10.1993 – 6 L 3295/91 – BRS 55 Nr. 196). Dieser Grundsatz gilt selbst dann, wenn der Nachbar sein Gebäude seinerzeit in Übereinstimmung mit dem damals geltenden Baurecht errichtet hat, denn das nachbarliche Zusammenleben wird rechtlich nicht dadurch beeinträchtigt, dass der Bauherr von der gleichen Baufreiheit Gebrauch macht, die der Nachbar zuvor für sich in Anspruch genommen hat (OVG Lüneburg, B. v. 26.5.1983 – 6 B 47/83 – BRS 40 Nr. 113; Nds. OVG, B. v. 30.3.1999 – 1 M 897/99 – BauR 1999/1163 = Nds. Rpfl. 2000/175).
Der Einwand der unzulässigen Rechtsausübung greift auch nicht erst dann, wenn das unter Verletzung des Grenzabstands errichtete Gebäude dem hinzutretenden Gebäude genau gegenüber liegt, denn das gestörte nachbarliche Gleichgewicht, das auf die nachbarliche Grenzverletzung zurückzuführen ist, ist grundsätzlich grundstücks- bzw. grenz-, nicht aber grenzabschnittsbezogen (OVG Lüneburg, B. v. 20.10.2014 – 1 LA 103/14 – BRS 82 Nr. 192).
In seinem Beschluss vom 9.9.2004 (1 ME 194/04 – BRS 67 Nr. 188) weist das Nds. OVG jedoch darauf hin, dass die Inanspruchnahme des Bauwichs durch den Nachbarn nicht dazu führe, dass jedwede Abwehransprüche des Nachbarn wegen Bauwichsverletzungen des Bauherrn ausgeschlossen seien. Nur soweit das nachbarliche Gemeinschaftsverhältnis gestört werde, d. h. die Verletzungen der Grenzabstandsvorschriften bei wertender Betrachtung einander entsprächen, sei ein Abwehranspruch ausgeschlossen. Das sei anhand der konkreten Auswirkungen zu beurteilen.
Demgegenüber hält das OVG RhPf (B. v. 29.10.1981 – 1 B 59/ 81 – BRS 39 Nr. 185) die Ausübung materieller Abwehrrechte durch den Nachbarn, dessen genehmigte bauliche Anlage dem geltenden Recht widerspricht, nicht für rechtsmissbräuchlich. Es meint, der Grundsatz von Treu und Glauben verlange nur, dass dem Bauherrn kein Nachteil daraus erwachsen dürfe, dass sein Nachbar illegal gebaut habe; der Bauherr könne aber auch keinen rechtswidrigen Vorteil aus den Verhältnissen auf dem Nachbargrundstück erlangen, den er bei einem legalen Bestand nicht hätte.
Diese Erwägungen lassen jedoch unberücksichtigt, dass es hier allein um Abwehrrechte des Nachbarn gegen die Nichteinhaltung der Abstandsvorschriften

und nicht um die Bindung des Bauherrn an die Abstandsvorschriften geht. Der Bauherr ist auch dann verpflichtet, die Abstandsvorschriften einzuhalten, wenn der Nachbar im Einzelfall keinen Abwehranspruch unter dem Gesichtspunkt der unzulässigen Rechtsausübung hat.

26 **Materiell-rechtliche** nachbarliche **Abwehrrechte können** auch **verwirkt werden.** Die Voraussetzungen dafür hat die Rechtsprechung unter Berücksichtigung des nachbarlichen Gemeinschaftsverhältnisses erarbeitet, das für das Rechtsverhältnis zwischen Bauherrn und betroffenen Nachbarn kennzeichnend ist. Das nachbarliche Gemeinschaftsverhältnis verpflichtet nach Ansicht der Rechtsprechung den Nachbarn durch ein zumutbares aktives Handeln mitzuwirken, einen wirtschaftlichen Schaden des Bauherrn zu vermeiden oder den Vermögensverlust möglichst niedrig zu halten (OVG Münster, U. v. 4.3.1970 – VII A 401/68 – BRS 23 Nr. 168).

Eine Verwirkung materieller nachbarlicher Abwehrrechte setzt voraus, dass
– der Nachbar in Kenntnis der Beeinträchtigung sein Recht längere Zeit nicht ausgeübt hat,
– der Bauherr infolge eines bestimmten Verhaltens des Nachbarn darauf vertrauen durfte, dass das Recht nach so langer Zeit nicht mehr geltend gemacht würde und
– der Bauherr ferner tatsächlich darauf vertraut hat, dass das Recht nicht mehr ausgeübt werde und sich infolgedessen in seinen Vorkehrungen und Maßnahmen so eingerichtet hat, dass ihm durch die verspätete Durchsetzung des Rechts ein unzumutbarer Nachteil entstehen würde (BVerwG, U. v. 16.5.1991 – 4 C 4.89 – BRS 52 Nr. 218 = NVwZ 1991/1182).

Materiell-rechtliche Abwehrrechte des Nachbarn können unter den genannten Voraussetzungen schon vor Erteilung einer rechtswidrigen Baugenehmigung (OVG Lüneburg, U. v. 26.3.1987 – 1 A 82/85 – BRS 47 Nr. 184) und auch gegenüber **ungenehmigten Bauvorhaben** (BVerwG, B. v. 13.8.1996 – 4 B 135.96 – BRS 58 Nr. 185) verwirkt werden.

Die **Frist**, die einem Nachbarn zur Geltendmachung seiner materiellen Abwehrrechte zuzubilligen ist und die mit dem Erkennen der Beeinträchtigungen durch die Baumaßnahme beginnt, lässt sich nicht allgemein festlegen, sondern bestimmt sich nach den Umständen des Einzelfalls. Da es sich hier um materiell-rechtliche und nicht um verfahrensrechtliche Abwehransprüche handelt, kommt auch eine entsprechende Anwendung des § 58 Abs. 2 VwGO nicht in Betracht (OVG Münster, U. v. 4.3.1970 – VII A 401/68 – a. a. O.). Ein Mindestzeitraum für eine Verwirkung eines Rechts muss sich vielmehr erkennbar abheben von denjenigen Fristen, die das geltende Recht dem Berechtigten im Regelfall für die Verfolgung seines materiellen Rechts in der dafür jeweils vorgesehenen verfahrensrechtlichen Norm einräumt (BVerwG, U. v. 16.5.1991 – 4 C 4.89 – BRS 52 Nr. 218 = NVwZ 91/1182).

Ein Nachbar, der seine materiell-rechtlichen Abwehrrechte verwirkt hat, kann durch die Baumaßnahme des Bauherrn nicht mehr in seinen Rechten beeinträchtigt sein.

27 Auch **verfahrensrechtliche Abwehrrechte** des Nachbarn, nämlich Anfechtungsrechte, können verwirkt werden. Es handelt sich hierbei um die Fälle, in denen dem betroffenen Nachbarn eine Baugenehmigung nicht amtlich bekanntgegeben worden ist, der Nachbar von der Baugenehmigung jedoch in anderer Weise Kenntnis erlangt hat oder hätte erlangen müssen. Die Rechtsprechung (BVerwG, U. v. 28.8.1987 – 4 N 3.86 – BRS 47 Nr. 185) sieht den Nachbarn auch in diesen Fällen auf Grund des nachbarlichen Gemeinschaftsverhältnisses als verpflichtet an, durch zumutbares Handeln an der Vermeidung eines wirtschaftlichen Schadens des Bauherrn mitzuwirken. Nach der Rechtsprechung muss sich der Nachbar so behandeln lassen, als sei ihm die Baugenehmigung in dem Zeitpunkt amtlich bekannt gegeben worden, in dem er von der Baugenehmigung zuverlässig Kenntnis erlangt hat oder hätte erlangen müssen. Für den Nachbarn bestimmen sich von diesem Zeitpunkt an deshalb die Fristen für die Einlegung von Rechtsmitteln nach § 58 Abs. 2 VwGO. Ist der Nachbar bis zum Ablauf dieser Fristen untätig geblieben, dann hat er seine verfahrensrechtlichen Abwehrrechte verwirkt.

Nachbar im Sinne des öffentlichen Baurechts ist derjenige, der eine besondere Rechtsposition hinsichtlich eines Grundstücks hat, das in einer bestimmten räumlichen Nähe zum Baugrundstück liegt.
Die einen Nachbarn kennzeichnende Rechtsposition muss nach dem Inhalt der von ihr vermittelten Befugnisse zur Nutzung des Grundstücks so weit gehen, dass sie durch Baumaßnahmen verletzt werden kann (BVerwG, U. v. 4.3.1983 – 4 C 74.80 – DVBl. 1983/898). Solche Rechtspositionen haben Grundstückseigentümer, insbesondere einzelne Miteigentümer eines Grundstücks (OVG Saarl. U. v. 6.11.1970 – II R 30/70 – BRS 23 Nr. 161) sowie diejenigen, die „in eigentumsähnlicher Weise an einem Grundstück dinglich berechtigt" sind (BVerwG, U. v. 29.10.1982 – 4 C 51.79 – BRS 39 Nr. 176 = DVBl. 1983/344). Dazu gehören:
– Erbbauberechtigte (BVerwG, U. v. 16.9.1993 – 4 C 9.90 – BRS 55 Nr. 163),
– Nießbraucher (BVerwG, U. v. 16.9.1993 – 4 C 9.90 – a. a. O.),
– Käufer eines Grundstücks, auf den der Besitz sowie Nutzungen und Lasten übergegangen sind und zu dessen Gunsten eine Auflassungsvormerkung in das Grundbuch eingetragen ist (BVerwG, U. v. 29.10.1982 – 4 C 51.79 – BRS 39 Nr. 176; Nds. OVG, B. v. 10.3.2003 – 1 LA 125/02 – NdsVBl. 2003/212),
– Wohnungseigentümer gegenüber Baumaßnahmen auf angrenzenden Grundstücken (OVG Berlin, U. v. 3.10.1975 – II B 38.74 – BRS 29 Nr. 143),
– Jagdausübungsberechtigte, da das Jagdausübungsrecht ein subjektives absolutes Recht ist, das den Schutz des Art. 14 GG genießt (OVG Lüneburg, U. v. 26.2.1988 – 1 A 56/86 – BRS 48 Nr. 156).

Nicht zu dem Kreis der Nachbarn im Sinne des öffentlichen Baurechts gehören mangels eigentumsähnlicher Rechte
– Grundpfandgläubiger,
– Inhaber von dinglichen Wohnrechten im Sinne des § 1093 BGB (BVerwG, U. v. 16.9.1993 – 4 C 9.90 – BRS 55 Nr. 163; Nds. OVG, B. v. 20.4.1999 – 1 L 1347/99 – BRS 62 Nr. 179),
– Wohnungseigentümer gegenüber Wohnungseigentümern desselben Grundstücks, da für die Abwehr von Beeinträchtigungen des Sondereigentums das

Wohnungseigentumsgesetz maßgebend ist (BVerwG, B. v. 28.2.1990 – 4 B 32.90 – DÖV 1990/937),
- Mieter oder Pächter (OVG Lüneburg, B. v. 29.5.1986 – 1 B 25/86 – BRS 46 Nr. 171; BVerwG, U. v. 16.9.1993 – 4 C 9.90 – BRS 55 Nr. 163); das gilt auch für Jagdpächter gegenüber Baumaßnahmen im gepachteten Revier (Nds. OVG, U. v. 14.4.1993 – 1 L 33/91 – BRS 55 Nr. 157) und für Pächter, die erbvertraglich als Hoferbe eingesetzt sind (BVerwG, U. v. 11.5.1989 – 4 C 1.88 – DVBl. 1989/1056).

30 Die für den Begriff des Nachbarn maßgebende **räumliche Nähe des Grundstücks zum Baugrundstück** bestimmt sich grundsätzlich nach der Reichweite der rechtlich relevanten Auswirkungen der Baumaßnahme auf das Baugrundstück. Diese Reichweite erstreckt sich bei den Abstandsvorschriften der NBauO nicht nur auf die unmittelbar an das Baugrundstück angrenzenden Grundstücke, sondern auch auf diejenigen Grundstücke, die innerhalb des von der baulichen Anlage einzuhaltenden Abstands liegen (OVG RhPf, B. v. 29.10.1981 – 1 B 59/81 – BRS 39 Nr. 185).

31 Die **BauAB unterliegt** bei der Erteilung einer Baugenehmigung **strikter Rechtsbindung** (Nds. OVG, B. v. 6.3.2003 – 1 LA 197/02 – BRS 66 Nr. 133). Eine Baugenehmigung darf daher nur erteilt werden, wenn der erforderliche Grenzabstand zentimetergenau eingehalten wird. Die eindeutige Fassung der Vorschriften über den Abstand und seine Messbarkeit nach den im Gesetz festgelegten Größen machen es nicht möglich, geringfügige Unterschreitungen als nicht gegeben anzusehen (OVG Lüneburg, B. v. 10.7.1980 – 6 B 60/80 – Nds. Rpfl. 1980/289). Dabei spielt insbesondere der Gesichtspunkt der Zumutbarkeit der Beeinträchtigung für den Nachbarn keine Rolle (OVG Lüneburg, U. v. 22.3.1962 – 1 A 96/61 – BRS 13 Nr. B 3 = DVBl. 1962/418; U. v. 18.2.1985 – 1 A 44/84 – Nds. Rpfl. 1985/152).

32 Bei einem **Verstoß gegen die Abstandsvorschriften durch den Bauherrn** bestimmt sich das Vorgehen der BauAB zur Herstellung baurechtmäßiger Zustände nach § 79 NBauO. Die BauAB hat die Entscheidung, ob zur Herstellung baurechtmäßiger Zustände eingegriffen werden soll, nach pflichtgemäßem Ermessen zu treffen. Sie hat ihr Ermessen entsprechend dem Zweck der Ermächtigung auszuüben und die gesetzlichen Grenzen des Ermessens einzuhalten (§ 40 VwVfG). Bei der Ausübung des Ermessens ist insbesondere der Grundsatz der Verhältnismäßigkeit zu beachten.
Der Grundsatz der Verhältnismäßigkeit besagt, dass eine Maßnahme nicht zu einem Nachteil führen darf, der zu dem erstrebten Erfolg erkennbar außer Verhältnis steht. Erforderlich ist hiernach eine Abwägung der widerstreitenden Interessen. Zu berücksichtigen sind dabei das Interesse der Öffentlichkeit an der Einhaltung des öffentlichen Baurechts, das Interesse der Nachbarn, durch Grenzabstandsverletzungen nicht beeinträchtigt zu werden und das Interesse des Bauherrn, jedenfalls dann keinen unverhältnismäßig hohen Schaden zu erleiden, wenn die Abweichung so gering ist, dass weder Belange der Öffentlichkeit, noch des Nachbarschutzes ernsthaft berührt werden (OVG Lüneburg, U. v. 28.2.1983 – 6 A 69/82 – Nds. Rpfl. 1984/22).

Soweit es sich um geringfügige Abstandsunterschreitungen handelt, führt die **Interessenabwägung** zu dem Ergebnis, dass Abbruchsverlangen nicht mit dem Grundsatz der Verhältnismäßigkeit vereinbar sind. Als geringfügig hat das OVG Lüneburg eine Unterschreitung des Grenzabstandes bis zu 9 cm angesehen, da sich Abweichungen von weniger als einem halben Stein erfahrungsgemäß häufig bei Baugeschehen ergeben, sei es durch ein zu oberflächliches Ausmessen, sei es durch unachtsames Schütten der Betonfundamente oder ungenaues Aufmauern (OVG Lüneburg, U. v. 17.11.1970 – 1 A 5/70 – BRS 23 Nr. 198; U. v. 28.2.1983 – 6 A 69/82 – Nds. Rpfl. 1984/22).

Für einen **Anspruch des Nachbarn auf Einschreiten der BauAB** genügt nicht ein bloßer Verstoß des Bauherrn gegen Abstandsvorschriften. Es entspricht der Rspr. des Nds. OVG, dass allein der Verstoß gegen nachbarschützende Vorschriften des öffentlichen Baurechts das Ermessen der BauAB zum bauaufsichtlichen Einschreiten sich nicht zu einer Pflicht zum Einschreiten verdichtet (Nds. OVG, B. v. 6.3.2003 – 1 LA 197/02 – BRS 66 Nr. 133). Erforderlich ist darüber hinaus eine zu einer Ermessensreduzierung auf null führende **nicht unerhebliche Beeinträchtigung des Nachbargrundstücks**. Allerdings ist nicht allein das Ausmaß der Unterschreitung des vorgeschriebenen Grenzabstandes maßgeblich für die Frage der Verpflichtung der Behörde zum Einschreiten. Hierfür kommt es vielmehr auf die konkrete örtliche Situation im Einzelnen an, insbesondere auf die Himmelsrichtung, die übrigen Grundstücksnutzungen auf beiden Seiten, Hanglagen und ähnliche Umstände (Nds. OVG, U. v. 29.10.1993 – 6 L 3295/91 – BRS 55 Nr. 196 = BauR 1994/86; OVG Lüneburg, U. v. 16.2.2012 – 1 LB 19/10 – BRS 79 Nr. 206). In dem Urteil vom 29.10.1993 hat das Nds. OVG einen Anspruch des Nachbarn auf behördliches Einschreiten für gerechtfertigt angesehen. Dabei ging es um eine Grenzgarage, die die zulässige Höhe an der Grenze um 54 cm und im Dachfirst um 68 cm überschritten hatte, wodurch es zu einer Beeinträchtigung des nachbarlichen Grundstücks in der Nähe der Terrasse und zu einer zusätzlichen Verschattung kam. In dem Urteil vom 29.7.1992 (6 L 141/89 – n. v.) hat das Nds. OVG eine Überschreitung der zulässigen Höhe einer Grenzgarage um ca. 50 cm, die die Aussicht von der Terrasse des Nachbarn einschränkte, ebenfalls als nicht unerhebliche Beeinträchtigung des Nachbargrundstücks angesehen und entschieden, dass die rechtswidrige Erhöhung der Grenzgarage zu beseitigen sei. Hingegen hat das OVG in seinem Urteil vom 16.2.2012 (1 LB 19/10 – BRS 79 Nr. 206) einen Anspruch des Nachbarn auf Einschreiten gegen eine nach dem bisherigen § 12 errichtete Garage, die die zulässige Höhe um 25 cm überschritten hatte, unter Berücksichtigung der örtlichen Situation verneint.

Die **Aufhebung einer Baugenehmigung** wegen Verstoßes gegen die Abstandsvorschriften begründet für sich allein nicht einen Anspruch des Nachbarn gegen die BauAB, vom Bauherrn die Beseitigung der im Rahmen der Genehmigung errichteten baulichen Anlage verlangen zu können, denn das Beseitigungsverlangen bedarf auch in diesen Fällen der Ermächtigungsgrundlage des § 79 Abs. 1 NBauO, die das Einschreiten der BauAB in deren Ermessen stellt (Nds. OVG, B. v. 10.2.2003 – 1 LA 52 /02 – juris) unter Bezugnahme auf den bisherigen § 89 Abs. 1 NBauO.

Für die Ansicht des Nds. OVG in dem genannten Beschluss, die Erteilung und spätere Aufhebung der Baugenehmigung stelle keinen Gesichtspunkt dar, der zwingend zum Beseitigungsverlangen der BauAB im Rahmen des § 79 Abs. 1 NBauO führen müsse, ist im Wesentlichen entscheidend, dass die Erteilung der Baugenehmigung beim Bauherrn einen Vertrauenstatbestand geschaffen habe und dass dieser sich auf den Standpunkt stellen könne, er könne deshalb nicht schlechter gestellt sein als jemand, der von vornherein ohne Baugenehmigung gebaut habe; einem Schwarzbauer verlange man Rückbaumaßnahmen auch nur in dem Umfang ab, wie der Nachbar durch den Schwarzbau tatsächlich und spürbar in seinen Interessen beeinträchtigt werde.

B. Grenzabstände

I. Abstandsanforderungen an Gebäude und andere baulichen Anlagen

1. Abstandsanforderungen an Gebäude (Absatz 1 Satz 1)

35 Absatz 1 Satz 1 enthält die **konzeptionelle Regelung für Grenzabstände**. Sie besagt, dass Gebäude von den Grenzen des Baugrundstücks Abstand halten müssen und zwar mit allen auf ihren Außenflächen oberhalb der Geländeoberfläche gelegenen Punkten (s. Rn. 6).

36 Gegenstand dieser Regelung sind **Gebäude**. Gebäude sind nach § 2 Abs. 2 selbständig benutzbare, überdeckte bauliche Anlagen, die von Menschen betreten werden können und geeignet oder bestimmt sind, dem Schutz von Menschen, Tieren oder Sachen zu dienen. Danach sind Gebäude auch solche baulichen Anlagen, die ein Dach zum Schutz gegen Regen haben, während Umfassungswände nicht erforderlich sind. Unter den Gebäudebegriff fallen daher Bahnsteigüberdachungen und Tankstellendächer mit ihren Stützen.

37 Die **Außenflächen** eines Gebäudes sind sämtliche äußeren Gebäudeflächen. Dazu gehören nicht nur Außenwände, Pfeiler, Fensterflächen und Dachflächen, sondern auch die Außenflächen aller Gebäudeteile, wie Hauseingangstreppen und Balkone (Nds. OVG, B. v. 5.10.1994 – 1 M 55 89/94 – BRS 56 Nr. 108 = Nds. RPfl. 1995/74).

38 Der Abstand zu den Grenzen ist mit allen **auf den Gebäudeaußenflächen** oberhalb der Geländeoberfläche **gelegenen Punkten** zu halten. Die hier zum Ausdruck kommende Konzeption des „Punktabstandes" besagt, dass für die Abstandsbemessung die Lage jedes einzelnen Punktes auf den Gebäudeaußenflächen maßgebend ist. Dies führt zwangsläufig dazu, dass im Gegensatz zu den Regelungen der anderen Länder über Abstandsflächen vor Außenwänden Abstand „rund um" ein Gebäude, insbesondere auch um die Ecken eines Gebäudes, zu halten ist. Der Grenzabstand eines Gebäudes bestimmt sich daher nach der Gesamtheit der erforderlichen Abstände zwischen allen Punkten auf den Gebäudeaußenflächen und der Grenze (s. **Abb. 1**).

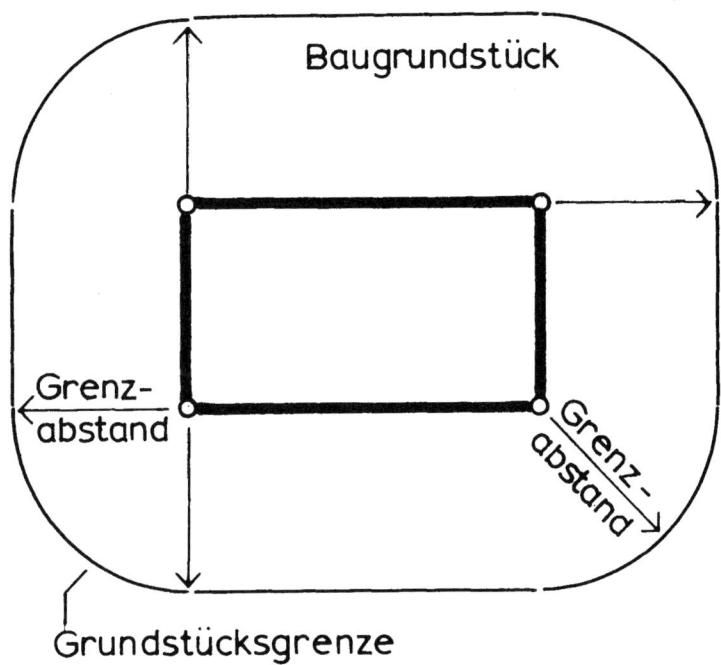

Abb. 1: Darstellung eines Baugrundstücks, dessen Grenzverlauf sich an der Konzeption des Punktabstands orientiert.

Die Ermittlung des erforderlichen Abstandes braucht sich nur auf **bestimmte Punkte** auf den Gebäudeaußenflächen zu erstrecken, da für den einzuhaltenden Abstand insbesondere nicht die Punkte maßgebend sind, die jeweils senkrecht unterhalb höher gelegener Punkte liegen (s. **Abb. 2**).

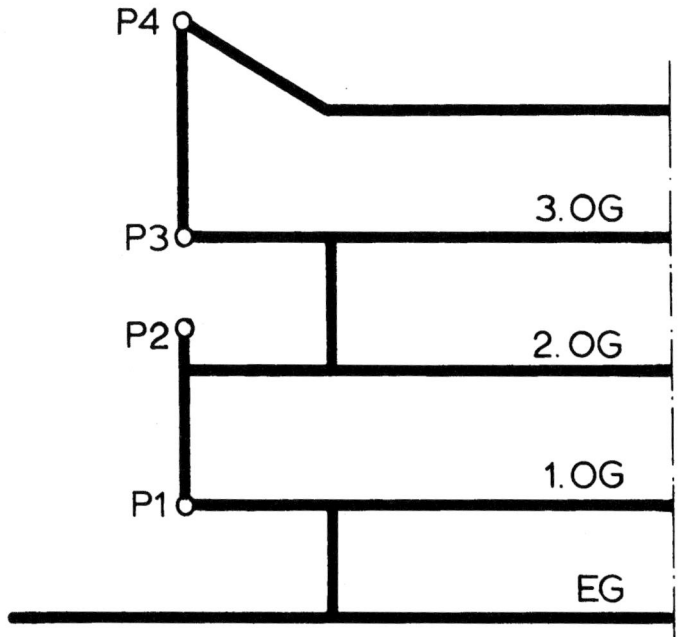

Abb. 2: Die Punkte P1 bis P3 sind für die Abstandsermittlung nach § 5 Abs. 1 Satz 1 unerheblich.

Die Konzeption des „Punktabstandes" bezieht die **Dächer** uneingeschränkt mit ein. Alle auf den Dachflächen gelegenen Punkte müssen den nach Absatz 2 erforderlichen Abstand von den Grenzen des Baugrundstücks halten. Ist der Regelabstand von 0,5 H einzuhalten, dann sind Dächer mit einer Dachneigung von 63,43° oder mit einer geringeren Neigung für den einzuhaltenden Abstand unerheblich, weil die Abstände, die die auf den Dachflächen gelegenen Punkte einzuhalten haben, nicht zu einer Vergrößerung des Abstandes für das Gebäude führen können (s. **Abb. 3**).

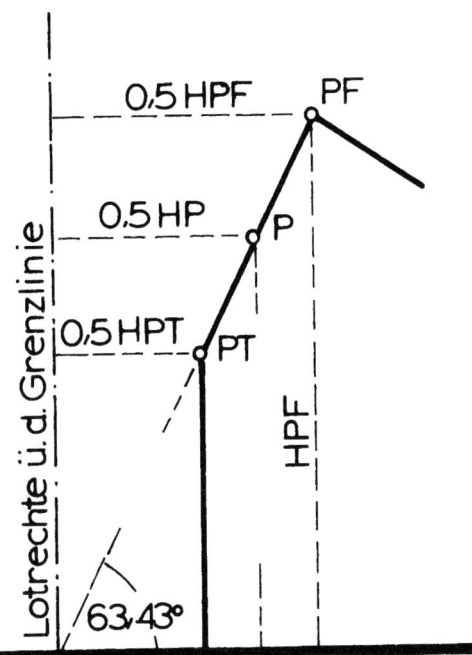

Abb. 3: Für den Abstand des Gebäudes zu der Lotrechten über der Grundstücksgrenze sind nach § 5 Abs. 1 Satz 1 die über dem Traufpunkt PT liegenden Punkte unerheblich.

Grenzabstand braucht nur mit den Punkten gehalten zu werden, die **oberhalb der Geländeoberfläche** liegen. Gebäude unter der Geländeoberfläche, wie unterirdische Garagen oder U-Bahn-Stationen werden daher von den Abstandsregelungen nicht erfasst. Das gilt auch für alle unterhalb der Geländeoberfläche liegenden Teile eines Gebäudes, selbst wenn diese Teile bis an die Grenze vorspringen (s. **Abb. 4**).

§ 5   39

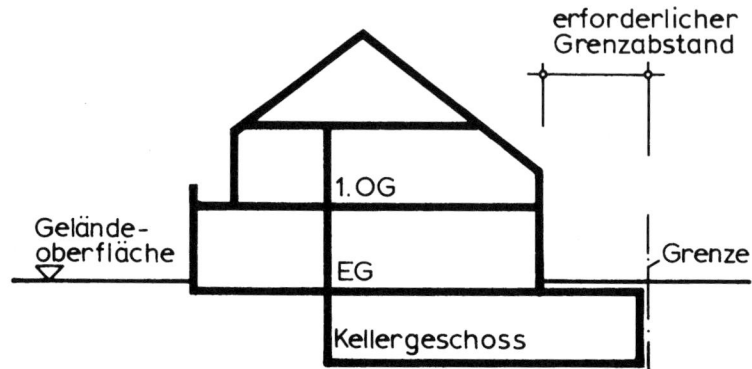

Abb. 4: Das Kellergeschoß braucht nach § 5 Abs. 1 Satz 1 keinen Grenzabstand zu halten.

Soweit jedoch Teile unterirdischer Gebäude über die Geländeoberfläche hinausragen, muss mit den oberhalb der Geländeoberfläche gelegenen Punkten Abstand gehalten werden. Das gilt auch für **Gebäudeteile, die in geringer Höhe über der Geländeoberfläche** liegen, wie Kellerlichtschächte oder Hauseingangstreppen. Insbesondere ist unerheblich, ob von solchen Gebäudeteilen Wirkungen wie von Gebäuden ausgehen, da Absatz 1 Satz 2 auf Gebäudeteile keine Anwendung findet (s. **Abb. 5**).

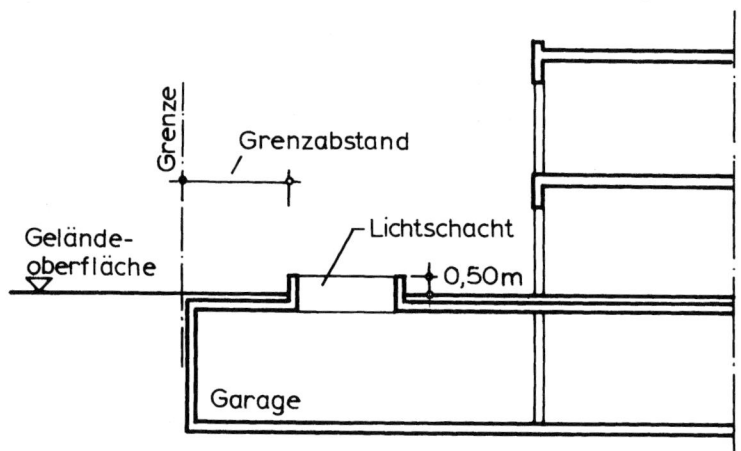

Abb. 5: Der Lichtschacht, der nur 0,50 m über der Geländeoberfläche liegt, muss nach § 5 Abs. 1 Satz 1 und Abs. 3 Nr. 2 Grenzabstand halten.

40 Abstand ist **von den Grenzen des Baugrundstücks** zu halten. Dieser Regelung liegt das Verursacherprinzip zugrunde. Danach hat jeder Bauherr grundsätzlich auf seinem Grundstück die Anforderungen zu erfüllen, die das öffentliche Baurecht an die zu errichtende bauliche Anlage stellt. Das schließt Sonderregelungen wie nach § 6 nicht aus, der zulässt, dass Grenzabstände, insbesondere durch Baulast, auf benachbarte Grundstücke verlagert werden dürfen. Die Forderung, dass von den Grenzen des Baugrundstücks Abstand zu halten ist, bezieht sich auf alle Grenzen eines Baugrundstücks. Die traditionelle Bezeichnung „Bauwich" für die Fläche zwischen Gebäude und Grenze ist nicht in die NBauO übernommen worden. Sie ist auch nicht mehr in der MBO und in der BauNVO enthalten, da mit der Bezeichnung „Bauwich" vielfach nur der seitliche Grenzabstand erfasst wurde.

41 **Baugrundstück** ist nach § 2 Abs. 12 Satz 1 das Grundstück im Sinne des Bürgerlichen Rechts, auf dem eine Baumaßnahme durchgeführt wird oder auf dem sich eine bauliche Anlage befindet.
Grundstück im Sinne des Bürgerlichen Rechts ist ohne Rücksicht auf die Art seiner Nutzung jeder räumlich abgegrenzte Teil der Erdoberfläche, der im Bestandsverzeichnis eines Grundbuchblatts unter einer besonderen Nummer eingetragen ist (Palandt/Bassenge, Überbl. vor § 873 BGB, Rdn. 1). Grundstücke im Sinne des Bürgerlichen Rechts sind auch die von der Sonderregelung des § 3 Abs. 2 GBO erfassten Grundstücke, die nicht im Grundbuch eingetragen zu sein brauchen.

42 Das Grundstück im Sinne des Bürgerlichen Rechts ist vom **Flurstück** im Sinne des Vermessungsrechts zu unterscheiden. Flurstücke sind nach § 2 Nr. 2 NVermG „Teile der Erdoberfläche die durch das amtliche Vermessungswesen geometrisch festgelegt und bezeichnet werden.". Ein Grundstück im Sinne des Bürgerlichen Rechts kann aus mehreren Flurstücken bestehen. Die Flurstücke, die zusammen ein Grundstück bilden, brauchen räumlich nicht zusammenzuhängen.

43 Ein **Baugrundstück** kann nach § 2 Abs. 12 Satz 2 auch **aus mehreren aneinandergrenzenden Grundstücken** im Sinne des Bürgerlichen Rechts durch Vereinigungsbaulast gebildet werden.
Auch bei einem solchen Baugrundstück bezieht sich die Forderung nach Grenzabstand nur auf dessen Grenzen. Auf die innerhalb dieses Baugrundstücks gelegenen Grenzen der Grundstücke im Sinne des Bürgerlichen Rechts finden die bauordnungsrechtlichen Vorschriften über Grenzabstände deshalb keine Anwendung (Nds. OVG, B. v. 1.8.1996 – 1 M 3898/96 – BRS 58 Nr. 179 = Nds. Rpfl. 1996/311). Eigentümern, deren Grundstücke zu einem Baugrundstück im Sinne des § 2 Abs. 12 Satz 2 gehören, kann nach § 5 daher nicht verwehrt werden, bauliche Anlagen an den gemeinsamen Grundstücksgrenzen zu errichten (s. **Abb. 6** und **7**). Ohne Rücksicht auf diese Grenzen bestimmen sich die Abstände, die die Gebäude auf dem Baugrundstück untereinander einzuhalten haben, allein nach § 7.

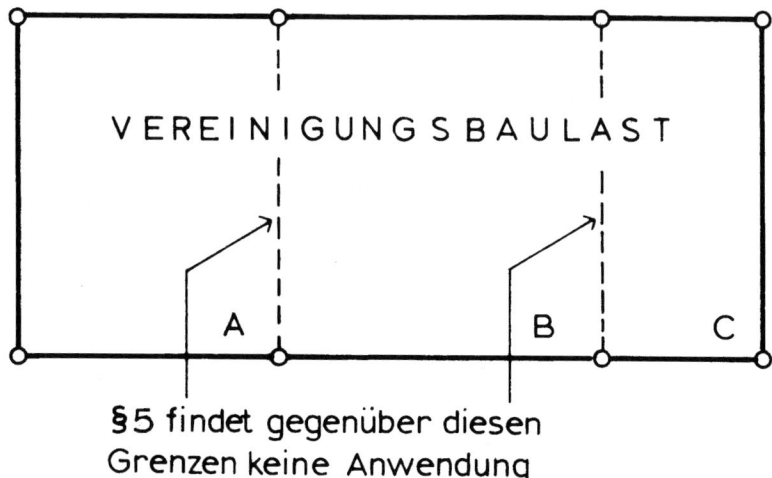

Abb. 6: Die Grundstücksflächen A, B und C sind Grundstücke im Sinne des Bürgerlichen Rechts und bilden durch Vereinigungsbaulast ein Baugrundstück im Sinne des § 2 Abs. 12 Satz 2.

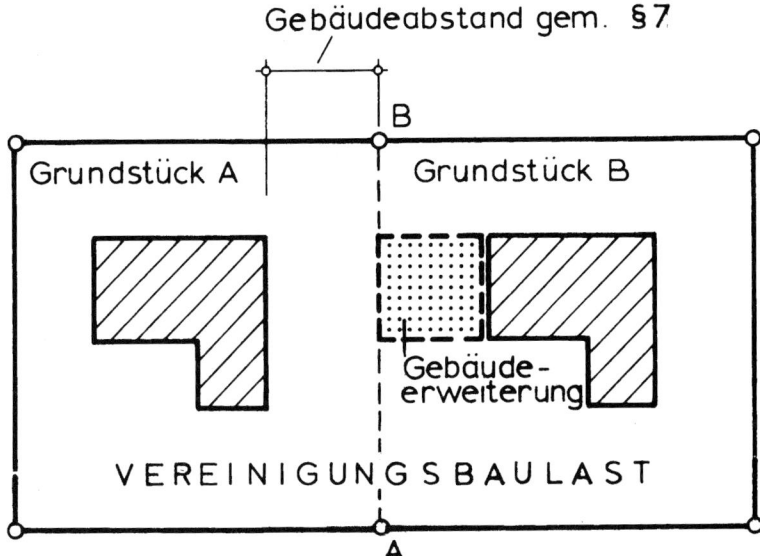

Abb. 7: Mögliche Gebäudeerweiterung innerhalb des durch Vereinigungsbaulast nach § 2 Abs. 12 Satz 2 gebildeten Baugrundstücks.

Im Hinblick darauf sollten **Vereinigungsbaulasten** nach § 2 Abs. 12 Satz 2 nur in den Fällen übernommen werden, in denen keine anderen Möglichkeiten bestehen, Hindernisse aus dem öffentlichen Baurecht auszuräumen. Soweit Grundstückseigentümer durch die Bildung eines Baugrundstücks nach § 2 Abs. 12 Satz 2 unerwünschte Rechtspositionen erlangen, lassen sich diese nur durch vertragliche Regelungen auf zivilrechtlicher Ebene einschränken. Solche vertraglichen Regelungen sind jedoch hinfällig, wenn ein Vertragspartner sein Grundstück veräußert oder stirbt. Eine langfristige Absicherung dieser Regelungen lässt sich nur durch Grunddienstbarkeiten nach § 1018 BGB herbeiführen, die die erforderlichen Baubeschränkungen zum Inhalt haben, was auch zulässig ist (BGH, U. v. 8.2.2002 – V ZR 252/00 – NJW 2002/1797).
Eine Vereinigungsbaulast nach § 2 Abs. 12 Satz 2 ermöglicht jedoch **keine Umgehung der Vorschriften über die Grenzabstände**, da nach § 7 Gebäude auf demselben Baugrundstück, die nicht unmittelbar aneinandergebaut sind, so Abstand halten müssen, als verliefe zwischen ihnen eine Grenze. Darüber hinaus bleiben die Grenzen der Grundstücke im Sinne des Bürgerlichen Rechts, die innerhalb eines durch Vereinigungsbaulast gebildeten Baugrundstücks liegen, auch nach wie vor maßgebend für die Forderung nach Brandwänden nach § 8 Abs. 1 Satz 1 Nr. 1 DVO-NBauO, wie sich aus § 8 Abs. 1 Satz 3 DVO-NBauO ergibt.

2. Abstandsanforderungen an andere bauliche Anlagen, insbesondere an Terrassen (Absatz 1 Satz 2)

45 Nach Absatz 1 Satz 2 gilt Absatz 1 Satz 1 entsprechend für **andere bauliche Anlagen**, von denen Wirkungen wie von Gebäuden ausgehen, soweit sie höher als 1 m über der Geländeoberfläche sind.

46 Der Begriff „andere bauliche Anlagen" erfasst alle baulichen Anlagen, die keine Gebäude sind. Darunter fallen nicht nur Einfriedungen, Litfaßsäulen, Silos und Antennenträger, sondern auch die Anlagen, die nach § 2 Abs. 1 Satz 2 bauliche Anlagen sind, wie Fahrradabstellanlagen, Aufschüttungen sowie Lager-, Abstell- und Stellplätze.

47 Absatz 1 Satz 2 besagt, dass andere bauliche Anlagen generell keinen Abstand zu halten brauchen, **soweit sie nicht höher als 1 m über der Geländeoberfläche sind**. Diese Regelung lässt, da sie auf den Begriff „soweit" abstellt, eine Differenzierung zwischen unterschiedlich hohen Teilen einer anderen baulichen Anlage zu. Eine Mauer, die teilweise höher als 1 m ist, braucht daher nur mit den Teilen Abstand zu halten, die die Höhe von 1 m überschreiten. Im Gegensatz dazu verlangt Absatz 1 Satz 1, dass auch Teile eines Gebäudes, die in geringer Höhe über der Geländeoberfläche liegen, wie Kellerlichtschächte, Abstand halten müssen.

48 Soweit andere bauliche Anlagen höher als 1 m sind, brauchen sie nach Absatz 1 Satz 2 auch nur dann Abstand zu halten, **wenn von ihnen Wirkungen wie von Gebäuden ausgehen**. Das bedeutet im Umkehrschluss, dass andere bauliche Anlagen keinen Abstand wie Gebäude zu halten brauchen, wenn von ihnen keine Wirkungen wie Gebäude ausgehen. Abweichend von der jetzigen Regelung brauchten andere bauliche Anlagen nach dem bisherigen § 12a jedoch nur dann Abstand zu halten, **soweit** von ihnen Wirkungen wie von Gebäuden ausgingen. Dass der Begriff „soweit" ohne erkennbare Gründe entfallen ist, ist bedauerlich und führt insbesondere zu der Frage, wie künftig in den Fällen zu verfahren ist, in denen oft auf Stützmauern Zäune errichtet werden, von denen keine Wirkungen wie von Gebäuden ausgehen und deren Gesamthöhe außerhalb von Gewerbe- und Industriegebieten entgegen Absatz 8 Nr. 1 Buchst. b mehr als 2 m beträgt. Hier kann nur eine separate Betrachtung der unterschiedlichen Bauteile zu Ergebnissen führen, die der bisherige § 12a zuließ (s. Rn. 176 ff.).

49 **Wirkungen wie von Gebäuden** können nur von baulichen Anlagen ausgehen, die auch ihrer Bausubstanz nach, also körperlich, einem Bauwerk vergleichbar sind (OVG Lüneburg, U. v. 10.5.1978 – VI A 37/76 – BRS 33 Nr. 124 = E 34/405). Entscheidend ist, ob die bauliche Anlage an die Umgebung Wirkungen abgibt, die jenen vergleichbar sind, die für Gebäude typisch sind (OVG Lüneburg, U. v. 23.11.1982 – 6 A 44/81 – BRS 39 Nr. 122). Wirkungen dieser Art können insbesondere den Lichteinfall behindern, zu Schattenwurf bei Sonnenschein führen, die Sicht versperren oder als erdrückend empfunden werden (OVG Lüneburg, B. v. 3.9.2015-1 LA 58/15-BauR 2016/232).

50 Zu den Wirkungen wie von Gebäuden im Sinne des Absatzes 1 Satz 2 gehören entgegen der Ansicht des OVG Lüneburg nicht die **von einer Baumasse ausgehenden typischen Gefährdungen** (so auch Breyer in Große-Suchsdorf Rn. 64a zu § 5). Das OVG Lüneburg hatte bereits in seinem Urteil vom 10.5.1978 (VI A 37/76 – BRS 33 Nr. 124) u. a. auf solche Gefährdungen abgestellt und im Zusammenhang mit einem Plakatanschlagrahmen als erheblich angesehen, dass diese bauliche Anlage bei Sturm aus ihrer Verankerung gerissen werden und auf die in der Umgebung befindlichen Bauten oder gar auf Passanten stürzen könnte. Diesen Gedanken hat das OVG Lüneburg in seinem Urteil vom 23.11.1982 (6 A 44/81 – BRS 39 Nr. 122), in dem es um die Errichtung eines 24 m hohen Stahlgittermastes als Träger von Antennen für den Kurzwellenfunkverkehr ging, noch vertieft und u. a. folgendes ausgeführt:

> Der Mast soll zwar nach den anerkannten Regeln der Technik hergestellt werden. Es lässt sich gleichwohl nicht ausschließen, dass er einer Unwetterkatastrophe zum Opfer fällt. Der über einer kleinen Fläche errichtete, in eine für die nähere Umgebung in eine besondere Höhe aufgeführte Mast gibt Gefährdungen ab, die von Gebäuden etwa dadurch ausgehen, dass Dachpfannen herabgerissen oder ganze Dächer herabgeschleudert werden können. Unglücksfälle durch abstürzende Teile, die aus Gebäuden herausgerissen werden, obgleich diese schon von ihrer Bauart her weit weniger sturmgefährdet sind als ein solcher Stahlgittermast, wiederholen sich bekanntermaßen mit einer errechenbaren Wahrscheinlichkeit.

Unter Sicherheitsaspekten sind diese Erwägungen durchaus zutreffend. Jedes Gebäude besitzt ein gewisses Gefährdungspotential. Dies kann zu den vom OVG Lüneburg geschilderten Gefährdungen führen. Von Gebäuden können daher auch Wirkungen dieser Art ausgehen.

Die Regelung des Absatzes 1 Satz 2 orientiert sich aber nur an solchen von einem Gebäude ausgehenden Wirkungen, denen mit den Abstandsanforderungen begegnet wird. Andernfalls würden Anlagen, die keine Gebäude sind, den Abstandsanforderungen an Gebäude aus Gründen unterworfen werden, die für die Abstandsanforderungen an Gebäude selbst keine Rolle spielten.

Die von der Baumasse eines Gebäudes ausgehenden typischen Gefährdungen werden von den Abstandsanforderungen an Gebäude nicht berücksichtigt. Die Abstandsanforderungen lassen eine Berücksichtigung solcher Gefährdungen bei zulässigen Abständen von 0,5 H oder 0,25 H auch gar nicht zu. Aber auch die nach § 6 Abs. 1 zulässige Hinzurechnung benachbarter Verkehrsflächen öffentlicher Straßen für die Bemessung des Grenzabstandes schließt die Berücksichtigung des Gefährdungspotentials von Gebäuden aus.

Einzelfälle:
Von **Werbetafeln im sog. Euroformat** gehen Wirkungen wie von Gebäuden aus (Nds. OVG, U. v. 18.2.1999 – 1 L 4263/96 – NdsVBl. 1999/247 = Nds. Rpfl. 1999/328; Sächs. OVG, U. v. 16.4.1999 – 1 S 39/99 – BauR 1999/893; a. A. BayVGH, U. v. 13.8.1997 – 2 B 93.4024 – BRS 59 Nr. 136).In den zugrunde liegenden Fällen ging es um zwei Werbetafeln mit jeweils einer Breite von etwa 3,70 m und einer Höhe von etwa 2,70 m.

Von einem 40 m hohen **Stahlgittermast** für den Mobilfunk mit einer quadratischen Grundfläche von 2,50 m x 2,50 m gehen Wirkungen wie von Gebäuden aus (OVG NRW, B. v. 10.2.1999 – 7 B 974/98 – BRS 62 Nr. 133 = BauR 1999/1172). In diesem Beschluss weist das OVG NRW überzeugend darauf hin, dass sich der Betrachter eines 40 m hohen Stahlgittermastes in den Abmessungen

von 2,50 m x 2,50 m der Unterbrechung der Seitenflächen durch die von der Konstruktion ausgesparten Bereiche zwar bewusst sei. Dennoch wirke die Konstruktion auf ihn in der Form, dass sie die gesamten Seitenflächen erfasse und dadurch zu einem Erscheinungsbild führe, dass den Eindruck einer flächenhaften Geschlossenheit der vier Seiten des Mastes vermittle. Das Nds. OVG kommt in einem vergleichbaren Fall in seinem Beschluss vom 25.8.2004 (9 ME 206/04 – BRS 67 Nr. 135 = Nds. Rpfl. 2004/324) zu dem gleichen Ergebnis.
Von einem Stahlgittermast mit Sendeanlage, der aus mehreren Segmenten besteht und auf eine Höhe von 18 m ausfahrbar ist, gehen jedenfalls dann keine Wirkungen wie von Gebäuden aus, wenn sein dreieckiger Grundriss nur Seitenlängen von maximal 41 cm aufweist (OVG NRW, U. v. 27.7.2000 – 7 A 3558/96 – BauR 2001/232).

53 Von **Wohnwagenabstellplätzen** gehen Wirkungen wie von Gebäuden aus (OVG Lüneburg, U. v. 18.2.1985 – 1 A 44/84 – Nds. Rpfl. 1985/152). Wohnwagenabstellplätze sind Abstellplätze im Sinne des § 2 Abs. 1 Satz 2 Nr. 8. Bei der Beurteilung, ob von einem Abstellplatz für Wohnwagen Wirkungen wie von Gebäuden ausgehen, kann nicht nur der Abstellplatz für sich, losgelöst von der Nutzung, der zu dienen er bestimmt ist, berücksichtigt werden. Maßgebend kann immer nur die bauliche Anlage im Zusammenhang mit ihrer bestimmungsgemäßen Nutzung sein.

54 **Abstellplätze für Wohnmobile** sind ebenfalls bauliche Anlagen im Sinne des § 2 Abs. 1 Satz 2 Nr. 8, von denen Wirkungen wie von Gebäuden ausgehen (OVG Lüneburg, U. v. 18.2.1985 – 1 A 44/84 – a. a. O.). Wohnmobile sind zwar als Kraftfahrzeuge zum Verkehr auf öffentlichen Straßen zugelassen und dürfen auch auf Stellplätzen abgestellt werden. In der Regel werden Wohnmobile wie Wohnwagen jedoch nur zu Urlaubszwecken benutzt und stehen die übrige Zeit des Jahres auf ihrem Platz, der als Abstellplatz dient.

55 Auch von **Lagerplätzen** können Wirkungen wie von Gebäuden ausgehen. Das gilt beispielsweise für Lagerplätze, die im Zusammenhang mit dem Betrieb eines Sägewerks für die Lagerung von Brettern in hohen Stapeln oder die im Zusammenhang mit dem Betrieb einer Ziegelei für die Lagerung von hoch aufgeschichteten Ziegelsteinen bestimmt sind.
Lagerplätze, die bauliche Anlagen nach § 2 Abs. 1 Satz 2 Nr. 8 sind, brauchen nach Absatz 1 Satz 2 jedoch nur Abstand zu halten, soweit von ihnen Wirkungen wie von Gebäuden ausgehen. Nicht der Lagerplatz selbst, sondern nur das Lagergut, soweit es höher als 1 m ist und soweit davon Wirkungen wie von Gebäuden ausgehen, muss daher Abstand halten.

56 Von **Stellplätzen** im Sinne des § 46 Abs. 1 gehen keine Wirkungen wie von Gebäuden aus (OVG Lüneburg, B. v. 15.10.1975 – VI A 76/74 – dng 1978/24). Bei dieser Beurteilung kann auch der Stellplatz wie der Abstell- oder Lagerplatz nicht losgelöst von seiner bestimmungsgemäßen Nutzung betrachtet werden. Diese Nutzung ist jedoch nicht vergleichbar mit der eines Abstell- oder Lagerplatzes.
Ein Stellplatz dient nach § 46 Abs. 1 dem Abstellen eines Kraftfahrzeuges, das, wenn auch individuell in verschiedenem Umfang, regelmäßig zur Teilnahme am öffentlichen Straßenverkehr benutzt wird und das sich in dieser Zeit nicht auf

dem Stellplatz befindet (OVG Lüneburg, U. v. 18.2.1985 – 1 A 44/84 – Nds. Rpfl. 1985/152). Von Stellplätzen gehen bei deren bestimmungsgemäßer Nutzung daher keine Wirkungen wie von Gebäuden aus. Das gilt nicht nur für Stellplätze für Pkw, sondern auch für Stellplätze, die dem Abstellen von Lkw dienen. Werden jedoch Kraftfahrzeuge nicht zur Teilnahme am öffentlichen Verkehr genutzt, sondern für den größten Teil des Jahres abgestellt und lediglich zu Urlaubszwecken von dem Stellplatz entfernt, dann erfolgt die Nutzung des Stellplatzes nicht mehr bestimmungsgemäß. Eine langfristige, Abstellzwecken dienende Nutzung ist mit der bestimmungsgemäßen Nutzung eines Stellplatzes im Sinne des § 46 Abs. 1 nicht vereinbar. In diesen Fällen dient der Platz nicht mehr als Stellplatz, sondern als Abstellplatz, von denen Wirkungen wie von Gebäuden ausgehen können (OVG Lüneburg, U. v. 18.2.1985 – 1 A 44/84 – a. a. O.). Das Gleiche gilt, wenn auf einem Stellplatz Fahrzeuge abgestellt sind, die zum Verkehr auf öffentlichen Straßen nicht mehr zugelassen sind.

Von **schlanken baulichen Anlagen mit geringem Durchmesser**, wie Fahnenstangen und Masten für Straßenbeleuchtung oder für elektrische Freileitungen mit einer Nennspannung für Hausanschlüsse gehen keine Wirkungen wie von Gebäuden aus.

Von der üblichen **Pergola** gehen auch keine Wirkungen wie von Gebäuden aus. Der Begriff der Pergola ist nicht fest umrissen. In der Regel handelt es sich um Holzgerüste mit verhältnismäßig großen, offenen Feldern, die vielfach zum Ranken von Pflanzen bestimmt sind (s. **Abb. 8**).

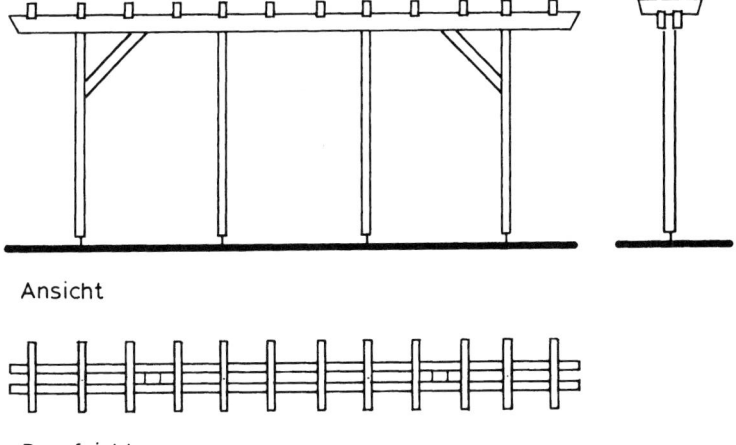

Ansicht

Draufsicht

Abb. 8: Darstellung einer üblichen Pergola, von der keine Wirkungen wie von Gebäuden im Sinne des § 5 Abs. 1 Satz 2 ausgehen.

Von **Windenergieanlagen** gehen nach der Rspr. des Nds. OVG Wirkungen wie von Gebäuden aus. Auf den Mast allein kommt es nicht an. Die gebäudegleichen

Wirkungen gehen von den Anlagen dieser Art gerade wegen des Feldes aus, welches der Rotor bedeckt. Das Rotorfeld ist daher bei der Abstandsflächenberechnung einzubeziehen (OVG Lüneburg, B. v. 10.2.2014 – 12 ME 227/13 – BRS 82Nr. 144)

Bei Windenergieanlagen sind bei der Ermittlung der für die Bemessung der Abstände maßgebenden Punkte auf den Außenflächen auch die Betriebsabläufe zu berücksichtigen.

Beim Betrieb einer Windenergieanlage bewegen sich die Rotorblätter in der Vertikalen auf einer Kreisbahn. Ferner dreht sich der Rotor, bedingt durch wechselnde Windrichtung, horizontal um die Mastachse. Der für den Grenzabstand maßgebende Punkt liegt auf der äußeren, von den Rotorblättern beschriebenen Kreisbahn, wenn die Achse des Rotors parallel zur Grenze steht (s. **Abb. 9**).

Windenergieanlagen, die über innerhalb des Mastes liegende Treppen besteigbar sind und über eine Rotorgondel mit einem begehbaren Maschinenraum verfügen, sind Gebäude im Sinne des § 2 Abs. 2. Deren Grenzabstände bestimmen sich daher unmittelbar nach Absatz 1 Satz 1.

60 Nach Absatz 1 Satz 2 gilt Absatz 1 Satz 1 auch entsprechend für **Terrassen**, soweit die Terrassen höher als 1 m über der Geländeoberfläche sind. Diese Terrassen müssen daher wie Gebäude Abstand halten.

61 Unter den **Begriff der Terrasse** fallen selbständige bauliche Anlagen und Gebäudeteile, welche als Freisitz dienen und an mindestens einer Seite völlig offen sind. Mit dem Begriff der Terrasse ist auch eine Überdachung vereinbar. Das entspricht dem allgemeinen Sprachgebrauch, zumal in einer Vielzahl von Fällen, begünstigt durch das Flachdach als Dachform, Terrassen ganz oder teilweise überdacht werden.

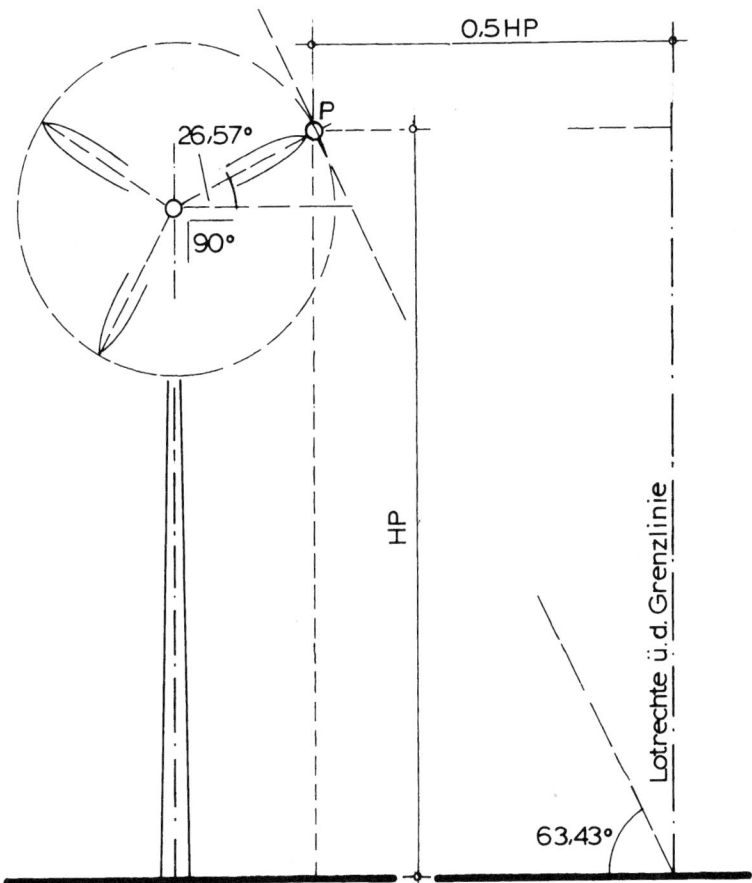

Abb. 9: Der Punkt P ist mit seiner Höhe über der Geländeoberfläche maßgebend für den Abstand der Windenergieanlage zu der dargestellten Lotrechten über der Grenzlinie.

Absatz 1 Satz 2 erstreckt sich auf bauliche Anlagen, die keine Gebäude sind. Die Vorschrift erfasst daher nur die **Terrassen, die selbständige bauliche Anlagen und keine Gebäudeteile sind.** Terrassen als selbständige bauliche Anlagen sind meistens ebenerdige oder durch Aufschüttungen entstandene Flächen, die als Freisitz dienen.

Terrassen, die Gebäudeteile sind, unterliegen unmittelbar den Abstandsanforderungen an Gebäude und deren Teile nach Absatz 1 Satz 1 und Absatz 3 Nr. 2. Terrassen als Gebäudeteile sind Flächen, die als Freisitz dienen und insbesondere auf Dächern von Gebäuden liegen. Hierbei handelt es sich um so genannte

Dachterrassen. Zu den Terrassen als Gebäudeteile zählen auch Freisitze auf größeren abgestützten Geschoßdecken.

62 Zu einer Terrasse gehört nur der Teil der selbständigen baulichen Anlage, der bestimmungsgemäß als Terrasse genutzt wird. Vielfach wird die Geländeoberfläche des Baugrundstücks an höher liegende Terrassen durch Aufschüttungen angeglichen. Diese „**Böschungen**", die in der Regel bepflanzt werden, sind nicht Teil der Terrasse, sondern unterliegen den Abstandsanforderungen für Aufschüttungen nach Absatz 8 Satz 1 Nr. 1 (s. **Abb. 10**).

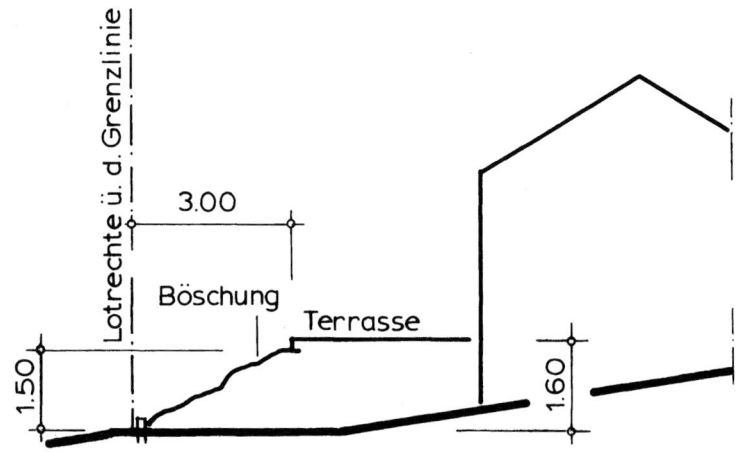

Abb. 10: Die Böschung vor der Terrasse gehört nicht zur Terrasse, sondern unterliegt den für Aufschüttungen maßgebenden Abstandsanforderungen nach § 5 Abs. 8 Satz 1 Nr. 1.

63 Nach Absatz 1 Satz 2 müssen Terrassen Abstand halten, **soweit sie höher als 1 m** sind. Der Begriff „soweit" besagt, dass eine Terrasse nur mit den Teilen Abstand zu halten braucht, deren Höhe mehr als 1 m beträgt (s. **Abb. 11**).

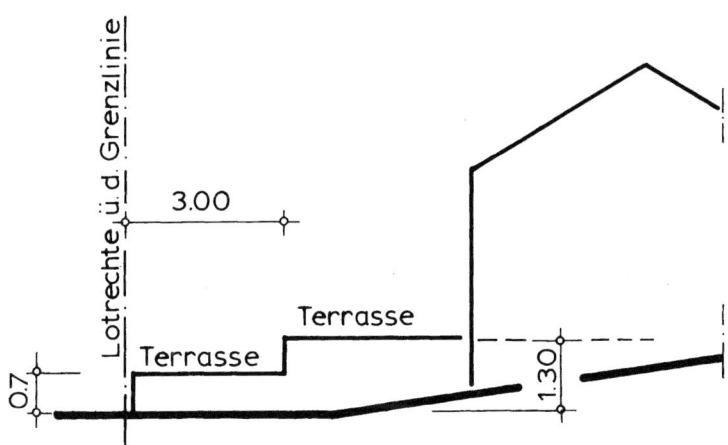

Abb. 11: Die Terrasse braucht nach § 5 Abs. 1 Satz 2 keinen Grenzabstand zu halten, da sie im Abstandsbereich nicht höher als 1 m ist.

II. Ermittlung und Maß des Abstands

1. Messung des Abstands (Absatz 1 Satz 3)

Nach **Absatz 1 Satz 3** ist der Abstand zur nächsten Lotrechten über der Grenzlinie zu messen. Für eine solche Regelung besteht vor allem in den Fällen ein Bedürfnis, in denen ein Gebäude nicht parallel zu den Grenzen des Baugrundstücks errichtet werden soll oder in denen die Grenze nicht geradlinig verläuft.

Hiernach bedarf es zunächst gedanklich der Errichtung von **Lotrechten über der Grenzlinie**. Die Messung ist von dem einzelnen auf der Außenfläche des Gebäudes gelegenen Punkt waagerecht zu der für diesen Punkt nächsten Lotrechten vorzunehmen. Die nächste Lotrechte für den einzelnen Punkt ist jeweils die Lotrechte, deren Abstand zu dem Punkt am kürzesten ist (s. **Abb. 12**).

§ 5 66

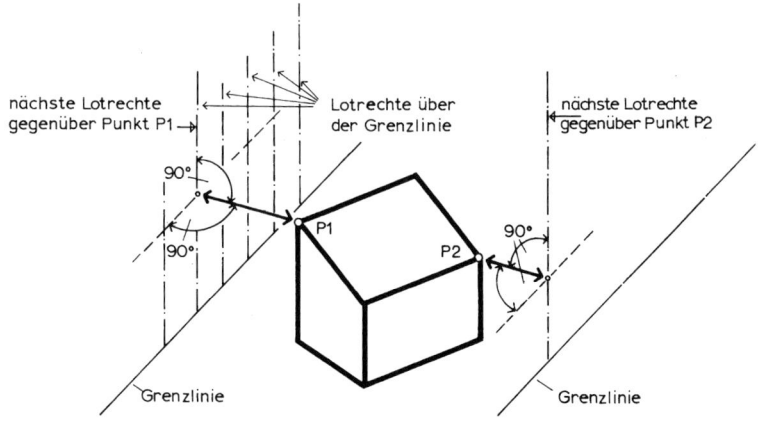

Abb. 12: Der Abstand der Punkte P1 und P2 ist nach § 5 Abs. 1 Satz 3 waagerecht zu deren nächster Lotrechten (im Winkel von 90°) über der Grenzlinie zu messen.

66 Aus der Regelung, wonach der Abstand zur nächsten Lotrechten über der Grenzlinie zu messen ist, folgt insbesondere, dass bei üblichem Gebäude- und Grundstückszuschnitt für die Eckpunkte eines Gebäudes die jeweils nächste Lotrechte auf jeder diesen Eckpunkten zugekehrten Grenze maßgebend ist. Wenn die **Grundstücksgrenzen**, denen die Eckpunkte zugekehrt sind, jedoch keinen Winkel bilden, sondern mit gleich bleibendem Radius gegenüber den Eckpunkten **abgerundet verlaufen**, dann sind für die Eckpunkte eine Vielzahl von Lotrechten auf der abgerundeten Grenze maßgebend, da der Abstand zwischen den Eckpunkten und diesen Lotrechten jeweils gleich ist (s. **Abb. 13** und **14**).

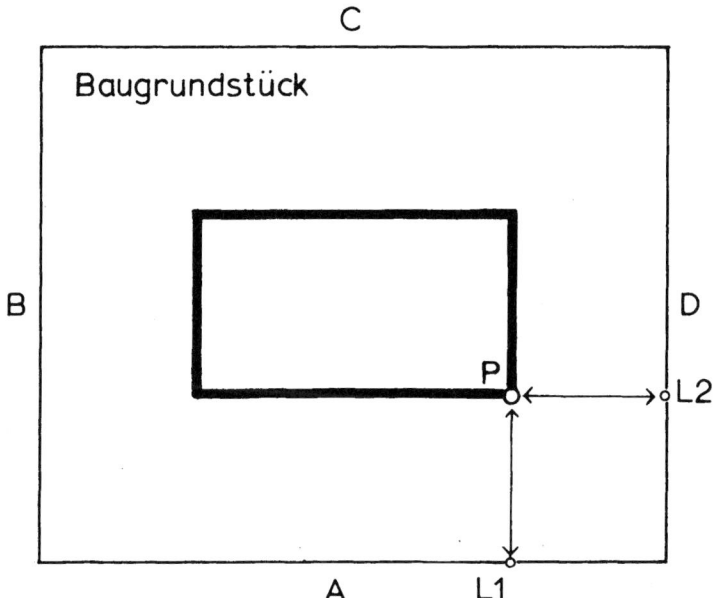

Abb. 13: L1 und L2 sind gegenüber dem Punkt P die jeweils nächsten Lotrechten im Sinne des § 5 Abs. 1 Satz 3 auf den Grenzen A und D.

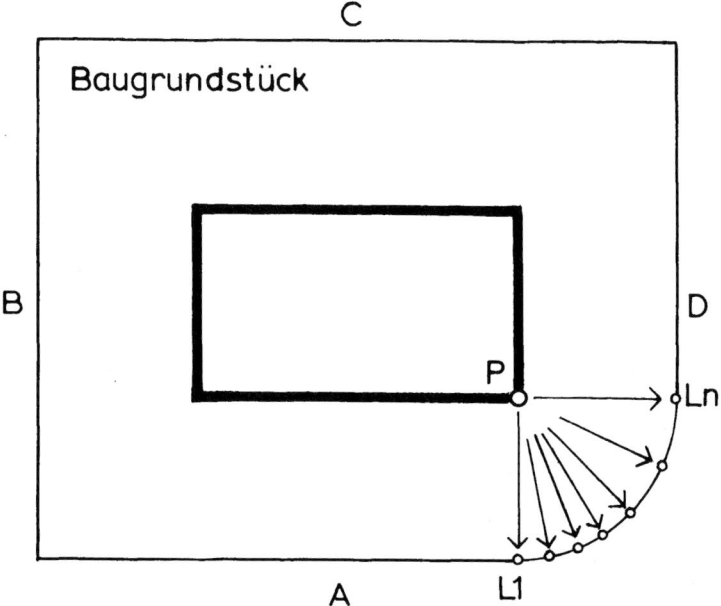

Abb. 14: Alle Lotrechten auf der Grenzlinie zwischen L1 und Ln sind von Punkt P gleichweit entfernt und deshalb „nächste" Lotrechte im Sinne des § 5 Abs. 1 Satz 3.

Ein **abgerundeter Grenzverlauf** mit gleich bleibendem Radius gegenüber einem Gebäudeeckpunkt, wie in Abb. 14 dargestellt, dürfte äußerst selten sein. Hier zeigt sich jedoch, dass Eckpunkte eines Gebäudes generell einen ausgerundeten Abstandsbereich erfordern. Dies kann bei üblichem Grundstückszuschnitt zwar vernachlässigt werden, wie sich aus Abb. 13 ergibt. Bei der Hinzurechnung benachbarter Grundstücke für die Bemessung des Grenzabstands nach § 6 Abs. 2 müssen die ausgerundeten Abstandsbereiche jedoch berücksichtigt werden (s. Rn. 28 ff. zu § 6).

2. Höhe H (Absatz 1 Satz 4)

67 **Absatz 1 Satz 4** bestimmt, dass sich der Abstand jeweils nach der Höhe des Punktes über der Geländeoberfläche (H) richtet. Für den Abstand, den der einzelne Punkt von den Grenzen des Baugrundstücks zu halten hat, ist danach dessen Höhe über der Geländeoberfläche maßgebend.

68 Die **Höhe eines Punktes über der Geländeoberfläche** ist der Abstand zwischen diesem Punkt und dessen lotrechter Projektion auf der Geländeoberfläche.

Die **Geländeoberfläche** bestimmt sich nach Absatz 9. Die nach dieser Vorschrift maßgebende Geländeoberfläche ist in der Regel die gewachsene Geländeoberfläche. Auch **bei Hanglage** gilt uneingeschränkt die Regelung des Absatzes 1 Satz 4, wonach jeweils die Geländeoberfläche als Bezugsebene maßgebend ist, die unterhalb des einzelnen Punktes liegt (s. **Abb. 15**). **69**

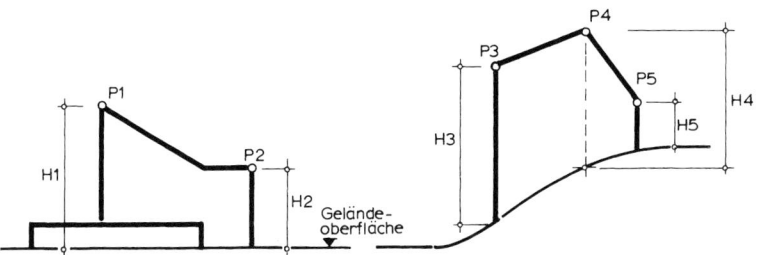

Abb. 15: Maßgebende Geländeoberfläche nach § 5 Abs. 1 Satz 4 für die Höhe H.

3. Abrundung des Abstands (Absatz 1 Satz 5)

Der Abstand darf nach Absatz 1 Satz 5 **auf volle 10 cm abgerundet** werden. **70** Dies gilt für den jeweils einzuhaltenden Abstand von 0,5 H, von 0,25 H und für den um 1,50 m, höchstens jedoch um ein Drittel verringerten Abstand nach Absatz 3 Nr. 2. Durch eine solche Abrundung verringert sich der einzuhaltende Abstand beispielsweise von 7,99 m auf 7,90 m. Der Mindestabstand von 3 m wird von der Regelung über die Abrundung nicht erfasst, und zwar schon deswegen nicht, weil das Mindestmaß von 3 m eine Abrundung auf volle 10 cm nicht zulässt. Auch soweit das Mindestmaß von 3 m im Einzelfall geringfügig unterschritten wird, könnte nur durch eine Aufrundung, nicht jedoch durch eine Abrundung eine Heilung erfolgen. Absatz 1 Satz 5 gestattet jedoch lediglich Abrundungen.

4. Maß des Abstands (Absatz 2 Sätze 1 und 2)

Nach Absatz 2 Satz 1 beträgt der **Abstand 0,5 H, mindestens jedoch 3 m**, **71** soweit sich aus Absatz 2 Satz 2 und Absatz 3 nichts anderes ergibt. Jeder auf den Gebäudeaußenflächen gelegene Punkt muss daher von den Grenzen des Baugrundstücks mindestens den Abstand von 0,5 H einhalten (s. **Abb. 16**; zur Ermächtigung der Gemeinden nach § 9 Abs. 1 Nr. 2a BauGB s. Rn. 1 ff. der Vorbemerkungen; zu Baumaßnahmen an baulichen Anlagen mit zu geringen Grenzabständen s. Rn. 16 ff.).

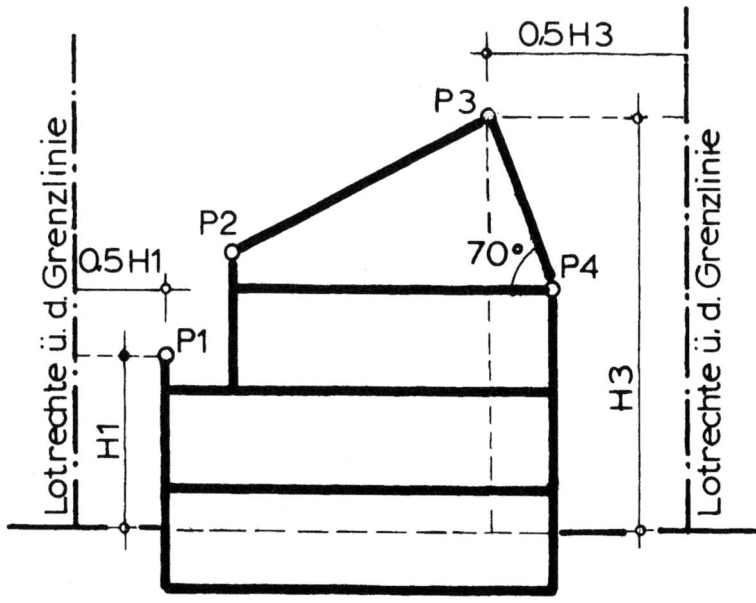

Abb. 16: Das Gebäude hält mit allen auf seinen Außenflächen gelegenen Punkten den nach § 5 Abs. 2 Satz 1 erforderlichen Abstand von 0,5 H ein.

72 Abgesehen von der besonderen Regelung zu Gunsten einer Abrundung, nach Absatz 1 Satz 5 sind die im Einzelfall erforderlichen Abstandsmaße genau einzuhalten. Die eindeutige Fassung der Vorschriften über den Abstand und seine Messbarkeit nach den im Gesetz festgelegten Größen macht es nicht möglich, geringfügige Unterschreitungen als nicht gegeben anzusehen (OVG Lüneburg, B. v. 10.7.1980 – 6 B 60/80 – Nds. Rpfl. 1980/289). Ein unmittelbarer Anspruch auf bauaufsichtliches Einschreiten setzt aber nicht nur ein Unterschreiten des erforderlichen Abstands voraus, sondern erfordert zusätzlich, dass dadurch spürbare -Beeinträchtigungen hervorgerufen werden (OVG Lüneburg, U. v. 16.2.2012 – 1 LB 1910 – BRS 79 Nr. 206; s. Rn. 33).

73 Nach Absatz 2 Satz 2 braucht der **Abstand** in Gewerbe- und Industriegebieten sowie in Gebieten, die nach ihrer baulichen Nutzung diesen Baugebieten entsprechen, nur **0,25 H, mindestens jedoch 3 m**, zu betragen.

74 Gewerbe- und Industriegebiete sind durch Bebauungspläne festgesetzte Baugebiete im Sinne der §§ 8 und 9 BauNVO. Die Vorschrift verlangt jedoch nicht, dass diese Bebauungspläne in Kraft getreten sein müssen. Es genügt vielmehr, dass diese Bebauungspläne den **Planungsstand des § 33 Abs. 1 BauGB** erreicht haben. Sinn und Zweck des Absatzes 2 Satz 2 rechtfertigen diese Auslegung. Wenn nämlich der § 33 BauGB planungsrechtlich die Chance bieten soll, schon im Vorgriff auf die späteren Regelungen des Bebauungsplanes von den Möglichkeiten der künftigen Festsetzungen profitieren zu können, würde eine restriktive Auslegung der bauordnungsrechtlichen Abstandsvorschriften diese Möglichkeit wieder einschränken. Dies würde zu einer unvertretbaren Disharmonie zwischen Bauplanungs- und Bauordnungsrecht führen (VG Hannover, U. v. 29.1.2002 – 4 A 1256/01 – *juris*).

Diese Erwägungen hat das VG Hannover zwar in Bezug auf die nach dem bisherigen § 7 Abs. 4 Nr. 1 begünstigten Baugebiete angestellt, die ein Bebauungsplan als Kerngebiet festsetzt. Sie rechtfertigen jedoch, auch Absatz 2 Satz 2 entsprechend auszulegen, so dass für Bebauungspläne mit den nach diesen Vorschriften erforderlichen Festsetzungen ebenfalls eine Planreife im Sinne des § 33 Abs. 1 BauGB genügt.

Absatz 2 Satz 2 lässt den auf 0,25 H verringerten Abstand auch in Gebieten zu, die **nach ihrer Bebauung Gewerbe- oder Industriegebieten entsprechen**. Diese Gebiete werden in der Regel innerhalb von im Zusammenhang bebauten Ortsteilen nach § 34 BauGB liegen oder selbst im Zusammenhang bebaute Ortsteile im Sinne des § 34 BauGB sein. Hierauf beschränkt Absatz 2 Satz 2 jedoch nicht die begünstigten Gebiete. Diese Gebiete können daher auch im Außenbereich liegen.

5. Aneinandergrenzende Grundstücke mit unterschiedlichem Abstandsmaß (Absatz 2 Satz 3)

Nach **Absatz 2 Satz 3** gilt Absatz 2 Satz 2 nicht für den Abstand von den Grenzen solcher Nachbargrundstücke, die ganz oder überwiegend außerhalb der genannten Gebiete liegen.

Diese Regelung erfasst die **Konfliktfälle**, in denen Grundstücke, die in einem Gewerbe- oder Industriegebiet oder in einem nach seiner Bebauung entsprechenden Gebiet liegen, an solche Grundstücke angrenzen, die ganz oder überwiegend außerhalb dieser Gebiete liegen und auf denen deshalb der Abstand 0,5 H beträgt.

Absatz 2 Satz 3 besagt, dass auf Grundstücken in den begünstigten Gebieten dann ein **Abstand von 0,5 H** von den Grenzen solcher Nachbargrundstücke einzuhalten ist, die mit mehr als 50 v. H. ihrer Grundstücksfläche außerhalb dieser Gebiete liegen. Andererseits ist auf Grundstücken in den begünstigten Gebieten gegenüber den Grenzen von Nachbargrundstücken nur ein Abstand von 0,25 H einzuhalten, wenn diese Nachbargrundstücke mit mehr als 50 v. H. innerhalb der begünstigten Gebiete liegen (s. **Abb. 17**).

§ 5   76

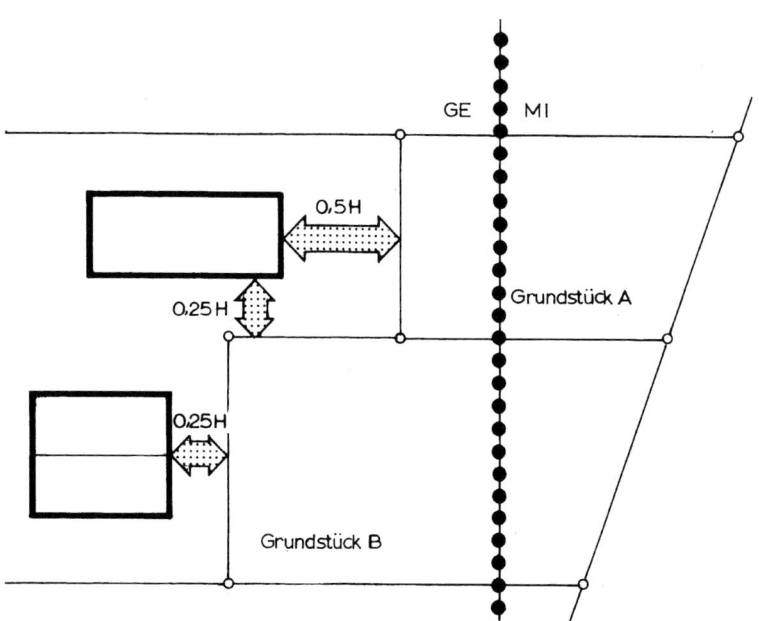

Abb. 17: Einzuhaltende Abstände nach § 5 Abs. 2 gegenüber Grenzen von Nachbargrundstücken, von denen das eine Grundstück (A) überwiegend außerhalb eines der begünstigten Baugebiete und von denen das andere Grundstück (B) überwiegend innerhalb eines der begünstigten Baugebiete liegt.

III. Gebäudeteile

1. Gebäudeteile und Antennen mit verringertem Abstand (Absatz 3)

76 Nach **Absatz 3 Nr. 1** dürfen **Dachüberstände und Gesimse** den Abstand nach den Absätzen 1 und 2 um nicht mehr als 0,50 m unterschreiten. Diese Regelung erfasst sowohl Dachüberstände, die dazu dienen, die unter ihnen befindlichen Bauteile gegen Tropfwasser zu schützen, als auch Überstände der Schmalseiten eines Daches (Ortgang), die ein Giebeldreieck bilden. Absatz 3 Nr. 1 enthält eine spezielle Regelung zu Gunsten von Dachüberständen und hat Vorrang gegenüber der generellen Regelung in Absatz 3 Nr. 2. Diese Vorschrift findet daher auf Dachüberstände keine Anwendung, es sei denn, der Dachüberstand ist Teil eines Vorbaus. Ein Dachüberstand an einem Vorbau kann nicht zu einer über Absatz 3 Nr. 2 hinausgehenden weiteren Abstandsreduzierung um 0,50 m führen (s. Rn. 85).

Die Vergünstigung gilt für Dachüberstände, unabhängig von ihrer Ausladung, denn jeder Dachüberstand darf den erforderlichen Abstand um höchstens 0,50 m unterschreiten. Für einen Dachüberstand mit einer Ausladung von 1 m, der nach Absatz 2 den Mindestabstand von 3 m einzuhalten hat, genügt daher ein Abstand von 2,50 m. Eine Dachrinne als Teil des Dachüberstandes ist bei der Bemessung der Abstandsunterschreitung von 0,5 m zu berücksichtigen. Zur Ermittlung des Abstands des Dachüberstands siehe Abb. 17a.

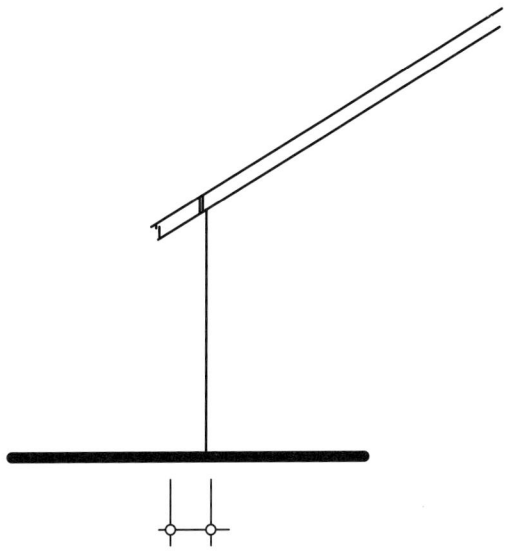

Abb. 17a: Der Abstand des Dachüberstands nach § 5 Abs. 3 Nr. 1 bestimmt sich – waagerecht gemessen – von dem äußersten Punkt auf dem Dachüberstand bis zur Gebäudeaußenwand.

Absatz 3 Nr. 1 findet keine Anwendung auf Dächer, die keine harte Bedachung im Sinne des § 11 Abs. 1 DVO-NBauO haben. Die Abstandsanforderungen in § 11 Abs. 2 DVO-NBauO an Dächer, die die Anforderungen an eine harte Bedachung nicht erfüllen, wie reet- und strohgedeckte Dächer (weiche Bedachung), dienen dem Brandschutz und lassen eine Einschränkung nicht zu.

Die Regelung des **Absatzes 3 Nr. 2** lässt Abstandsunterschreitungen von **vortretenden Gebäudeteilen** zu. Die in dieser Vorschrift beispielhaft genannten vortretenden Gebäudeteile, wie Eingangsüberdachungen, Hauseingangstreppen, Balkone und sonstige Vorbauten lassen lediglich die ganze Bandbreite der von der Vergünstigung erfassten vortretenden Gebäudeteile erkennen. Auf die genannten vortretenden Gebäudeteile ist die Regelung des Absatzes 3 Nr. 2 daher nicht beschränkt.

Gebäudeteile sind Bauteile eines Gebäudes. Bauteile haben in Bezug auf ihre Funktion unselbständigen Charakter. Sie sind ihrer Funktion nach dazu bestimmt, als Bestandteil zu einem übergeordneten Ganzen im Sinne einer funktionalen Einheit beizutragen. Hat hingegen ein Bauteil in Bezug auf seine Funktion selbständigen Charakter, wie beispielsweise eine Sichtschutzwand, dann verleiht die funktionale Selbständigkeit des Bauteils der Anlage die Eigenschaft

einer baulichen Anlage (VGH Bad.-Württ., U. v. 25.11.1982 – 3 S 2138/82 – BRS 39 Nr. 144).
Daraus folgt, dass zum Begriffsinhalt eines jeden Gebäudeteils eine besondere Funktion für das Gebäude gehört. Die das einzelne Gebäudeteil kennzeichnende Funktion ist vielfach insbesondere maßgebend für die Größe und Ausdehnung des Gebäudeteils.

79 **Eingangsüberdachungen** sind Schutzdächer, auch mit Stützen oder seitlichen Wandscheiben über Eingängen zu Gebäuden. Die Schutzdächer dürfen die Breite der Eingangsöffnungen überschreiten, aber nur soweit dies zur Erfüllung ihrer Funktion erforderlich ist. Eine Überdachung des Zugangs zum Eingang eines Gebäudes, wie sie öfters bei Hotels zu sehen ist, ist hingegen keine Eingangsüberdachung.

80 **Hauseingangstreppen** sind Treppen, die zu Hauseingängen führen. Auch eine 5,6 m hohe Außentreppe ist als ist als Hauseingangstreppe einzustufen (OVG Lüneburg, B. v. 4.6.2019 – 1 ME 75/19 – BauR 2019/1759). Unter den Begriff der Hauseingangstreppe fallen auch Treppen, die zum Nebeneingang eines Hauses führen (OVG Münster, U. v. 25.1.1967 – X A 1555/65 – BRS 18 Nr. 76). Das OVG Saarl. hat in seinem Urteil vom 30.7.1991 (2 R 451/88 – BRS 52 Nr. 99) darauf hingewiesen, dass unter den Begriff des Hauseingangs nicht nur der Haupteingang falle. Hauseingänge seien vielmehr sämtliche Eingänge, die den Zugang ins Gebäudeinnere ermöglichten. Als Hauseingangstreppe ist daher auch eine Treppe anzusehen, die an der Außenwand eines Gebäudes von der Geländeoberfläche zu einer Dachgeschoßwohnung führt (OVG RhPf, B. v. 21.5.1996 – 8 B 11166/96 – BauR 1996/838).

81 Unter den **Begriff des Balkons** im Sinne des § 7b Abs. 1 a. F. und des § 5 Abs. 3 Nr. 2 fallen nach ständiger Rechtsprechung des OVG Lüneburg alle Erscheinungsformen von Plattformen, welche von Wohnungen und Fluren erreicht werden können und zwar unabhängig von der Art ihrer statischen Konstruktion (OVG Lüneburg, B. v. 29.12.200-1 M 4235– BRS 63 Nr. 143; B. v. 22.1.2014 – 1 ME 220/13 – BRS 82 Nr. 136). Dazu gehören sowohl die Plattformen, die aus der Gebäudewand vorkragen und schon bei Errichtung der Gebäude eingebaut werden, als auch die Plattformen, die im Rahmen von Altbausanierungen auf Stützen vor die Gebäudeaußenwand gesetzt werden.
Diese Plattformen sind aber nur dann Balkone im Sinne des Abstandsrechts, wenn sie lediglich einen Freisitz vor der Wohnung darstellen, aber nicht dazu dienen, die Wohnung in relevanten Umfang ins Freie zu verlagern. Daraus ergibt sich nach Ansicht des OVG Lüneburg, dass ein Balkon eine maximale Tiefe von höchstens 2 m und eine Länge von ca. 3 m haben darf zwar unabhängig von der Größe des jeweiligen Gebäudes (OVG Lüneburg, B. v. 22.01.204 – 1 ME 220/13 – BRS 82 Nr. 136; U. v.18.9.2014 – 1 LC 85/13 – BRS 82 Nr. 135).

82 Eine im Rahmen einer Altbausanierung nachträgliche Errichtung eines Balkons ist nur mit § 5 Abs. 3 Nr. 2 vereinbar, wenn die **Gebäudeaußenwand**, an die der Balkon auf Stützen vorgebaut werden soll, den erforderlichen Abstand zur Grundstücksgrenze einhält. Liegen diese Voraussetzungen nicht vor, kann eine Abweichung von den Abstandsvorschriften nach § 66 in Betracht kommen. In dem vom OVG Lüneburg entschiedenen Fall, in dem das Gebäude unter Geltung der früheren Bauordnung mit einem Grenzabstand von nur 2,50 m zulässigerweise genehmigt worden war, hat das Gericht die Erteilung einer Befreiung nach § 86 a. F. zugelassen (B. v. 16.8.2004 – 9LB 131/04 – Nds.Rpfl. 2004/325). Nach Ansicht des Gerichts liegt die Atypik darin begründet, dass eine ursprüngliche zulässige Bebauung durch eine erst danach eingetretene Rechtsänderung rechtswidrig geworden ist.

Umwehrungen von Balkonen, zu denen insbesondere geschlossene Balkonbrüstungen gehören, sind Bestandteil der Balkone. Für sie gelten, wie für die Plattformen der Balkone die Vergünstigungen des Absatzes 3 Nr. 2. 83

Handelt es sich bei den Umwehrungen von Balkonen jedoch um **Geländer** (zum Begriff s. Rn. 103), dann findet auf diese Geländer Absatz 4 Satz 1 Nr. 1 Anwendung mit der Folge, dass diese Geländer keinen Abstand einzuhalten brauchen. Geländer, wie alle Umwehrungen, haben die Funktion, sicher zu stellen, dass von Bauteilen oder baulichen Anlagen niemand abstürzen kann. Das gilt auch für Geländer von Balkonen.

Vorbauten sind schon begrifflich Gebäudeteile. Diese Gebäudeteile können eigene Räume bilden, wie Vorbauten für Treppenräume oder Aufzüge, oder sie können dazu dienen, Räume von Gebäuden zu vergrößern (OVG Lüneburg, B. v. 4.6.2019 – 1 ME 76/19 – Nds. Landesjustizportal). 84

Nach dem bisherigen § 7b Abs. 1 mussten Vorbauten als vortretende Gebäudeteile untergeordnet sein. Zwar braucht nach Absatz 3 Nr. 2 ein Vorbau nicht mehr untergeordnet zu sein, da wie die Gesetzesbegründung hervorhebt, das Merkmal der „Unterordnung" durch die Maßangabe ersetzt sei. Dennoch beinhaltet der **Begriff des Vorbaus,** dass der Vorbau sich der Fassade des Hauptgebäudes unterordnet und dass die Dominanz der Außenwand gewahrt bleibt (OVG Lüneburg, U. v. 22.4.2015 – 1 LB 63/14 – BBS 83 Nr. 88). Auch in Entscheidungen anderer Oberverwaltungsgerichte zu vergleichbaren Vorschriften wird darauf abgestellt, dass ein Vorbau dem hinter ihm liegenden Gebäude zu- und untergeordnet ist. Ein Vorbau muss sich für den objektiven Betrachter noch als vorgebauter Annex und nicht bereits als angebauter Teil des Hauptgebäudes darstellen (VGH Baden-Württemberg, B. v. 9.7.2014 – 8 S 827/14 – juris –; OVG NRW, B. v. 10.9.2014 – BRS 82 Nr. 130). Das bestätigt auch das Urteil des OVG NRW vom 19.7.2010 (7 A 3199/08 – BRS 76 Nr. 181), wonach ein Aufzugsschacht, der das Hauptgebäude erheblich überragte, nicht als qualitativ und funktional untergeordneter Bauteil und infolgedessen auch nicht als Vorbau anzusehen ist.

Das OVG Lüneburg ist der Ansicht (U. v. 22.4.2015 – 1 LB 63/14 – BRS 83 Nr. 88), dass Absatz 3 Nr. 2 eine Definition des Vorbaus/vortretenden Gebäudeteils enthalte. Komme es nach dieser Definition darauf an, dass ein Vorbau/vortretender Gebäudeteil nur ein Drittel der Wand, vor die er trete, überdecke, wenn er „noch" ein Vorbau sein sollte, müsse die unveränderte gerade „Restwand" von mindestens zwei Dritteln ihrer Gesamtlänge „überbleiben". Andernfalls könne es sich nicht mehr um eine Wand mit einem Vorbau handeln, sondern um eine Wand, die aus verschiedenen Versprüngen bestehe.

Diese Ansicht vermag nicht zu überzeugen. Aus Absatz 3 Nr. 2 Läßt sich nicht herleiten, dass die Drittelregelung für die Begriffe „Vorbau" und „vortretender

Gebäudeteil" begriffsimmanent ist. Die Drittelregelung, die dem Nachbarschutz dient, ist vielmehr eine selbständige gesetzliche Anforderung, von deren Erfüllung die Abstandsunterschreitung abhängt. So bleiben ein Windfang und ein Balkon auch dann ein Vorbau/vortretender Gebäudeteil, wenn sie insgesamt mehr als ein Drittel der Außenwand in Anspruch nehmen und infolgedessen den Abstand nicht unterschreiten dürfen (s. Rn. 95).

85 Haben **Vorbauten einen Dachüberstand,** dann lassen sich deren Privilegierungstatbestände nicht kombinieren, denn das Abstandsprivileg für Dachüberstände in Absatz 3 Nr. 1 bezieht sich auf den regulären Grenzabstand nach den Absätzen 1 und 2, nicht jedoch auf den nach Maßgabe von Absatz 3 Nrn. 2 und 3 reduzierten Grenzabstand (OVG Lüneburg, B. v. 14.9.2020 – 1ME 58/20 – Nds. Landesjustizportal). In dem Fall, der dem Beschluss des OVG Lüneburg zu Grunde liegt, führte der Dachüberstand um das Gebäude herum und schloss auch den Vorbau in seiner Tiefe und Länge mit ein. Die für die Drittelbildung nach Absatz 3 Nr. 2 zu berücksichtigende Außenwandbreite ist auf der Höhe zu messen, auf der auch das vortretende Gebäudeteil gemessen wird, wie auch das OVG Lüneburg in seinem Beschluss vom 14.9.2020 betont. Daraus folgt, dass für die Drittelregelung sowohl der Gebäudebreite als auch dem Vorbau in seine Breite und Tiefe die Dachüberstände zu zurechnen sind.

86 Zu den sonstigen Vorbauten und anderen vortretenden Gebäudeteilen gehören insbesondere Erker, Windfänge, Loggien, Dachgauben und Terrassen.

87 Ein **Erker** ist ein aus der Gebäudewand vorspringender Vorbau, der nicht bis auf den Erdboden reicht, der Erweiterung eines Raumes dient und sich auf bestimmte Funktionen beschränkt. Der Erker ist nach außen Gestaltungselement für die Fassade und nach innen Gestaltungselement für den Raum, zu dem er gehört (OVG Lüneburg, U. v. 26.11.1987 – 6 A 96/85 – BRS 47 Nr. 96). Als Funktion eines Erkers kommen Ausblick, Belichtung und Fassadengestaltung in Betracht (Hess. VGH, B. v. 12.10.1995 – 4 TG 294/95 – BRS 57 Nr. 139). Ein Vorbau, der in erster Linie ein Mittel der Gewinnung einer zusätzlichen Wohnfläche nennenswerten Ausmaßes ist, oder dessen Funktion darin besteht, dem Gesamtraum eine angemessene Größe zu geben, ist daher kein Erker (OVG Lüneburg, U. v. 26.11.1987 – 6 A 96/85 – a. a. O.)

88 **Windfänge** sind „kleine Durchgangsräume vor oder hinter Eingangstüren zum Abhalten der Zugluft" (Frommhold/Garreiß, Bauwörterbuch; OVG Lüneburg, B. v, 16.7.2001 – 1 L 4167/00 – juris)

89 Für **Loggien.** ist zwar kennzeichnend, dass sie im Gegensatz zu Balkonen nicht vorkragen, sondern in den Baukörper einbezogen sind. In der Regel wird jedoch die nutzbare Fläche einer Loggia durch Gebäudeteile erweitert, die über die Außenwand eines Gebäudes hinauskragen. Das OVG Lüneburg hat in seinem Urteil vom 9.2.1981 (6 A 226/79 – BRS 38 Nr. 120) diese Kombination als „Loggia-Balkon" bezeichnet.

90 Zu den vortretenden Gebäudeteilen gehören auch **Dachgauben.** Mit dem Begriff des vortretenden Gebäudeteils werden Gebäudeteile erfasst, die vor das Ge-

bäude treten. Da ein Gebäude nicht nur von den Außenwänden, sondern auch von dem Dach gebildet wird, sind die vor die Dachflächen vortretenden Dachgauben auch vortretende Gebäudeteile.
Dachgauben waren nach § 7b alt nur privilegiert, wenn sie untergeordnet waren. Sie durften daher als untergeordnete Gebäudeteile hinsichtlich ihrer Funktion im Wesentlichen nur die Baumasse gliedern und die Belichtung der dahinterliegenden Räume verbessern. Durch sie durfte keine zusätzliche Wohnfläche oder Nutzfläche für Hobby-Zwecke in nennenswertem Ausmaß gewonnen werden (Nds. OVG, B. v. 31.5. 1995 – 1 M 1920/95 – BRS 57Nr. 158). Diesen Einschränkungen unterliegen Dachgauben als vortretende Gebäudeteile nach Absatz 3 Nr. 2 nicht mehr, da das Merkmal „untergeordnet" durch die Maßangabe ersetzt worden ist.

Dachgauben sind Dachaufbauten für stehende Dachfenster (Frommhold/Gareiß). Zu den kennzeichnenden Merkmalen von Dachgauben als Dachaufbauten gehört, dass sie nach allen Seiten hin aus der Dachfläche heraustreten. Diese Merkmale ermöglichen vor allem, Dachgauben gegenüber Zwerchhäusern begrifflich abzugrenzen (s. Rn. 110). Als Dachgauben sind deshalb auch Dachaufbauten anzusehen, die auf der Außenwand aufsitzen, wenn das Dach über die Schnittlinie mit der Außenwand als Dachvorsprung weitergeführt ist (s. **Abb. 18**). Ermöglicht werden solche Dachgauben durch Drempel bzw. Kniestöcke, die u. a. dazu führen, dass im Innenraum des Gaubenbereichs ausreichende Kopfhöhe vorhanden ist.

Die Frage, ob **Dachaufbauten**, die auf der Außenwand aufsitzen, Dachgauben sind, ist umstritten. Das Nds. OVG hat in seinem Beschluss vom 31.5.1995 (1 M 1920/95 – BRS 57 Nr. 158) Dachaufbauten, die auf der Außenwand aufsitzen, als Dachgauben bezeichnet. Davon geht auch der BayVGH in seinem Urteil vom 20.2.1990 (14 B 88. 02464 – BRS 50 Nr. 112) aus. Auch der VGH Kassel (B. v. 10.7.2007 – 3 UZ 433/07 – NVwZ – RR 2007/748) ist der Meinung, dass für den Begriff der Dachgaube nicht entscheidend sei, ob sie hinter die Flucht (die Verlängerung) der darunter liegenden Außenwand zurücktrete. Nach Ansicht des OVG NRW (U. v. 14.11.2001 – 10 B 860/01 – BRS 64 Nr. 122) ist hingegen für Dachgauben kennzeichnend, dass sie nicht auf der Außenwand aufsitzen (so auch OVG Saarland, U. v. 3.5.1994 – 2 R 13/92 – BRS 56 Nr. 104).

Diese begriffliche Abgrenzung ist letztlich jedoch unerheblich für die Anwendung des Absatzes 3 Nr. 2, da diese Vorschrift nicht auf den Begriff der Dachgaube, sondern auf den Begriff des vortretenden Gebäudeteils abstellt. Entscheidend ist daher, dass Dachaufbauten, die nach allen Seiten hin aus der Dachfläche heraustreten, vortretende Gebäudeteile sind.

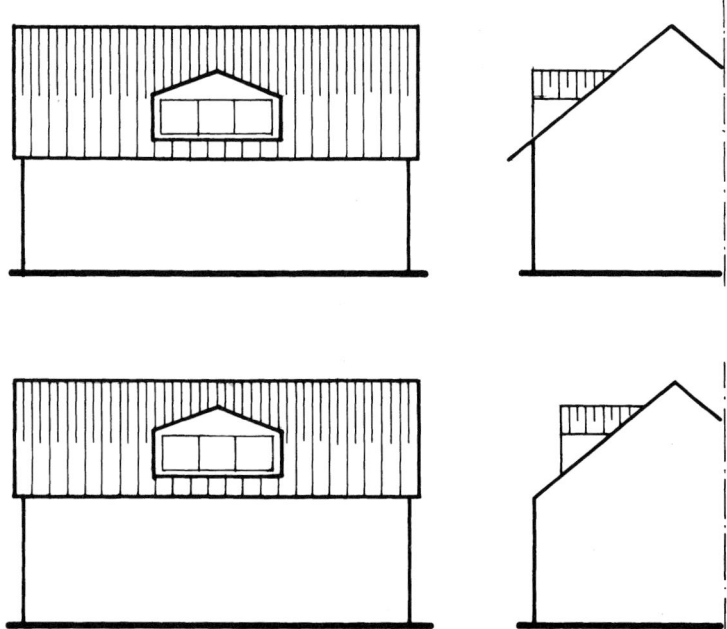

Abb. 18: Die dargestellten Dachaufbauten sind Dachgauben und vortretende Gebäudeteile i. S. d. § 5 Abs. 3 Nr. 2, da sie nach allen Seiten hin aus der Dachfläche heraustreten.

91 **Terrassen als vortretende Gebäudeteile** sind abzugrenzen gegenüber Terrassen, die selbständige bauliche Anlagen sind und von Absatz 1 Satz 2 erfasst werden (s. Rn. 61). Die meisten aller Terrassen sind selbständige bauliche Anlagen und liegen vor Einfamilienhäusern und Reihenhäusern. Diese Terrassen brauchen nach Absatz 1 Satz 2 keinen Abstand zu halten, soweit sie nicht höher als 1 m über der Geländeoberfläche sind.
Terrassen als Gebäudeteile sind Plattformen, die eine größere Fläche als Balkone haben (zum Begriff des Balkons s. Rn. 81) und deshalb auch die Möglichkeit einer „wohnähnlichen Nutzung" bieten. Terrassen sind auch vortretende Gebäudeteile im Sinne des Absatzes 3 Nr. 2 und genießen daher wie Balkone die Vergünstigung dieser Vorschrift, wenn sie nicht mehr als ein Drittel der Breite der jeweiligen Außenwand in Anspruch nehmen. Eine Terrasse, die 6 m über der Geländeoberfläche liegt und die Zweidrittelregelung einhält, braucht daher nur einen Abstand von 2 m von der Grundstücksgrenze einzuhalten (vgl. OVG Lüneburg, U. v. 18.9.2014 – 1 LC 85/13 – BRS 82 Nr. 135).

92 Nach Absatz 3 Nr. 2 dürfen Vorbauten und andere vortretende Gebäudeteile nur dann den Abstand nach den Absätzen 1 und 2 unterschreiten, wenn die Gebäudeteile insgesamt nicht mehr als **ein Drittel der Breite der jeweiligen Außenwand** in Anspruch nehmen. Es wird also die Summe der Breiten der vortretenden und privilegierten Gebäudeteile in das Verhältnis zur Breite der jeweiligen Außenwand gesetzt. Hat eine Außenwand mehrere in verschiedenen Geschossen gelegenen Gebäudeteile, die die Vergünstigung in Anspruch nehmen, dann darf die Gesamtbreite dieser Gebäudeteile nicht mehr als ein Drittel der Breite der dazugehörigen Außenwand betragen.

Diese Vorschrift lässt hingegen nicht zu, auf eine horizontale Ermittlung des Verhältnismaßes abzustellen, wie Breyer in Große-Suchsdorf (Rn. 109 zu § 5) meint. Auch wenn die einzelnen vortretenden Gebäudeteile in verschiedenen Geschossen angeordnet sind, ist deren Gesamtbreite in Relation zu der Breite der Außenwand zu setzen.

93 Ein vortretender Gebäudeteil lässt sich jedoch nur dann einer **Außenwand** zuordnen, wenn die Außenwand durchgehend ist oder Versprünge von höchstens 0,5 m aufweist. (Breyer in Große-Suchsdorf zu § 5 Rn. 108a hält versetzte Wandscheiben bis zu 1,0 m für vertretbar). Das OVG Lüneburg ist der Ansicht, dass bei der Drittelberechnung „eine unveränderte gerade „Restwand" von mindestens zwei Dritteln ihrer Gesamtlänge überbleiben" muss (U. v. 22.404.2015 – 1 LB 63/14 - BRS 83 Nr. 88).

94 Für die Drittelregelung ist nach Absatz 3 Nr. 2 die jeweilige **Außenwand als Bezugsebene** maßgebend. Das gilt auch für **Dachgauben**, obwohl diese aus Dachflächen hervortreten.

95 Eine Gebäudeaußenwand kann neben Vorbauten, die die Vergünstigung in Anspruch nehmen, auch **Vorbauten** haben, **die die erforderlichen Abstände einhalten**. In dem Fall, der dem Urteil des OVG Lüneburg vom 22.4.2015 (1 LB 63/14 – BRS 83 Nr. 88) zu Grunde liegt, befanden sich an einer Gebäudeseite zwei turmartige Vorbauten mit einer Breite von jeweils 4,25 m und einer Tiefe von bis zu 2,25 m. Zwischen den Vorbauten verblieben 3 m. Nur eine der beiden Vorbauten unterschritt den erforderlichen Abstand um 41 cm. Das OVG Lüneburg hat in seiner Urteilsbegründung dazu u. a. ausgeführt: Der Wortlaut des Absatzes 3 Nr. 2 beziehe sich auf die Art der in Nr. 2 aufgezählten „Gebäudeteile" schlechthin. Ohne nach deren tatsächlichem Abstand zur Grenze zu differenzieren, werde allein auf das Verhältnis Vorbau zur Außenwand abgestellt, um den Anwendungsbereich zu beschreiben. Das OVG Lüneburg ist unter Hinweis auf seine Interpretation des Begriffs „Vorbau" (s. Rn. 84) der Ansicht, dass eine Interpretation der Vorschrift dahin, bei mehreren Vorbauten danach zu differenzieren, welcher Vorbau welchen Abstand einhalte, sich verbiete.

Diese Begründung vermag nur teilweise zu überzeugen.
Die Vorschrift des Absatzes 3 Nr. 2 lässt zu, dass Vorbauten und andere vortretende Gebäudeteile unter bestimmten Voraussetzungen den erforderlichen Abstand unterschreiten dürfen. Deshalb erfasst diese Vorschrift in ihrem Anwendungsbereich auch nur die Vorbauten und die anderen vortretenden Gebäudeteile, die die Abstandsanforderungen nach Absatz 1 Sätze 1 und 2 nicht

erfüllen. Wenn es in Absatz 3 Nr. 2 heißt „der Abstand....darf unterschritten werden...von sonstigen Vorbauten und anderen vortretenden Gebäudeteilen, wenn die Gebäudeteile insgesamt nicht mehr als ein Drittel der Breite der jeweiligen Außenwand in Anspruch nehmen", dann kann sich diese Formulierung entgegen der Ansicht des OVG Lüneburg nur auf die Vorbauten und anderen Gebäudeteile beziehen, die den erforderlichen Abstand unterschreiten dürfen. Vorbauten und andere vortretende Gebäudeteile, die die Abstände einhalten, können infolgedessen nicht unter den Privilegierungstatbestand fallen.

In dem Fall, der dem Urteil zu Grunde liegt ist jedoch entscheidend, dass die Zweidrittelregelung allein für die Vorbauten maßgebend ist, die den Abstand unterschreiten. Für den Vorbau, der den Abstand unterschritt, und eine Breite von 4,25 m aufwies, verblieb jedoch nur eine gerade Außenwand von 3 m und damit weniger als zwei Drittel der Außenwand. Die Entscheidung zu Gunsten des betroffenen Nachbarn ist daher zu Recht erfolgt.

96 Die Gebäudeteile, auf die Absatz 3 Nr. 2 abstellt, dürfen den **Abstand** nach den Absätzen 1 und 2 **um nicht mehr als 1,50 m, höchstens jedoch um ein Drittel unterschreiten**. Hiernach darf der Abstand stets nur um höchstens ein Drittel unterschritten werden. Die zulässige maximale Abstandsunterschreitung von 1,50 m kommt daher nur in Betracht, wenn nach Absatz 2 ein Abstand von mindestens 4,50 m einzuhalten ist. Braucht nach dieser Vorschrift nur der Mindestabstand von 3 m eingehalten zu werden, so dürfen die Gebäudeteile diesen Abstand höchstens um 1,00 m unterschreiten (s. **Abb. 19 bis 22**).

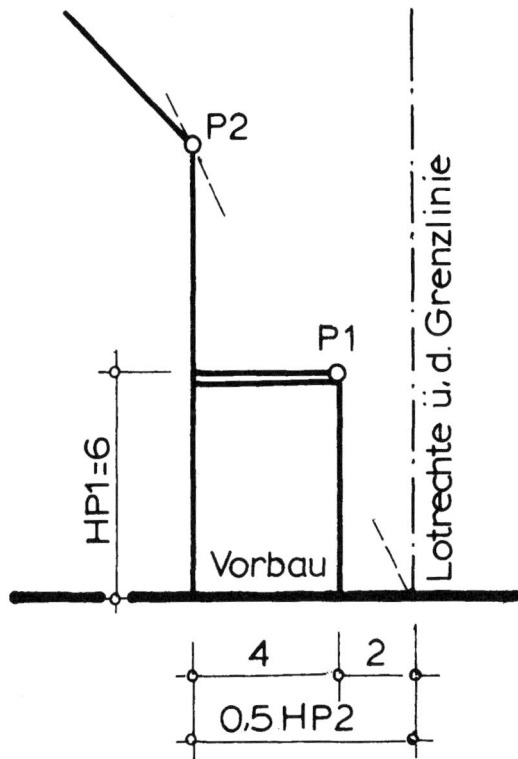

Abb. 19: Der Vorbau darf nach § 5 Abs. 3 Nr. 2 den erforderlichen Abstand von 3 m um 1 m unterschreiten, wenn er zusammen mit anderen vortretenden Gebäudeteilen, die ebenfalls den Abstand unterschreiten, nicht mehr als ein Drittel der Außenwand in Anspruch nimmt.

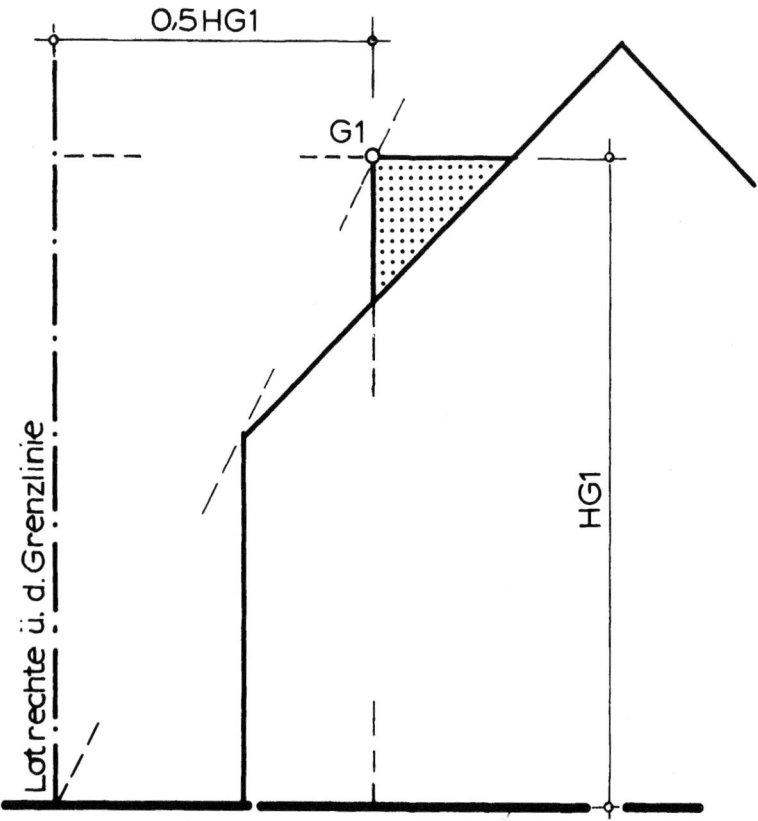

Abb. 20: Die Gaube hält den nach § 5 Abs. 2 Satz 1 erforderlichen Grenzabstand ein.

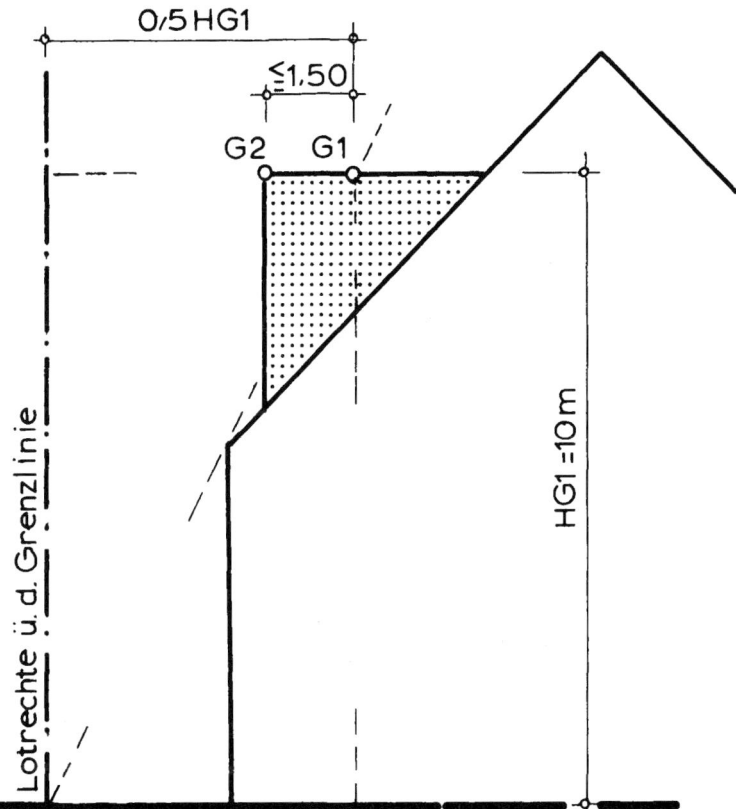

Abb. 21: Die Gaube darf erweitert werden und den erforderlichen Grenzabstand um 1,50 m nach § 5 Abs. 3 Nr. 2 unterschreiten und als alleiniges vortretendes Gebäudeteil ein Drittel der Breite der Außenwand in Anspruch nehmen.

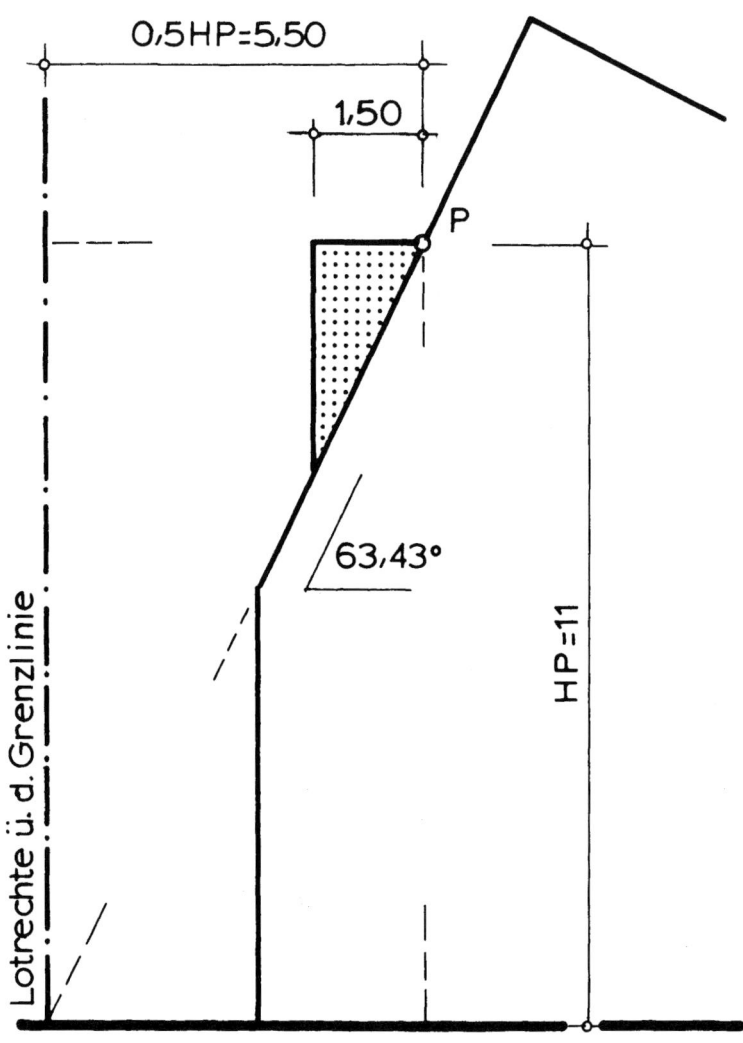

Abb. 22: Die Gaube darf den erforderlichen Grenzabstand um 1,50 m nach § 5 Abs. 3 Nr. 2 unterschreiten und als alleiniges Gebäudeteil ein Drittel der Breite der Außenwand in Anspruch nehmen.

97 Nach Abs. 3 Nr. 3 darf der Abstand für **Gebäudeteile** unterschritten werden, **die dazu dienen, Aufzüge aufzunehmen.** Diese Gebäudeteile müssen der Herstellung der Barrierefreiheit einer vor dem 1. Januar 2019 rechtmäßig errichteten oder genehmigten baulichen Anlage dienen. Darunter fallen insbesondere bauliche Anlagen, die nicht den Anforderungen des § 49 Abs. 2 NBauO entsprechen, aber Bestandsschutz genießen. Die Vergünstigung findet aber auch Anwendung, wenn an einer vor dem 1. Januar 2019 errichteten baulichen Anlage eine Aufzugsanlage errichtet werden soll, die gesetzlich nicht vorgeschrieben ist.

Auf bauliche Anlagen, die vor dem 1. Januar 2019 errichtet worden sind, deren Nutzung jedoch nach diesem Stichtag baurechtlich so geändert worden ist, dass die neue Nutzung nicht mehr vom Bestandsschutz gedeckt ist, findet Absatz 3 Nr. 3 keine Anwendung, da eine solche Nutzungsänderung wie eine Neuerrichtung zu beurteilen ist.

Die Aufzugsanlagen müssen der nachträglichen **Herstellung der Barrierefreiheit** der baulichen Anlage dienen. Barrierefrei sind nach § 2 Abs. 16 NBauO bauliche Anlagen, soweit sie für Menschen mit Behinderungen in der allgemein üblichen Weise ohne besonderes Erschwernis und grundsätzlich ohne fremde Hilfe auffindbar, zugänglich und nutzbar sind. Die begünstigten Aufzugsanlagen müssen daher auch Rollstühle aufnehmen können und nach § 21 Abs. 4 DVO-NBauO eine Fahrkorbfläche von mindestens 1,10 m x 1,40 m haben. Hinzu kommt eine Bewegungsfläche, deren Maße 1,50 m x 1,50 m nach DIN 18040-1 betragen, so dass im Einzelfall der Nachbar eine bauliche Anlage, deren Höhe sich nach der Anzahl der Geschosse bestimmt und deren Länge einschließlich Aufzugsschacht, Bewegungsfläche und Ummantelung ca. 3,40 m beträgt, hinzunehmen hat.

Die Regelung des Absatzes 3 Nr. 3 dient allein der nachträglichen Herstellung der Barrierefreiheit, die sich wiederum nach § 2 Abs. 16 NBauO bestimmt. Daher lässt Absatz 3 Nr. 3 nicht zu, mit Aufzugsanlagen, die auch Krankentragen aufnehmen können und die nach § 21 Abs. 4 DVO-NBauO eine Fahrkorbfläche von 1,10 m x 2,00 m haben müssen, den erforderlichen Abstand zu unterschreiten.

98 Die begünstigten Aufzugsanlagen dürfen **höchstens 2,50 m vor die Außenwand vortreten** und müssen von der Grenze **mindestens 1,50 m Abstand halten.** Dabei ist unerheblich, ob die Außenwand der rechtmäßig errichteten oder genehmigten baulichen Anlage die erforderlichen Abstände einhält, die bei Errichtung der Aufzugsanlage maßgebend sind. Es muss jedoch stets der Mindestabstand von 1,50 m zur Grenze eingehalten werden.

Absatz 3 Nr. 3 enthält zwar eine spezielle Regelung zu Gunsten von Aufzugsanlagen. Diese unterliegen daher nicht der **Drittelregelung nach Absatz 3 Nr. 2.** Dennoch kann eine begünstigte Aufzugsanlage dazu führen, dass für einen Vorbau oder einen anderen vortretenden Gebäudeteil nicht mehr eine gerade Restwand von zwei Dritteln der Außenwand überbleibt.

Andererseits wäre eine nachträgliche Errichtung einer Aufzugsanlage mit Absatz 3 Nr. 2 nicht vereinbar, wenn an der Außenwand schon vortretende Gebäudeteile vorhanden sind, die die Zweidrittelvorgaben voll in Anspruch nehmen. In diesen Fällen käme nur eine Abweichung von der zweidrittel Regelung zu Gunsten der Aufzugsanlage in Betracht.

Haben Gebäudeteile nach Absatz 3 Nr. 3 in ihrer Tiefe und Breite auch Dachüberstände, dann lassen sich auch in diesen Fällen die Privilegierungstatbestände nicht kombinieren (s. Rn. 85). Daher sind den begünstigten Aufzugsanlagen sowohl in ihrer Tiefe als auch in ihrer Breite die Dachüberstände voll zu zurechnen.

99 Absatz 3 Nr. 4 lässt zu, dass Antennen einschließlich der Masten als selbstständige bauliche Anlagen außerhalb von Gewerbe- und Industriegebieten sowie außerhalb von Gebieten, die nach ihrer baulichen Nutzung diesen Baugebieten entsprechen, den Abstand nach den Absätzen 1 und 2 um 0,1 H unterschreiten dürfen, so dass in diesen Fällen nur noch ein Abstand von 0,4 H, mindestens jedoch 3 m, einzuhalten ist. Die Regelung dient dazu, die Errichtung von Mobilfunkmasten generell zu erleichtern, denn nach Absatz 2 brauchen Mobilfunkmasten in Gewerbe- und Industriegebebieten sowie in Gebieten, die nach ihrer baulichen Nutzung diesen Baugebieten entsprechen, nur einen Abstand von 0,25 H, mindestens jedoch 3 m, einzuhalten.

2. Gebäudeteile ohne Abstand (Absatz 4)

100 Nach Absatz 4 Satz 1 Nr. 1 bleiben **Schornsteine**, wenn sie untergeordnet sind, **Antennen, Geländer, sowie Abgas- und Abluftleitungen** bei der Bemessung des erforderlichen Abstands außer Betracht. Die Regelung besagt, dass die auf den Außenflächen dieser Gebäudeteile gelegenen Punkte keinen Abstand zu halten brauchen.
Die Regelung erfasst nur **Gebäudeteile** (zum Begriff s. Rn. 78). Antennen, Geländer und Schornsteine als selbständige bauliche Anlagen oder als Teile baulicher Anlagen, die keine Gebäude sind, unterliegen den Abstandsanforderungen nach Absatz 1 Satz 2.

101 **Schornsteine** sind Abgasanlagen, die hohen thermischen Beanspruchungen, insbesondere durch Rußbrand, unterliegen (§ 7 Abs. 7 FeuVO). Nach § 7 Abs. 2 FeuVO müssen die Abgase von Feuerstätten für feste Brennstoffe in Schornsteine eingeleitet werden. Von Absatz 4 Satz 1 Nr. 1 wird jeder Schornstein, der Gebäudeteil ist, erfasst, insbesondere auch Schornsteine zur Ableitung von Abgasen aus Feuerstätten, die gewerblichen oder industriellen Nutzungen dienen.
Hohe Schornsteine innerhalb kleiner Gebäude sind keine Gebäudeteile. Diese Schornsteine haben nicht die Funktion, dem Gebäude als übergeordnetem Ganzen zu dienen, sondern eine selbständige Funktion, bei der das Gebäude nur eine untergeordnete Rolle spielt. Für solche Schornsteine bestimmen sich die Abstände nach Absatz 1 Satz 2. Dazu gehören beispielsweise die Schornsteine von herkömmlichen Ziegeleien.
Darüber hinaus bleiben Schornsteine bei der Abstandsbemessung nur dann außer Betracht, wenn sie **untergeordnet** sind. Untergeordnete Gebäudeteile dürfen nach ihrem Umfang, ihrer Größe im Verhältnis zum gesamten Bauwerk und ihrer Funktion nicht nennenswert ins Gewicht fallen (Nieders. OVG, B. v. 19.11.1999 – 1 L 2987/99 – BRS 62 Nr. 140 = BauR 2000/372 zu dem bisherigen § 7b).
Diese Voraussetzungen erfüllen die üblichen Hausschornsteine. Aber auch Schornsteine als Teile gewerblich oder industriell genutzter Gebäude können

untergeordnete Gebäudeteile sein, wenn sie nach ihrer Höhe im Verhältnis zur Höhe und Ausdehnung der Gebäude nicht nennenswert ins Gewicht fallen bzw. optisch unbedeutend erscheinen.

102 Unter **Antennen** sind hier Antennenanlagen zu verstehen, die die stets erforderlichen Antennenträger miteinschließen. Zu den Antennen gehören auch die schüsselförmigen Parabolantennen, die für den Empfang von Satellitenprogrammen bestimmt sind.

103 **Geländer** sind Umwehrungen im Sinne des § 4 DVO-NBauO, die durchsichtig sind und aus stangen- oder stabförmigen Konstruktionsteilen hergestellt sind. Diese Konstruktionsteile bestehen in der Regel aus Holz oder Metall. Frommhold/Gareiß bezeichnen Geländer als senkrechte Schutzeinrichtungen in durchbrochener Konstruktion an der freien Seite von Treppen, Podesten Balkonen usw. sowie an Brücken.

104 **Abgasleitungen** dienen, wie Schornsteine, der Ableitung der Abgase von Feuerstätten. An die Abgasleitungen werden jedoch geringere Anforderungen als an Schornsteine gestellt. Dies kommt in § 7 Abs. 2 FeuVO zum Ausdruck, der zulässt, dass Abgase von Feuerstätten für flüssige oder gasförmige Brennstoffe auch in Abgasleitungen eingeleitet werden dürfen.
Den Abgasleitungen sind im Rahmen des Absatzes 4 Satz 1 Nr. 1 die **dichten Leitungen** gleichzustellen, durch die nach § 10 Abs. 3 FeuVO die Verbrennungsgase von Blockheizkraftwerken und ortsfesten Verbrennungsmotoren abzuleiten sind.

105 **Abluftleitungen** als abstandsrelevante Gebäudeteile kommen nicht an Wohngebäuden, sondern an Gebäuden in Betracht, die gewerblichen, industriellen oder landwirtschaftlichen Nutzungen dienen.

106 Nach Absatz 4 Satz 1 Nr. 2 bleiben ferner **Giebeldreiecke und entsprechend andere Giebelformen** bei der Abstandsbemessung außer Betracht, soweit sie, waagerecht gemessen, nicht mehr als 6 m breit sind. Auch aus dieser Regelung folgt, dass die auf diesen Giebelflächen gelegenen Punkte keinen Abstand zu halten brauchen. Bei dem Begriff des „Giebeldreiecks" ist entscheidend, ob baubegrifflich überhaupt ein Giebel vorliegt. Grundsätzlich ist ein Giebel als die Abschlusswand an der Stirnseite eines Satteldachs definiert (OVG Lüneburg, U. v. 19.6.2012 – 1 LB 169/11 – BRS 79 Nr. 125).
Mit dem Begriff „Giebeldreieck" werden bestimmte Flächen der Giebelwand eines Gebäudes bezeichnet. Es sind die Giebelflächen in der Form eines Dreiecks (s. **Abb. 23**).

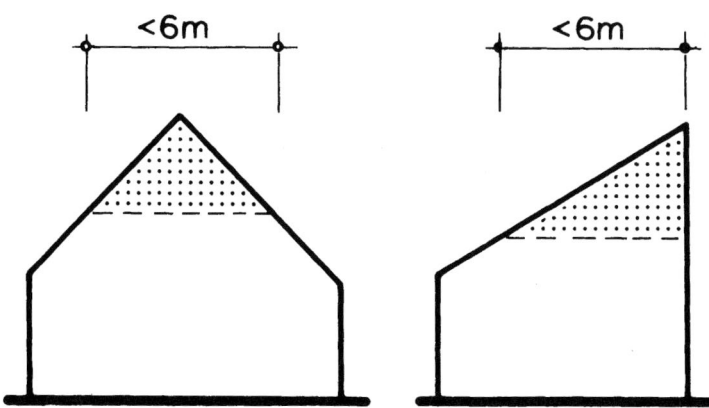

Abb. 23: Die Giebeldreiecke brauchen, soweit sie gekennzeichnet sind, nach § 5 Abs. 4 Satz 1 Nr. 2 keinen Grenzabstand zu halten.

Bei anderen Dachformen, wie bei Pultdächern, können Abschlusswände auch an der Längsseite eines Gebäudes einen Giebel mit einem Giebeldreieck haben (s. Abb. 23a).

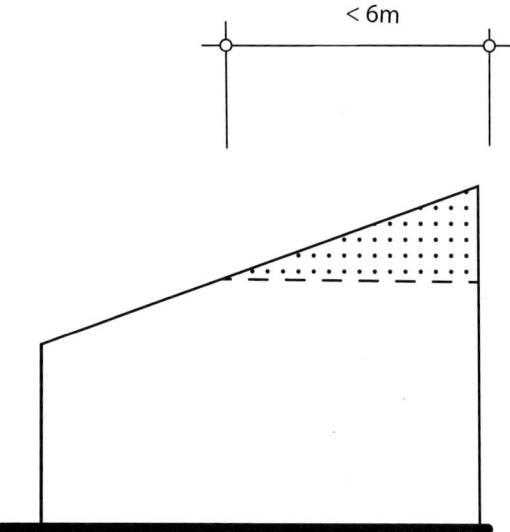

Abb. 23a: § 5 Abs. 4 Satz 1 Nr. 2 erfasst auch Giebeldreiecke an der Längsseite eines Gebäudes, wenn es sich beispielsweise um ein Pultdach handelt.

107 Ein Giebeldreieck besteht bei Satteldächern aus der Wandfläche und den Schmalseiten des Daches (**Ortgang**), so dass auch der Ortgang in die Bemessung einzubeziehen ist.

Ragt das Dach über die Wandfläche hinaus, dann führt dies zu **Dachüberständen** im Sinne des Absatzes 3 Nr. 1. Nach dieser Vorschrift dürfen Dachüberstände, unabhängig von ihrer Ausladung, den nach Absatz 2 erforderlichen Abstand um höchstens 0,50 m unterschreiten. Bei Giebeldreiecken mit Dachüberständen wird daher die Vergünstigung nach Absatz 4 Satz 1 Nr. 2 hinfällig, da die Dachüberstände stets Abstand nach Absatz 2 einzuhalten haben, der lediglich um 0,50 m unterschritten werden darf.

108 Eine Außenwand kann **mehrere Giebeldreiecke** haben. Da Absatz 4 Satz 1 Nr. 2 die Anzahl der außer Betracht bleibenden Giebeldreiecke je Gebäude nicht beschränkt, brauchen alle Giebeldreiecke eines Gebäudes, soweit sie waagerecht gemessen nicht mehr als 6 m breit sind, keinen Grenzabstand zu halten (Nds. OVG, B. v. 17.1.2001 – 1 L 3289/99 – n. v. – s. **Abb. 24**).

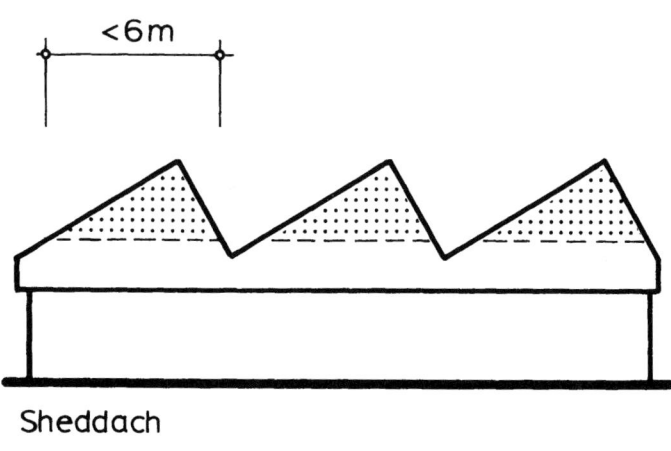

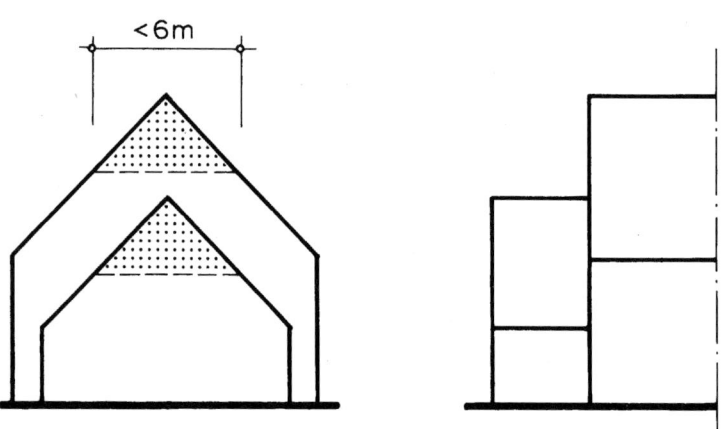

Abb. 24: § 5 Abs. 4 Satz 1 Nr. 2 begünstigt alle Giebeldreiecke eines Gebäudes.

109 **Bei aneinandergebauten Gebäuden** kann für jedes Gebäude die Vergünstigung nach Absatz 4 Satz 1 Nr. 2 in Anspruch genommen werden, da die Vergünstigung gebäudebezogen ist (s. **Abb. 25**). (a. A Breyer in Große-Suchsdorf zu § 5 Rn. 129). Auch der Beschluss des Verwaltungsgerichts Hannover vom 5.11.2010 (12 B 3883/10 – BauR 2011/303) zu § 7b alt vermag nicht zu überzeugen. Das Verwaltungsgericht meint, dass ein Giebeldreieck bei einem Doppelhaus mit einheitlichem Giebel nur einmal vorhanden sei. Dem steht jedoch entgegen, dass jedes der beiden Gebäude, die ein Doppelhaus bilden oder die zusammen auf einem Grundstück stehen ein Giebeldreieck an einer Giebelseite hat. Würde jedes dieser Gebäude nicht Teil eines Doppelhauses sein, sondern ein Einzelhaus,

dann könnte es keinem Zweifel unterliegen, dass dessen Giebeldreieck ein Giebeldreieck im Sinne des Privilegierungstatbestand ist.
Die Vergünstigung, die diese Vorschrift gewährt, gilt für sämtliche Giebeldreiecke eines Gebäudes, d. h. ein Gebäude mit mehreren Giebeldreiecken kann die Vergünstigung für jedes Giebeldreieck in Anspruch nehmen. Schon allein im Hinblick darauf lässt es sich nicht rechtfertigen, die Vergünstigung nach Absatz 4 Satz 1 Nr. 2 bei aneinander gebauten Gebäuden auf demselben Baugrundstück einzuschränken. Das muss erst recht gelten, wenn es sich um Giebeldreiecke von zwei Gebäuden handelt, zwischen denen eine Grenze verläuft.

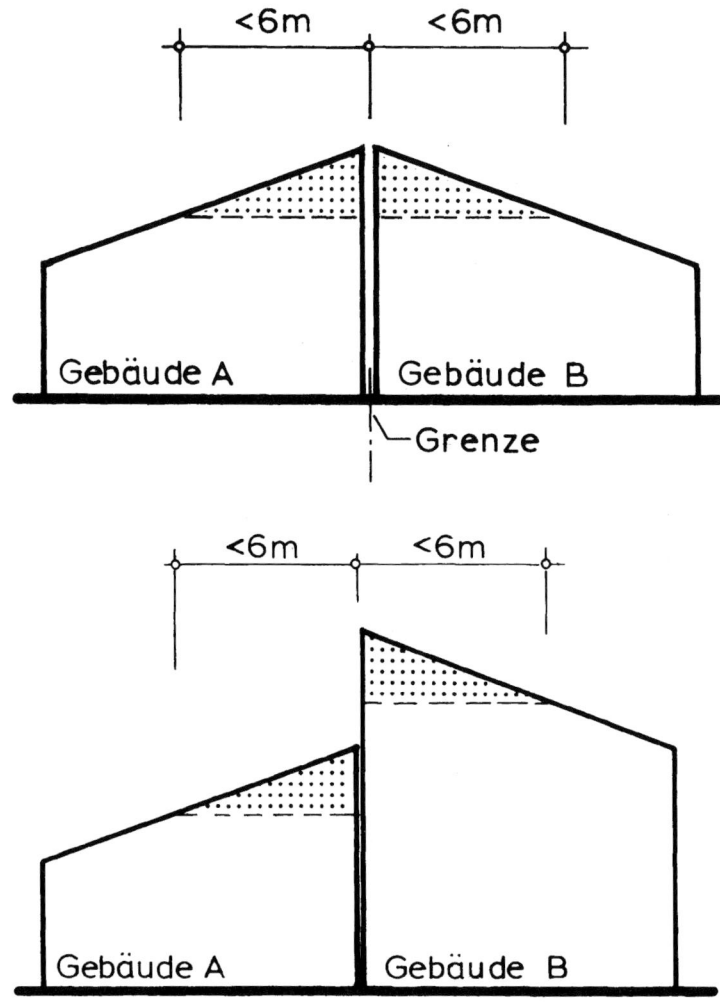

Abb. 25: Beispiele für die Inanspruchnahme der Vergünstigung nach § 5 Abs. 4 Satz 1 Nr. 2 bei aneinander gebauten Gebäuden.

110 Auch sog. **Zwerchhäuser** bilden Giebeldreiecke (Nds. OVG, B. v. 31.5.1995 – 1 M 1920/95 – BRS 57 Nr. 158 = Nds. Rpfl. 1995/257). Zwerchhäuser sind größere, in den Dachbereich hineinragende Gebäudeteile, deren Raumbegrenzung durch einen Teil der Außenwand und einen Giebel erfolgt, der in aller Regel in der

Flucht der Außenwand liegt. Der VGH Kassel (B. v. 10.7.2007 – 3 UZ 433/07 –NVwZ – RR 2007/748) hat Zwerchhäuser als Bauteile bezeichnet, die nicht aus dem Dach, sondern aus der Fassade aufsteigen (s. **Abb. 26**).
Die Vergünstigung nach Absatz 4 Satz 1 Nr. 2 gilt auch für Gebäudewände, die nur aus Giebeldreiecken bestehen, wie für **Nur-Dach-Häuser**.

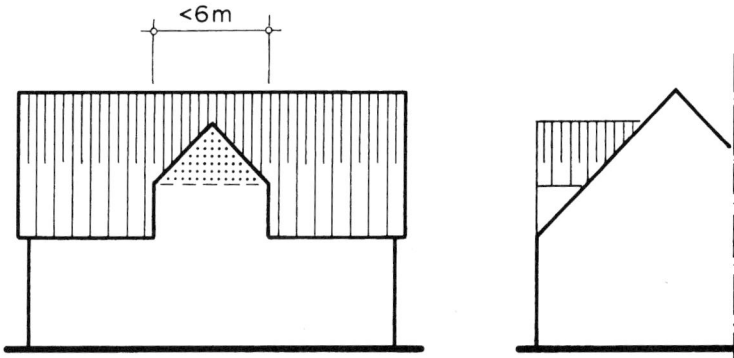

Abb. 26: Die dreieckige Fläche des Zwerchhauses ist ein Giebeldreieck im Sinne des § 5 Abs. 4 Satz 1 Nr. 2.

Dachgauben können **Gaubendreiecke** haben (s. **Abb. 27**). Hierbei handelt es sich jedoch nicht um Dreiecke eines Giebels. Das Nds. OVG hat in seinem Urteil vom 19.6.2012 (1 LB 169/11 – *BRS 79 Nr. 125*) bestätigt, dass Dachgauben baubegrifflich keine Giebel sind und dass infolgedessen Gaubendreiecke auch keine Giebeldreiecke sein können. Es hat darauf hingewiesen, dass auch der Gesetzgeber abstandsrechtlich zwischen Giebeln gemäß § 5 Abs. 4 Satz 1 Nr. 2 (Grenzabstände) und Gauben nach § 7 Abs. 3 Satz 2 (Abstände auf demselben Grundstück) begrifflich unterschieden hat.

Absatz 4 Satz 1 Nr. 2 erfasst nicht nur Giebeldreiecke, sondern auch **entsprechende andere Giebelformen**. Deshalb bleiben die entsprechenden anderen Giebelformen, soweit sie, waagerecht gemessen, nicht mehr als 6 m breit sind, bei der Bemessung des erforderlichen Abstands ebenfalls außer Betracht (s. **Abb. 28**).

§ 5   112

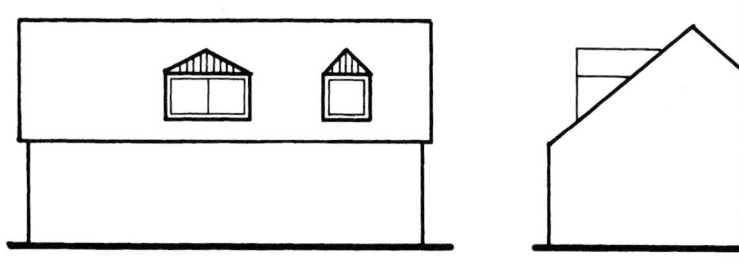

Abb. 27: Die Dachgauben bilden Gaubendreiecke und keine Giebeldreiecke; die Gaubendreiecke werden daher von § 5 Abs. 4 Satz 1 Nr. 2 nicht erfasst.

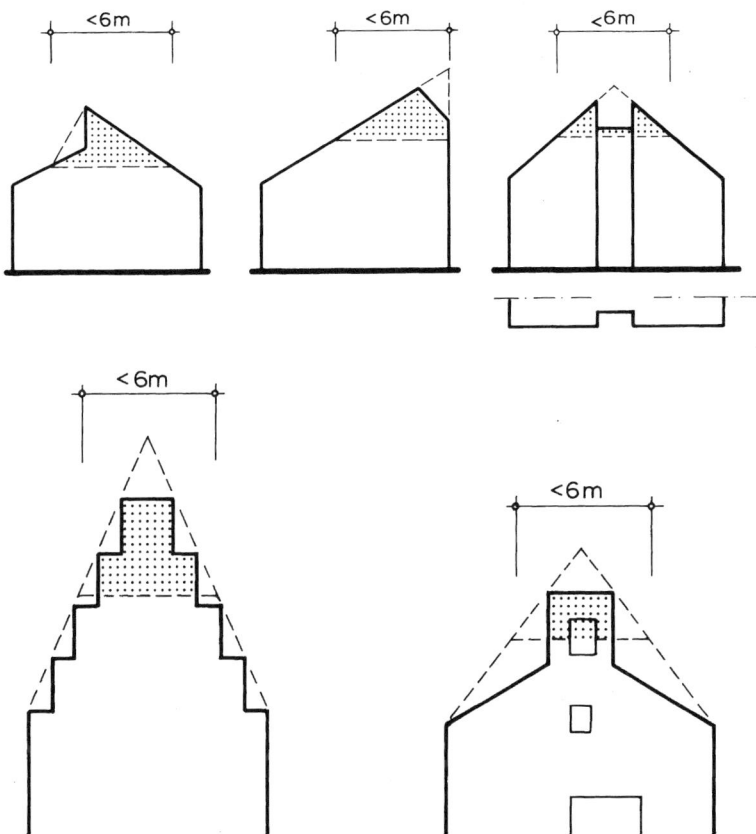

Abb. 28: § 5 Abs. 4 Satz 1 Nr. 2 begünstigt nicht nur Giebeldreiecke, sondern auch entsprechende andere Giebelformen.

Vielfach werden Giebelwände nicht bis zum First geführt, sondern im oberen Bereich durch ein **geneigtes Dach** ersetzt, wie dies beim Walmdach oder Krüppelwalmdach geschieht. Es bestehen keine Bedenken, Absatz 4 Satz 1 Nr. 2 auf diese Dachflächen entsprechend anzuwenden, zumal Nachbarn durch die geneigten Dachflächen weniger belastet werden als durch entsprechend große Giebeldreiecke (s. **Abb. 29**).

§ 5 114–116

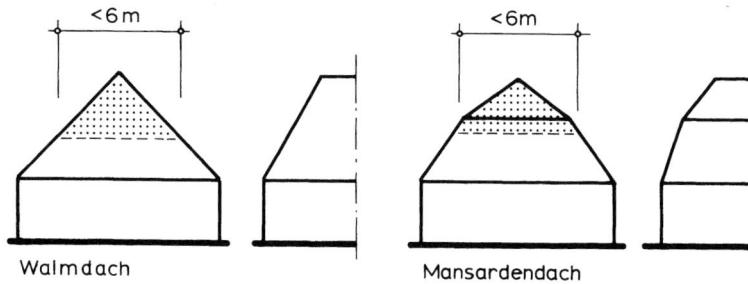

Abb. 29: Auf geneigte Dachflächen oberhalb von Giebelwänden kann § 5 Abs. 4 Satz 1 Nr. 2 entsprechend angewendet werden.

114 Nach Absatz 4 Satz 2 Nr. 1 bleiben **Außenwandbekleidungen**, die zum Zwecke des Wärmeschutzes oder der Energieeinsparung an vorhandene Gebäude angebracht werden, bei der Bemessung des erforderlichen Abstands außer Betracht, soweit die Außenwandbekleidungen den erforderlichen Abstand um nicht mehr als 0,25 m unterschreiten. Diese Regelung soll Baumaßnahmen ermöglichen, die die Wärmedämmung an vorhandenen Gebäuden verbessern und die zur Unterschreitung der erforderlichen Abstände führen.

Als Außenwandbekleidungen werden herkömmlich Platten, Bahnen und Behänge aus allen in Betracht kommenden Materialien einschließlich der Tragkonstruktion und der Dämm- und Luftschichten bezeichnet. Auch Verblendmauerwerk mit Dämm- und Luftschichten fällt unter den Begriff der Außenwandbekleidung.

115 Die Vergünstigung beschränkt sich auf **Außenwände vorhandener Gebäude**. Der Begriff „vorhanden" besagt, dass die Gebäude vollständig fertig gestellt sein müssen, insbesondere hinsichtlich ihrer Außenhaut.

Außenwandbekleidungen, die allein dem Wärmeschutz oder der Energieeinsparung dienen müssen, bleiben nur dann bei der Bemessung des erforderlichen Abstands außer Betracht, soweit sie den für sie **erforderlichen Abstand um nicht mehr als 0,25 m unterschreiten**. Bei einem Gebäude, das den erforderlichen Mindestabstand von 3 m einhält, darf die Außenwandbekleidung daher den auch für sie maßgebenden Mindestabstand von 3 m bis auf 2,75 m unterschreiten.

Diese Regelung besagt auch, dass bei einem Gebäude mit Bestandsschutz, dessen Außenwand bereits den erforderlichen Abstand unterschreitet, eine weitere Abstandsunterschreitung für eine Außenwandbekleidung nur zulässig ist, wenn der für die Außenwandbekleidung maßgebende Abstand um nicht mehr als 0,25 m unterschritten wird. So darf beispielsweise eine Gebäudeaußenwand, die den erforderlichen Abstand um 0,10 m unterschreitet, nur noch mit einer Außenwandbekleidung versehen werden, die den für sie maßgebenden Abstand um höchstens 0,15 m unterschreitet.

116 Nach Absatz 4 Satz 2 Nr. 2 bleiben **Bedachungen** vorhandener Gebäude, die zum Zwecke des Wärmeschutzes oder der Energieeinsparung um nicht mehr als

0,25 m angehoben werden, bei der Bemessung des erforderlichen Abstands außer Betracht.
Eine Anhebung der Bedachung zur Durchführung nachträglicher Wärmedämmmaßnahmen wird sich nur bei Flachdächern als notwendig erweisen. Bei Sattel- oder Walmdächern kann die Wärmedämmung zwischen den Sparren angebracht werden.
Es muss sich um **vorhandene Gebäude**, d. h. vollständig fertig gestellte Gebäude handeln, deren Bedachung nachträglich angehoben wird.
Die Regelung lässt eine **Anhebung der** vorhandenen **Bedachung um nicht mehr als 0,25 m** zu. Sie beschränkt aber nicht das Maß der zulässigen Abstandsunterschreitung und erfasst daher auch Gebäude, die die erforderlichen Abstände nicht einhalten und Bestandsschutz genießen. Dazu gehören insbesondere Gebäude, die nur den nach früheren Vorschriften maßgeblichen Mindestabstand von 2,50 m einhalten.

IV. Grenzbebauung (Absatz 5)

1. Zwingende Grenzbebauung (Absatz 5 Satz 1)

Nach Absatz 5 Satz 1 ist Absatz 1 Satz 1 nicht anzuwenden, **soweit ein Gebäude nach städtebaulichem Planungsrecht ohne Grenzabstand errichtet werden muss**. Absatz 5 Satz 1 räumt dem städtebaulichen Planungsrecht Vorrang ein und verzichtet auf die Forderung nach Abständen, soweit das Planungsrecht Grenzbebauung verlangt.
Der Begriff „soweit" besagt, dass die Forderung nach Absatz 1 Satz 1, von allen Grenzen des Baugrundstücks Abstand zu halten, nur bezüglich derjenigen Grenzen entfällt, an die nach dem städtebaulichen Planungsrecht Gebäude ohne Grenzabstand errichtet werden müssen.

Das städtebauliche Planungsrecht bestimmt durch die Bauweise nach § 22 BauNVO, soweit ein Gebäude ohne Grenzabstand errichtet werden muss. Es **verlangt zwingende Grenzbebauung** an bestimmten Grenzen bei geschlossener Bauweise sowie bei Festsetzungen, die nur Doppelhäuser oder Hausgruppen zulassen. Zwingende Grenzbebauung kann sich auch aus einer von der geschlossenen oder offenen Bauweise abweichenden Bauweise ergeben.
Im Gegensatz zu den Vorschriften über die Bauweise beinhaltet die Festsetzung einer **Baulinie** nach § 23 Abs. 1 BauNVO keine städtebauliche Aussage darüber, ob Gebäude ohne oder mit Grenzabstand errichtet werden müssen. Baulinien dienen der Festsetzung überbaubarer Grundstücksflächen und lassen Grundstücksgrenzen unberührt. Baulinien wären für eine Aussage über Abstände zu Grundstücksgrenzen auch ungeeignet, weil Grundstücksgrenzen nicht im Bebauungsplan festgesetzt werden können (vgl. BayVGH, U. v. 7.4.1987 – Nr. 1 N 83 A. 3262 – BayVBl. 1988/274).

In der **geschlossenen Bauweise** müssen Gebäude nach § 22 Abs. 3 BauNVO ohne seitlichen Grenzabstand errichtet werden, es sei denn, dass die vorhandene Bebauung eine Abweichung erfordert. Die geschlossene Bauweise kann sich im Geltungsbereich eines Bebauungsplanes aus dessen Festsetzungen und im nicht

beplanten Innenbereich nach § 34 BauGB aus der vorhandenen Bebauung ergeben.
Im Innenbereich kann die Abgrenzung der geschlossenen Bauweise gegenüber der offenen Bauweise, insbesondere bei grenznaher Bebauung, vielfach Schwierigkeiten bereiten.
Grundsätzlich wird die geschlossene Bauweise dadurch gekennzeichnet, dass das Grundstück von der einen seitlichen Grundstücksgrenze zusammenhängend bis zur anderen Grundstücksgrenze bebaut ist (Nds. OVG, U. v. 17.5.1995 – 1 L 4212/93 – BRS 57 Nr. 235).
Aber auch eine **grenznahe Bebauung**, die in der Regel historisch gewachsen ist, stellt geschlossene Bauweise dar, wenn die Gebäude die für eine ausreichende Belichtung und Belüftung erforderlichen Mindestabstände unterschreiten (OVG Lüneburg, U. v. 25.1.1978 – I A 103/76 – BRS 33 Nr. 53). Die in diesem Urteil entwickelten Grundsätze hat das Nds. OVG in seinem Beschluss vom 20.8.1999 – 1 L 1515/99 – s. *Nds. Landejustizportal*) wie folgt zusammengefasst und angewandt:

„In historisch gewachsenen Baugebieten stehen Gebäude verschiedentlich nicht unmittelbar aneinander gefügt, sondern in geringeren Abständen zur Grenze. Diese Abstände rechtfertigen die Annahme offener Bauweise dann nicht, wenn dies zu unangemessenen Konsequenzen bei der Bebauung des Nachbargrundstückes führte. Die (Un-) Angemessenheit ist dabei an dem Sinn und Zweck der gegenwärtig geltenden Grenzabstandsvorschriften zu messen, erst durch die Erfüllung der jeden der beiden Grundstücksnachbarn treffenden Pflicht, Abstand zu halten, eine ausreichende Belüftung und Belichtung sowie Besonnung beider Nachbargrundstücke sicherzustellen. Das ist nach den gegenwärtig geltenden Regeln ein Abstand von mindestens (2 m x 3 m =) 6 m. Je mehr das eine der in Rede stehenden Gebäude den Abstand von (1/2 von 6 m =) 3 m unterschreitet, desto eher kann es dem Nachbarn nicht zugemutet werden, zur Erreichung der in offener Bauweise zu erreichenden gesunden Wohnverhältnisse auf seinem Grundstück zum Vorteil des anderen einen über 3 m hinausreichenden Abstand zu wahren. Desto eher sind – nach heutigen Begriffen beurteilt – gesunde Wohnverhältnisse dann dadurch herzustellen, dass beide Grundstücksnachbarn ihre Grundstücke bis unmittelbar an die Grenze bebauen. Unzumutbar für den bislang einen (geringeren) Abstand haltenden Nachbarn ist dies nicht. Denn auch er wird durch diese Maßnahme in Stand gesetzt, sein Grundstück bis unmittelbar zur Grundstücksgrenze hin baulich auszunutzen. Wendet man diese Grundsätze hier an, sind nicht nur die 0,5 m bis 0,6 m für die Annahme offener Bauweise zu gering, welche der Kläger zur Grenze zum Grundstück der Beigeladenen einhält. Vielmehr reichen auch die 1,20 m nicht aus, welche das Haus Nr. 22 zu seiner nördlichen Grundstücksgrenze einhält. Denn auch dieser Abstand erlegte den Beigeladenen bei Anwendung offener Bauweise auf, zur Herstellung ausreichender Besonnung, Belüftung und Belichtung insgesamt (6 m – 1,20 m =) 4,80 m Abstand einzuhalten. Es ist unzumutbar, einem der Grundstückseigentümer anzusinnen, über 3/4 des erforderlichen Abstandes eines Nachbargebäudes zu Lasten der eigenen Grundstücksflächen einzuhalten."

Diese Erwägungen liegen auch dem Beschluss des Nds. OVG vom 21.7.2011 (1 ME 57/11 – NdsVBl 2011/320) zugrunde.
Der BayVGH hat in seinem Urteil vom 8.12.1975 (Nr. 246 I 72 – BRS 29 Nr. 78) die Ansicht vertreten, grenznahe Bebauung sei im Allgemeinen nur eine Bebauung mit einem Grenzabstand von weniger als 50 cm. Er hat diese Ansicht in

seinem Urteil vom 13.11.1985 (Nr. 14 B 84 A. 1679 – BRS 44 Nr. 166) bestätigt. Diese Urteile beruhen jedoch nicht auf einer aus städtebaulicher Sicht gebotenen Abgrenzung zwischen geschlossener und offener Bauweise, sondern tragen der vermeintlichen Befürchtung Rechnung, dass eine großzügige Auslegung des Begriffs der grenznahen Bebauung die Entstehung sog. „enger Reihen" in unvertretbarer Weise begünstigen könnte. Unter einer engen Reihe war nach früherem bay. Bauordnungsrecht ein Gebäudeabstand von weniger als 3,50 m zu verstehen.

120 Die geschlossene Bauweise erstreckt sich über den gesamten **Bereich der überbaubaren Grundstücksfläche** (OVG Berlin, B. v. 28.1.1981 – 2 S 194.80 – BRS 38 Nr. 119). Das gilt grundsätzlich auch für Reihenhäuser (OVG Lüneburg, B. v. 29.7.1977 – 1 B 60/77 – dng 1978/87). Bei geschlossener Bauweise steht es daher, soweit sich aus dem städtebaulichen Planungsrecht nichts anderes ergibt, im Belieben des Bauherrn, mit seiner Grenzbebauung die überbaubare Grundstücksfläche in voller Tiefe auszuschöpfen und zwar ohne Rücksicht darauf, in welcher Tiefe das Nachbargrundstück bebaut ist.
Die **überbaubaren Grundstücksflächen** werden in einem Bebauungsplan durch Festsetzung von Baulinien, Baugrenzen oder Bebauungstiefen nach § 23 BauNVO bestimmt. Im nicht beplanten Innenbereich nach § 34 BauGB bestimmen sich die überbaubaren Grundstücksflächen nach der vorhandenen Bebauung, so dass die unbebauten Freiflächen grundsätzlich nicht überbaubar sind. Auch bei **Reihenhauszeilen** in geschlossener Bauweise setzt sich die Geschlossenheit der Bauweise nach § 34 BauGB nicht auf die unbebauten Freiflächen fort (OVG Lüneburg, U. v. 10.8.1976 – VI A 11/76 – E 32/414). Ist die Reihenhauszeile noch frei von Anbauten, werden die fiktiven Baugrenzen durch die vorhandenen Baukörper festgelegt. In diesen Fällen liegen die Grundstücksflächen für Anbauten außerhalb der überbaubaren Flächen. Bei Reihenhauszeilen mit bereits vorhandenen Anbauten können diese zu einer Verschiebung der fiktiven Baugrenzen geführt haben. Dies hängt im Einzelfall von der Anzahl, der Anordnung und dem Erscheinungsbild der vorhandenen Anbauten ab.

121 **Die geschlossene Bauweise steht** nach § 22 Abs. 3 zweiter Halbsatz BauNVO **unter** dem **Vorbehalt,** dass die vorhandene Bebauung eine Abweichung erfordert. Die Vorschrift regelt aber nur, wann die Bindung entfällt, bei festgesetzter geschlossener Bauweise ohne seitliche Grenzabstände zu bauen und trifft keine Rechtsfolgeregelung, da nur die Bauweise als solche dem städtebaulichen Planungsrecht angehört. Die Frage, welcher Abstand einzuhalten ist, bestimmt sich allein nach dem Bauordnungsrecht (BVerwG, B. v. 22.10.1992 – 4 B 210.92 – BRS 54 Nr. 62; VGH BW B. v. 20.1.1997 – 5 S 3088/96 – BRS 59 Nr. 74). Entfällt nach § 22 Abs. 3 zweiter Halbsatz BauNVO die Verpflichtung, Gebäude ohne seitliche Grenzabstände zu errichten, dann fehlt es an den in Absatz 5 Satz 1 genannten Voraussetzungen, nach denen Absatz 1 Satz 1 keine Anwendung findet. Infolgedessen sind die Abstände einzuhalten, die sich aus den §§ 5 bis 7 ergeben.

122 Eine Abweichung von der Grenzbebauung setzt nach § 22 Abs. 3 zweiter Halbsatz BauNVO voraus, dass **die vorhandene Bebauung eine Abweichung erfordert.** Die vorhandene Bebauung erfordert nach Ansicht des OVG Lüneburg (B. v.

6.5.1982 – 6 B 21/82 – BRS 39 Nr. 105) eine Abweichung von der Verpflichtung, Gebäude ohne seitlichen Grenzabstand zu errichten, wenn die Abweichung mit Rücksicht auf die Bebauung des Nachbargrundstücks vernünftigerweise geboten ist oder geboten sein kann. (so auch Ernst/Zinkahn/Bielenberg/Krautzberger, Rn. 33 zu 22 BauNVO)
Ein besonders schwerwiegender Konflikt zwischen städtebaulichem Planungsrecht und der vorhandenen Bebauung ergibt sich vielfach, wenn ein Gebäude nach den Festsetzungen des Bebauungsplans in geschlossener Bauweise zu errichten ist, während auf dem Nachbargrundstück ein Gebäude an der Grenze mit rechtmäßigen **Fenstern in der Grenzwand** steht. Bei der Entscheidung darüber, ob in diesen Fällen die vorhandene Bebauung eine Abweichung von der Grenzbebauung erfordert, ist nicht allein die Rechtsposition desjenigen maßgebend, dessen Fenster vom Zumauern bedroht sind. Vielmehr bedarf es einer Würdigung der konkreten Umstände des Einzelfalls (VGH B-W, B. v. 20.1.1997 – 5 S 3088/96 – BRS 59 Nr. 74). Dabei ist insbesondere zu prüfen, ob sich die durch ein Zumauern bedingten Nachteile durch zumutbare Baumaßnahmen, wie das Verlegen der Fenster in andere Wände auf Kosten desjenigen, der an der Grenze bauen möchte, ausgleichen lassen oder ob die durch das Zumauern bedingten Nachteile hinzunehmen sind. So hat das BVerwG in seinem Beschluss vom 12.1.1995 (4 B 197.94 – BRS 57 Nr. 131) gebilligt, dass die Vorinstanz die Erforderlichkeit einer Abweichung nach § 22 Abs. zweiter Halbsatz BauNVO bejaht hatte, weil insbesondere die Seitenwand des Gebäudes des klagenden Nachbarn mehrere notwendige Fenster aufwies, die auf Grund der Besonderheiten der Bebauung nicht durch Fenster in der Vorder- oder Rückseite ersetzbar waren.

123 **Die geschlossene Bauweise** kann sich innerhalb eines im Zusammenhang bebauten Ortsteils **aus § 34 BauGB** ergeben. Der Konflikt zwischen geschlossener Bauweise nach § 34 BauGB und vorhandener Bebauung auf dem Nachbargrundstück wird im Rahmen des § 34 BauGB gelöst. Bestandteil des „Einfügens" im Sinne des § 34 Abs. 1 BauGB ist das Rücksichtnahmegebot (BVerwG, U. v. 27.2.1992 – 4 C 50.89 – BRS 56 Nr. 131). Mit dem Rücksichtnahmegebot wäre eine Grenzbebauung unvereinbar, die zu einer unzumutbaren Härte für ein vorhandenes Gebäude an der Grenze auf dem Nachbargrundstück führen würde (BVerwG, B. – v. 12.1.1995 – 4 B 197.94 – BRS 57 N. 131). Bei einem solchen Verstoß gegen das Rücksichtnahmegebot würde sich ein Vorhaben nur nach § 34 BauGB einfügen, wenn die Grenzabstände eingehalten würden.

124 In der **offenen Bauweise** müssen Gebäude an einer seitlichen Grenze oder an beiden seitlichen Grenzen ohne Grenzabstand errichtet werden, wenn in einem Bebauungsplan nur Doppelhäuser oder nur Hausgruppen nach § 22 Abs. 2 Satz 3 BauNVO zugelassen sind. Die Beschränkung auf Doppelhäuser oder auf Hausgruppen kann sich im nicht beplanten Innenbereich auch aus der vorhandenen Bebauung ergeben.

125 Die Festsetzung der offenen Bauweise betrifft allein die Anordnung der Gebäude auf einem Baugrundstück im Verhältnis zu den seitlichen Grenzen der Nachbargrundstücke (BVerwG, U. v. 24.2.2000 – 4 C 12.98 – BRS 63 Nr. 185 = BauR 2000/1168). Den Begriffen „**Doppelhäuser**" und „**Hausgruppen**" im Sinne des § 22 Abs. 2 BauNVO ist daher immanent, dass die Gebäude auf verschiedenen

Baugrundstücken stehen. Danach sind Doppelhäuser im Sinne der genannten Vorschrift zwei aneinander gebaute Gebäude, zwischen denen eine Grundstücksgrenze verläuft. Eine Hausgruppe besteht aus mindestens drei aneinander gebauten Gebäuden, zwischen denen eine Grenze verläuft.

126 Um ein **Doppelhaus** im Sinne des § 22 Abs. 2 BauNVO handelt es sich nach Ansicht des Bundesverwaltungsgerichts (U. v. 24.2.2000 – 4 C 12.98 – BRS 63 Nr. 185 = BauR 2000/1168) nur dann, wenn
- zwei Gebäude derart zusammengebaut werden, dass sie einen Gesamtkörper bilden und
- die beiden „Haushälften" in wechselseitig verträglicher und abgestimmter Weise

aneinander gebaut sind.
Damit, so das BVerwG, werde nicht gefordert, dass die ein Doppelhaus bildenden Gebäude vollständig, oder im Wesentlichen deckungsgleich aneinander gebaut werden müssten. Insbesondere beinhalte der bauplanungsrechtliche Gehalt des „Doppelhauses" nicht, dass die Hälften eines Doppelhauses in ihren städtebaulich relevanten Merkmalen – Überdeckung der Giebelflächen, Kubatur, Traufen, Dachform, Dachneigung und Firsthöhe, Grundfläche und Bautiefe – einander im Wesentlichen entsprechen müssten. Die beiden „Haushälften" könnten auch zueinander versetzt oder gestaffelt an der Grenze errichtet werden, sie müssten jedoch zu einem wesentlichen Teil aneinander gebaut sein.
Nach Ansicht des BVerwG entsteht hingegen kein Doppelhaus, wenn ein Gebäude gegen das andere an der gemeinsamen Grundstücksgrenze so stark versetzt wird, dass sein vorderer oder rückwärtiger Versprung den Rahmen einer wechselseitigen Grenzbebauung überschreitet.

127 Für den Begriff des Baugrundstücks ist das städtebauliche Planungsrecht maßgebend. Nach der Rechtsprechung ist das **Grundstück im Sinne des städtebaulichen Planungsrechts** grundsätzlich das Grundstück im Sinne des Bürgerlichen Rechts (BVerwG, U. v. 26.6.1970 – IV C 73.68 – BRS 23 NR. 45). Dieser bauplanungsrechtliche Grundstücksbegriff kann durch landesrechtliche Regelungen, insbesondere durch Vereinigungsbaulasten, nicht verändert werden (BVerwG, U. v. 14.2.1991 – 4 C 51.87 – BRS 52 Nr. 161 = DVBl 1991/812). Daraus ergibt sich, dass die für Doppelhäuser und Hausgruppen maßgebenden Voraussetzungen unberührt bleiben, wenn die Grundstücke im Sinne des Bürgerlichen Rechts aufgrund einer Vereinigungsbaulast nach § 2 Abs. 12 Satz 2 ein Baugrundstück bilden.

128 Der **Begriff des Gebäudes** bestimmt sich bei Doppelhäusern und Hausgruppen nach § 2 Abs. 2. Danach müssen Gebäude unter anderem selbständig benutzbar sein. Darin kommt das Erfordernis der funktionalen Selbständigkeit zum Ausdruck, d. h., dass es sich nur dann um ein Gebäude handelt, wenn die betreffende bauliche Anlage tatsächlich unabhängig von anderen baulichen Anlagen genutzt werden kann.

129 Die offene Bauweise erstreckt sich auf den gesamten Bereich der **überbaubaren Grundstücksfläche**, die durch einen Bebauungsplan festgesetzt wird oder die sich nach § 34 BauGB nach der vorhandenen Bebauung bestimmt.

130 Auch eine von der offenen oder geschlossenen Bauweise **abweichende Bauweise** nach § 22 Abs. 4 BauNVO kann beinhalten, dass Gebäude an bestimmten Grenzen ohne Grenzabstand errichtet werden müssen. Der häufigste Fall einer solchen abweichenden Bauweise ist die sog. halboffene Bauweise, in der die Gebäude an einer seitlichen Grenze ohne und an der anderen seitlichen Grenze mit Grenzabstand errichtet werden müssen. Diese Bauweise kann sich auch im nicht beplanten Innenbereich aus der vorhandenen Bebauung ergeben (BayVGH, U. v. 19.11.1976 – Nr. 298 1 74 – BRS 32 Nr. 46).

Eine von der offenen und geschlossenen Bauweise abweichende Bauweise, die dazu zwingt, Gebäude zum Teil ohne Grenzabstand zu errichten, kann sich auch aus planerischen Festsetzungen „**Gartenhofhäuser**" ergeben. (s. **Abb. 30** und Rn. 180 ff.).

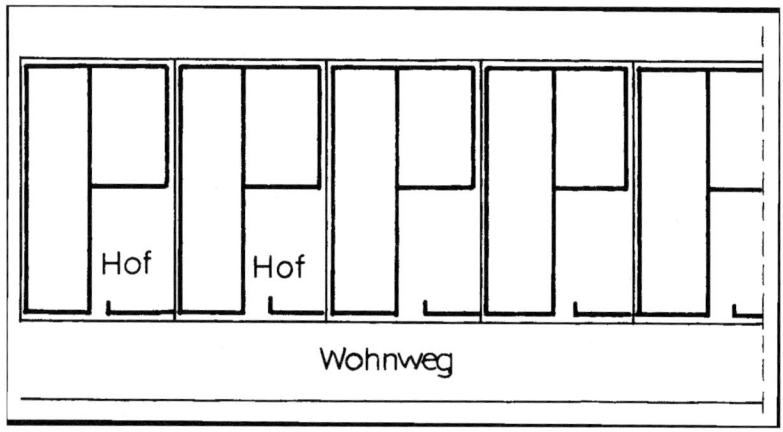

Abb. 30: Für die Gartenhofhäuser gilt eine von der offenen und geschlossenen Bauweise abweichende Bauweise nach § 22 Abs. 4 BauNVO.

2. Mögliche Grenzbebauung mit Baulast (Absatz 5 Satz 2 erster Halbsatz)

131 Nach **Absatz 5 Satz 2 erster Halbsatz** ist ein Gebäude, soweit es nach städtebaulichem Planungsrecht ohne Grenzabstand errichtet werden darf, abweichend von Absatz 1 Satz 1 an der Grenze zulässig, wenn durch Baulast gesichert ist, das auf dem Nachbargrundstück entsprechend an diese Grenze gebaut wird.

Diese Regelung räumt dem **städtebaulichen Planungsrecht** – abweichend von Absatz 5 Satz 1 – keinen uneingeschränkten Vorrang gegenüber Absatz 1 Satz 1 ein. Soweit ein Gebäude nach dem städtebaulichen Planungsrecht ohne Grenzabstand errichtet werden darf, genügt für eine Grenzbebauung nicht die Vereinbarkeit mit dem städtebaulichen Planungsrecht. Erforderlich ist darüber hinaus eine Baulast, durch die insbesondere nachbarlichen Belangen Rechnung getragen wird (zur Kollision zwischen den Abstandsvorschriften und städtebaulichen Festsetzungen s. Rn. 11 ff.).

In der Regel bestimmt die Bauweise nach § 22 BauNVO, soweit **ein Gebäude** **132**
ohne Grenzabstand errichtet werden darf.
In der **offenen Bauweise** dürfen die Gebäude nach § 22 Abs. 2 Satz 1 BauNVO auch als Doppelhäuser oder als Hausgruppen errichtet werden, es sei denn, dass im Bebauungsplan nur Einzelhäuser oder nur Hausgruppen nach § 22 Abs. 2 Satz 3 BauNVO zugelassen sind.
Im nicht beplanten Innenbereich kann sich die offene Bauweise und im Rahmen dieser Bauweise die Zulässigkeit von Doppelhäusern oder Hausgruppen aus der vorhandenen Bebauung nach § 34 BauGB ergeben.
Doppelhäuser und Hausgruppen im Sinne des § 22 Abs. 2 Satz 1 BauNVO sind aneinandergebaute Gebäude, zwischen denen eine Grundstücksgrenze verläuft (s. Rn. 125). Ein Einzelhaus im Sinne des § 22 Abs. 2 Satz 1 BauNVO ist ein Baukörper, der zu den seitlichen Grenzen des Baugrundstücks Abstand hält und aus einem Gebäude oder mehreren aneinandergebauten Gebäuden im bauordnungsrechtlichen Sinne bestehen kann (Nds. OVG, U. v. 8.12.1995 – 1 L 3209/94 – BRS 57 Nr. 83 = BauR 1996/354).

Bebauungspläne enthalten jedoch nicht immer **Festsetzungen über die Bau-** **133**
weise. Das gilt insbesondere für ältere Bebauungspläne, nachdem durch die Verordnung zur Änderung der BauNVO vom 26.11.1968 die Vorschrift des § 22 Abs. 1 Satz 2 gestrichen worden ist. Danach waren die Vorschriften über die offene Bauweise anzuwenden, wenn die Bauweise nicht festgesetzt war.
Im Geltungsbereich eines Bebauungsplans **ohne Festsetzungen über die Bauweise** darf ein Gebäude nach städtebaulichem Planungsrecht ohne Grenzabstand errichtet werden. Ein Bebauungsplan ohne Festsetzungen über die Bauweise gestattet zwar nicht ausdrücklich eine Grenzbebauung. Er lässt aber eine Grenzbebauung zu, da sie nicht im Widerspruch zu den Festsetzungen steht. Mehr verlangt der Vorbehalt zugunsten des städtebaulichen Planungsrechts in Absatz 5 Satz 2 auch nicht. Entscheidend ist lediglich, dass eine Grenzbebauung mit dem städtebaulichen Planungsrecht vereinbar ist. Aus der Sicht des Bauordnungsrechts ließe es sich auch gar nicht rechtfertigen, mögliche Festsetzungsdefizite eines Bebauungsplans durch nicht erforderliche bauordnungsrechtliche Vorbehalte zugunsten des städtebaulichen Planungsrechts zu kompensieren. Dies würde im Ergebnis darauf hinauslaufen, dass die Vorteile einer nach Bauordnungsrecht möglichen Grenzbebauung nicht in Anspruch genommen werden könnten, wenn ein Bebauungsplan keine Festsetzungen über die Bauweise enthielte.
Enthält ein Bebauungsplan keine Festsetzungen über die Bauweise und ist eine Grenzbebauung nicht beabsichtigt oder liegen für eine Grenzbebauung die bauordnungsrechtlichen Voraussetzungen nicht vor, dann ist **Abstand nach Absatz 1 Satz 1 zu halten.** Das gilt auch, wenn nach § 31 Abs. 1 BauGB von der festgesetzten offenen Bauweise Befreiung erteilt wird (vgl. Hamb. OVG, B. v. 25.9.1992 – Bs II 81/92 – BRS 54 Nr. 94).
Im Übrigen beschränkt sich § 22 BauNVO auf Gebäude. Ein Bebauungsplan könnte für bauliche Anlagen, die keine Gebäude sind, wie Terrassen, daher eine Grenzbebauung gar nicht ausdrücklich gestatten.

134 Absatz 5 Satz 2 erster Halbsatz lässt eine nach städtebaulichem Planungsrecht zulässige Grenzbebauung zu, wenn der Nachbar eine **Baulast mit einer Anbauverpflichtung** übernimmt.
Übernimmt ein Nachbar eine solche Baulast, dann muss er auch mit der Bebauung an seiner Grundstücksgrenze einverstanden sein. Die Übernahme einer solchen Baulast durch den Nachbarn beinhaltet daher auch dessen **Einverständnis mit der Grenzbebauung** auf dem angrenzenden Grundstück, denn eine Anbauverpflichtung ist nur erfüllbar, wenn auf dem angrenzenden Grundstück ein Gebäude an der Grenze errichtet wird. Die Zustimmung zur Grenzbebauung wiederum enthält einen Verzicht auf subjektiv öffentlich-rechtliche Nachbarrechte (BayVGH, B. v. 3.11.2005 – 2 BV 1756 – DÖV 2006/303), so dass der Nachbar gegen das Vorhaben, dass entsprechend der Baulast an der Grenze errichtet wird, weder Widerspruch noch Klage erheben kann. Das Nds. OVG (U. v. 27.9.2001 – 1 LB 1137/01 – BRS 64 Nr. 130) ist hingegen der Ansicht, die Wirkungen einer Baulast nach Absatz 2 kämen lediglich dem Verzicht auf Nachbareinwendungen gegen die Grenzbebauung gleich.

135 Die Anbauverpflichtung des Baulastübernehmers muss **mit dem öffentlichen Baurecht vereinbar sein.** Insbesondere darf ein Anbau an der Grenze entsprechend der Verpflichtung nicht im Widerspruch zum städtebaulichen Planungsrecht stehen. An diesen Voraussetzungen fehlt es beispielsweise, wenn die für den künftigen Anbau an der Grenze in Betracht kommenden Grundstücksflächen nicht überbaubar sind.
Eine Anbauverpflichtung wäre mit dem öffentlichen Baurecht auch nicht vereinbar und würde zu baurechtswidrigen Zuständen führen, wenn der Anbau entsprechend der Verpflichtung unter Einbeziehung eines vorhandenen Gebäudes erfolgen soll und zwischen diesem Gebäude und der Grenzbebauung, die die Anbauverpflichtung ermöglichen soll, der Abstand nicht eingehalten ist, der sich für Gebäude auf demselben Baugrundstück aus § 7 ergibt, denn die Anbauverpflichtung beinhaltet keine Verpflichtung zu bauen (s. **Abb. 31**).
Bei **Anbauten an Reihenhäuser**, die durch eine Baulast der unmittelbar angrenzenden Nachbarn ermöglicht werden, können die Baulastübernehmer nur dann entsprechend ihrer Anbauverpflichtungen anbauen, wenn deren Nachbarn ebenfalls eine entsprechende Baulast übernommen haben. Lehnen diese die Übernahme einer Baulast ab, dann kann den Anbauverpflichtungen zwar nicht nachgekommen werden, es entstehen dadurch aber keine baurechtswidrigen Zustände.

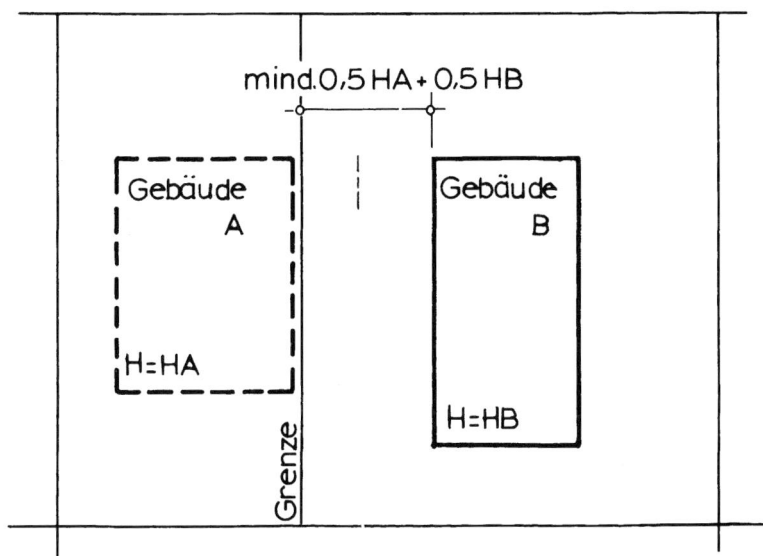

Abb. 31: Auf Grund einer Anbauverpflichtung nach § 5 Abs. 5 Satz 2 erster Halbsatz soll das Gebäude A an der Grenze errichtet und das Gebäude B in den künftigen Anbau einbezogen werden; der Abstand zwischen den Gebäuden A und B muss mindestens dem Abstand entsprechen, den die Gebäude nach § 7 einzuhalten hätten, wenn sie auf demselben Baugrundstück ständen.

Die Anbauverpflichtung beinhaltet **keine Verpflichtung zum Bauen**. Dies steht im Belieben des Baulastübernehmers (Nds. OVG, U. v. 27.9.2001 – 1 LB 1137/01 – BRS 64 Nr. 130 = BauR 2002/770). Mit der Baulast wird nur die Verpflichtung übernommen, ein Gebäude entsprechend der Anbauverpflichtung an der Grenze zu errichten, falls gebaut wird.

Deshalb ist es auch unerheblich, ob der Baulastübernehmer bei Übernahme der Baulast wirtschaftlich überhaupt in der Lage ist, ein Gebäude zu errichten. Ist Gegenstand der Anbauverpflichtung ein Hauptgebäude, dann wird die Errichtung eines Nebengebäudes, wie einer Garage, durch die Anbauverpflichtung nicht berührt und kann vorgezogen werden. Das gilt auch im umgekehrten Fall, wenn sich die Anbauverpflichtung nur auf die Errichtung eines Nebengebäudes erstreckt.

Aus der Anbauverpflichtung kann der Baulastübernehmer nicht das Recht hergeleiteten, ein Gebäude ohne Grenzabstand entsprechend der Verpflichtung an der Grenze zu errichten, bevor das Gebäude vorhanden ist, an das angebaut werden muss. Dazu bedarf es einer **beiderseitigen Anbauverpflichtung**. Der Anbauverpflichtete muss zunächst die Errichtung des Gebäudes auf dem angrenzenden Grundstück abwarten, bevor er selbst bauen darf. Die durch

Baulast gesicherte Anbauverpflichtung kann sogar ins Leere gehen, wenn das Gebäude entgegen den bisherigen Planungen nicht an der Grenze, sondern unter Einhaltung der erforderlichen Abstände errichtet wird. Ein Nachbar sollte sich diesen Risiken nicht aussetzen, sondern verlangen, dass derjenige, zu dessen Gunsten die Anbauverpflichtung übernommen wird, ebenfalls eine entsprechende Anbauverpflichtung übernimmt. Nur wenn derjenige, dessen Grenzbebauung durch eine Anbauverpflichtung des Nachbarn ermöglicht wird, auch eine solche Anbauverpflichtung zugunsten des Nachbarn übernimmt, ist jeder der beiden berechtigt, als erster entsprechend der von dem anderen übernommenen Verpflichtung ein Gebäude an die Grenze zu bauen.

138 Es ist die Verpflichtung zu übernehmen, **entsprechend an die Grenze zu bauen.** Diese Verpflichtung bezieht sich auf die Lage des anzubauenden Gebäudes an der Grenze und auf die Abmessungen dieses Gebäudes, nicht jedoch auf dessen Nutzungen. Im Gegensatz zu der Regelung des Absatzes 5 Satz 2 zweiter Halbsatz ist es unerheblich, ob die an der Grenze errichteten Gebäude entsprechende oder unterschiedliche Nutzungen haben. Deren zulässige Nutzungen bestimmen sich allein nach dem städtebaulichen Planungsrecht.

Der **Begriff „entsprechend"** besagt nicht, dass die Gebäude deckungsgleich aneinandergebaut sein müssen, sondern lässt Abweichungen der Grenzwände voneinander in geringem Umfang zu. Maßstab dafür könnte eine bestimmte Relation zu der jeweiligen Grenzwandgröße sein. Je höher also eine Grenzwand ist, je größer dürfen die Abweichungen sein (so auch Breyer in Große-Suchsdorf, Rn. 184 zu § 5) Das Nds. OVG hat in seinem Urteil vom 17.12.1996 (1 M 5481/96 – BRS 58 Nr. 183 = Nds. Rpfl. 1997/128) zu dem bisherigen § 8 Abs. 3 Satz 1 eine Grenzbebauung, bei der die Grenzwandflächen um mehr als 10 % voneinander abwichen, nicht mehr als eine entsprechende Grenzbebauung angesehen. Das in der Vorauflage genannte Maß von 0,50 m als zulässige Abweichung erscheint hingegen zu absolut.

Auf der Forderung nach entsprechender Grenzbebauung beruht häufig die Vorstellung, dass das anzubauende Gebäude auf seiner gesamten Länge und Tiefe mit dem anderen Gebäude im Wesentlichen deckungsgleich sein und ein Doppelhaus bilden müsse, bei dem die eine Doppelhaushälfte der anderen Doppelhaushälfte spiegelbildlich zu entsprechen hätte. Der Anwendungsbereich des Absatzes 5 Satz 2 erster Halbsatz und damit die **Reichweite der Verpflichtung, entsprechend an die Grenze zu bauen,** beschränkt sich jedoch auf den Teil des Gebäudes, der die nach Absatz 2 Satz 1 oder 2 erforderlichen Grenzabstände unterschreitet.

Die Regelung des Absatzes 5 Satz 2 erster Halbsatz ermöglicht eine Grenzbebauung und lässt damit zu, dass die Gebäude den Mindestabstand von 3 m nicht einzuhalten brauchen und im Übrigen den Grenzabstand unterschreiten dürfen. Auf diesen Bereich beschränkt sich daher diese Regelung. Folglich unterliegt ein Gebäude nicht mehr der Verpflichtung, entsprechend an die Grenze gebaut zu werden, soweit es mit seinen Teilen gegenüber der Grenze, an die angebaut ist, den erforderlichen Abstand einhält (s. **Abb. 32**).

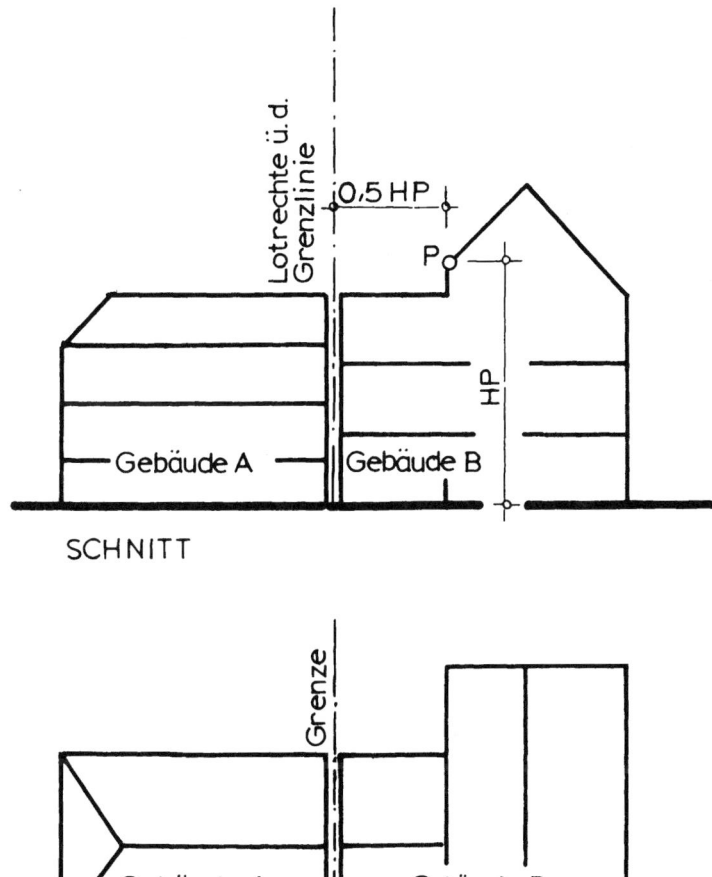

Abb. 32: Das Gebäude B ist nach § 5 Abs. 5 Satz 2 erster Halbsatz entsprechend an die Grenze gebaut; diese Vorschrift findet keine Anwendung, soweit das Gebäude B die erforderlichen Abstände von der gemeinsamen Grenze einhält.

Auf diese Zusammenhänge hat das Nds. OVG in seinem Urteil vom 26.1.1998 (6 L 5342/95 – Nds. Rpfl. 1998/224 = NdsVBl. 1998/214) zu dem bisherigen § 8 Abs. 3 Satz 1 zutreffend hingewiesen. Entgegen der Ansicht des Nds. OVG beschränkte sich die Anwendung dieser Vorschrift jedoch nicht generell auf „den

Bereich zwischen der gemeinsamen Grundstücksgrenze und einem beiderseits 3 m breiten Korridor". Dies gilt nur bei Gebäuden, deren erforderlicher Abstand nicht mehr als 3 m beträgt. Hohe Gebäude hingegen können mit ihren Teilen den erforderlichen Abstand nicht unmittelbar jenseits dieses Korridors einhalten. Sie unterliegen deshalb auch jenseits dieses Korridors noch der Verpflichtung nach entsprechender Grenzbebauung, soweit sie den erforderlichen Abstand unterschreiten.

139 Eine Grenzbebauung, die nach Absatz 5 Satz 2 erster Halbsatz der Nachbarbebauung entspricht, muss auch mit dem **städtebaulichen Planungsrecht** vereinbar sein. Bei einer in offener Bauweise zulässigen Grenzbebauung kann es sich nach § 22 Abs. 2 BauNVO nur um Doppelhäuser oder Hausgruppen handeln. Daher müssen bei einer entsprechenden Grenzbebauung im Sinne des Absatzes 5 Satz 2 erster Halbsatz auch die Anforderungen erfüllt sein, die das städtebauliche Planungsrecht an Doppelhäuser und Hausgruppen stellt (s. Rn. 126). Das BVerwG hat in seinem Urteil vom 24.2.2000 (4 C 12.98 – BRS 63 Nr. 185 = BauR 2000/1168) zwar die Ansicht vertreten, dass die ein Doppelhaus bildenden Gebäude nicht vollständig oder im Wesentlichen deckungsgleich aneinandergebaut werden müssten, sondern zueinander versetzt oder gestaffelt an der Grenze errichtet werden könnten. Nach Ansicht des BVerwG, müssen die beiden „Haushälften" jedoch zu einem wesentlichen Teil aneinandergebaut sein. Hieraus ergibt sich, dass eine andere als eine entsprechende Grenzbebauung im Einzelfall städtebaulich unzulässig sein könnte, weil die Anforderungen, die an Doppelhäuser gestellt werden, nicht erfüllt sind.

140 Die Anbauverpflichtung muss **durch Baulast gesichert** und damit Gegenstand einer Baulast **sein** (zur Baulast s. Rn. 57 ff. der Vorbemerkungen).

141 Die **Baulast muss** als Verwaltungsakt nach § 37 Abs. 1 VwVfG **inhaltlich hinreichend bestimmt sein.** Dem Bestimmtheitserfordernis ist nur genügt, wenn der Wille des Erklärenden für die Beteiligten des Verfahrens, in dem die Willenserklärung abgegeben wird, unzweideutig erkennbar und keiner unterschiedlichen subjektiven Bewertung zugänglich ist (vgl. BVerwG, U. v. 22.1.1993 – 8 C 57.91 – ZMR 1993/480). Baulasten, die entgegen § 37 Abs. 1 VwVfG inhaltlich nicht hinreichend bestimmt sind, sind nach § 44 Abs. 1 VwVfG nichtig (s. Rn. 84).
Eine **Anbauverpflichtung ist** nur dann **inhaltlich hinreichend bestimmt**, wenn sie eindeutige Angaben über die Lage und die Abmessungen des Gebäudes, dessen Grenzbebauung ermöglicht wird, enthält (Nds. OVG, U. v. 27.9.2001 – 1 LB 1137/01 – BRS 64 Nr. 130). Die Anbauverpflichtung kann sich auch auf bloße Erweiterungen vorhandener Gebäude oder auf Gebäude bestimmter Nutzungen, wie Garagen, beschränken. Auch diese Beschränkungen müssen in die Anbauverpflichtung aufgenommen werden.
Die Lage des Gebäudes auf dem Nachbargrundstück kann in einem beigefügten Lageplan gekennzeichnet und vermasst werden. Die Angaben über die **Abmessungen des Gebäudes** an der Grenze und im Abstandsbereich können durch Beschreibung (Länge, Tiefe, Traufhöhe, Firsthöhe) oder durch Bezugnahme auf beigefügte Zeichnungen erfolgen.

Baulast nach § 5 Absatz 5 Satz 2 — 142

Ich/Wir... bestelle(n) folgende Baulast:
Der jeweilige Eigentümer des Grundstücks in ..., Flurstück ... der Flur ..., Gemarkung ..., eingetragen im Grundbuch von ..., Band ..., Blatt ..., ist verpflichtet, im Falle der Errichtung eines Gebäudes (Erweiterung des vorhandenen Gebäudes) das Gebäude (den neuen Gebäudeteil), an die Grenze zum Grundstück, Flurstück ... der Flur ..., Gemarkung ... zu bauen entsprechend der Lage und den Abmessungen, die das künftige Nachbargebäude an dieser Grenze und im Abstandsbereich hat, frühestens jedoch nach Errichtung des Nachbargebäudes. Die Lage des Nachbargebäudes ist in dem anliegenden Lageplan gelb schraffiert. Die Abmessungen des Nachbargebäudes an der Grenze und im Abstandsbereich ergeben sich aus den anliegenden Zeichnungen (das Nachbargebäude hat an der Grenze und im Abstandsbereich eine Länge von ..., eine Traufhöhe von ... und eine Firsthöhe von ...).

143 Ist ein Gebäude auf Grund einer Baulast an der Grenze errichtet worden, und möchte der Baulastübernehmer **anstelle der Anbauverpflichtung** den für das Gebäude erforderlichen **Grenzabstand nach § 6 Abs. 2** auf sein Grundstück übernehmen, dann ist dies im Einzelfall durchaus möglich. Erforderlich wäre, dass er für das vorhandene Gebäude an der Grenze eine Baulast nach § 6 Abs. 2 übernimmt und gleichzeitig gemäß § 81 Abs. 3 Satz 2 den Antrag auf Löschung der Baulast nach Absatz 5 Satz 2 durch die BauAB stellt. In diesen Fällen würde sich an der Erscheinungsform des auf dem Nachbargrundstück vorhandenen Gebäudes als halbes Doppelhaus zwar künftig nichts ändern, was zu städtebaulichen oder baugestalterischen Bedenken Anlass geben könnte. Ein Baulastübernehmer, der sich zu einem entsprechenden Anbau verpflichtet hat, ist jedoch auch langfristig nicht gezwungen, dieser Verpflichtung nachzukommen, sodass stets damit gerechnet werden muss, dass das an der Nachbargrenze vorhandene Gebäude über einen langen Zeitraum als halbes Doppelhaus in Erscheinung tritt.

144 Eine Baulast mit einer Anbauverpflichtung nach Absatz 5 Satz 2 erster Halbsatz ist **unvereinbar mit einer Baulast nach § 6 Abs. 2**, denn mit dieser Baulast wird der erforderliche Abstand ganz oder teilweise auf das Nachbargrundstück verlagert, während die Baulast nach Absatz 5 Satz 2 erster Halbsatz die Verpflichtung beinhaltet, auf dieser Abstandsfläche zu bauen. Eine Übernahme beider Baulasten nebeneinander, um eine Wahlmöglichkeit zu haben, wäre daher rechtswidrig, worauf das VG Braunschweig in seinem Urteil vom 25.9.2002 (2 A 315/01 – *juris*) zutreffend abstellt.

3. Mögliche Grenzbebauung auf Grund vorhandener Grenzbebauung auf dem Nachbargrundstück (Absatz 5 Satz 2 zweiter Halbsatz)

145 Nach **Absatz 5 Satz 2 zweiter Halbsatz** ist ein Gebäude, soweit es nach städtebaulichem Planungsrecht ohne Grenzabstand errichtet werden darf, abweichend von Absatz 1 Satz 1 an der Grenze zulässig, wenn auf dem Nachbargrundstück ein Gebäude ohne Abstand an der Grenze vorhanden ist und die neue Grenzbebauung der vorhandenen, auch in der Nutzung, entspricht.
Absatz 5 Satz 2 zweiter Halbsatz gestattet eine nach städtebaulichem Planungsrecht zulässige Grenzbebauung unter der Voraussetzung, dass auf dem Nachbargrundstück bereits ein Gebäude an dieser Grenze vorhanden ist. Dieses Gebäude

rechtfertigt und beschränkt zugleich die Bebauung an der Grenze. Es bewirkt auch, dass die Grenzbebauung mit den **nachbarlichen Belangen** vereinbar ist, denn ein Nachbar, auf dessen Grundstück ein Gebäude an der Grenze vorhanden ist, kann nicht in seinen Belangen beeinträchtigt werden, wenn entsprechend an diese Grenze gebaut wird.

146 Auf dem Nachbargrundstück muss **ein Gebäude vorhanden sein.** Vorhanden im Sinne des Absatzes 5 Satz 2 zweiter Halbsatz kann grundsätzlich nur ein Gebäude sein, das aus der Sicht des formellen oder materiellen Baurechts auch vorhanden sein darf. Andernfalls würde auch ein baurechtswidriges und abzubrechendes Gebäude, von dem die Bauaufsichtsbehörde noch keine Kenntnis erlangt hat oder dessen Abbruchverfügung noch nicht unanfechtbar geworden ist, eine Grenzbebauung ermöglichen und rechtfertigen. Eine durch ein solches Gebäude bedingte Grenzbebauung würde wiederum den baurechtswidrigen Zustand verfestigen und einen Abbruch des Gebäudes erheblich erschweren.

Hiernach erfasst der **Begriff „vorhanden"** im Sinne des Absatzes 5 Satz 2 zweiter Halbsatz die Gebäude, die formell rechtmäßig errichtet sind oder die zu irgendeinem Zeitpunkt materiell rechtmäßig waren und deshalb Bestandsschutz genießen. Das gleiche gilt für Gebäude, die spätestens durch die Grenzbebauung materielle Rechtmäßigkeit erlangen. Es ist jedoch unumgänglich, darüber hinaus auch formell und materiell baurechtswidrige Gebäude, die auf Grund einer behördlichen Ermessensentscheidung nach § 79 unbefristet geduldet werden, als vorhanden anzusehen. Andernfalls dürften diese Gebäude zwar stehen bleiben, aber keine Grenzbebauung ermöglichen, obwohl sie das angrenzende Grundstück wie rechtmäßige Gebäude belasten.

147 Das Gebäude muss **ohne Abstand an der Grenze** vorhanden sein. Für die Auslegung der Begriffe „ohne Abstand an der Grenze" kann das städtebauliche Planungsrecht mit herangezogen werden, das maßgebend ist für die inhaltlich gleichen Begriffe „ohne Grenzabstand" in Absatz 5. Danach erfasst der Begriff „ohne Grenzabstand" nicht nur eine Bebauung unmittelbar an der Grenze, sondern auch **eine grenznahe Bebauung.** Dies zeigt sich am deutlichsten bei der Abgrenzung der geschlossenen Bauweise gegenüber der offenen Bauweise im Innenbereich, auch wenn es hier nicht um diese Abgrenzung geht (s. Rdn. 119). Im Hinblick darauf erfüllt auch ein grenznahes Gebäude, dessen Abstand zur Grenze nach dem Beschluss des Nds. OVG vom 20.8.1999 (1 L 1515/99 – s. *Nds. Landesjustizportal*), die Annahme der geschlossenen Bauweise rechtfertigt, die Voraussetzungen des Absatzes 5 Satz 2 zweiter Halbsatz.

Es kann jedoch zu Problemen führen, wenn bei einer grenznahen Bebauung des Nachbargrundstücks mit einem Abstand von nicht mehr als 1 m entsprechend an diese Grenze gebaut wird. Ohne bauliche Vorkehrungen entsteht in diesen Fällen ein unzugänglicher Schmutzstreifen, der auch eine Unterhaltung der Außenwände beider Gebäude an der Grenze erschwert. Hierauf weist das OVG NRW in seinem Urteil vom 12.5.2005 (7 A 2342/03 – BRS 70 Nr. 123), in dem es um einen Abstand bis 50 cm ging, zutreffend hin. Dennoch erscheint es nicht gerechtfertigt, die Regelung in Absatz 5 Satz 2 zweiter Halbsatz einschränkend dahingehend auszulegen, dass nur Gebäude, die auf dem

Nachbargrundstück unmittelbar an der Grenze stehen, einen Anspruch auf eine entsprechende Grenzbebauung auslösen können. Andernfalls wäre derjenige, dessen Grundstück durch die grenznahe Bebauung des Nachbargrundstücks erheblich beeinträchtigt wird, gezwungen, diese Beeinträchtigung hinzunehmen, ohne seinerseits entsprechend an diese Grenze bauen zu können. Eine sachgerechte Interessenabwägung führt dazu, dass einem Nachbarn, der erhebliche Vorteile aus einer grenznahen Bebauung zieht, zugemutet werden muss, bauliche Vorkehrungen gegen die Entstehung eines Schmutzstreifens zu treffen. Im Übrigen stellen sich die gleichen Probleme, wenn bei einer grenznahen Bebauung ein Bebauungsplan geschlossene Bauweise festsetzt oder wenn im Innenbereich die grenznahe Bebauung als geschlossene Bebauung anzusehen ist.

148 Ein Gebäude ist **nicht ohne Grenzabstand** an der Grenze vorhanden, wenn es an der Grenze steht, der erforderliche Grenzabstand aber durch Baulast nach § 6 Abs. 2 auf das Nachbargrundstück verlagert ist.

149 **Die neue Grenzbebauung muss der vorhandenen**, auch in der Nutzung, **entsprechen.** Diese Regelung soll in erster Linie sicherstellen, dass die neue Grenzbebauung nicht zu einer Beeinträchtigung nachbarlicher Belange führt, zumal die neue Grenzbebauung nicht der Zustimmung des betroffenen Nachbarn bedarf.
Die Regelung verlangt, wie in den Fällen des Absatzes 5 Satz 2 erster Halbsatz, dass beide Gebäude auf den benachbarten Grundstücken nach ihrer Lage und nach ihren Abmessungen an der Grenze einander entsprechen (s. Rn. 138).

150 Auch ein Anbau an ein an der Grenze des Nachbargrundstücks vorhandenes Gebäude steht unter dem Vorbehalt, dass er nach **städtebaulichem Planungsrecht** ohne Grenzabstand errichtet werden darf. Das heißt, dass für das anzubauende Gebäude die offene Bauweise gilt, und dass daher die Voraussetzungen erfüllt sein müssen, die das städtebauliche Planungsrecht an Doppelhäuser stellt (s. Rn. 126, 139).

151 Darüber hinaus müssen auch **die Nutzungen** beider Gebäude, soweit sie die Grenzabstände unterschreiten, **einander entsprechen.** Dieser Einschränkung liegt der Gedanke zugrunde, dass ein vorhandenes Gebäude auf dem Nachbargrundstück mit einer geringwertigen Nutzung, wie ein Lagerschuppen oder eine Scheune, nicht die Errichtung eines Gebäudes mit einer hochwertigen Nutzung, beispielsweise eines Wohn- oder Verwaltungsgebäudes, an der Grenze zu rechtfertigen vermag. Andernfalls würde das hinzutretende Gebäude die Grenzbebauung erheblich stärker verfestigen als das vorhandene Gebäude und zu einer Grenzbebauung ganz anderer Qualität im Vergleich zur vorhandenen Bebauung auf dem Nachbargrundstück führen.
Diese Maßstäbe lassen keine Differenzierung nach spezifischen Nutzungen, wie Wohnnutzungen, gewerbliche Nutzungen oder landwirtschaftliche Nutzungen zu, denn auch im Rahmen dieser Nutzungsarten gibt es Nutzungen, die sich nicht mehr entsprechen, wie Bürogebäude und Lagerschuppen, die einer gewerblichen Nutzung dienen. Für das Maß der Verfestigung der Grenzbebauung ist hingegen vor allem entscheidend, ob die Gebäude auch zum

ständigen Aufenthalt von Menschen genutzt werden dürfen, also Aufenthaltsräume enthalten. Gebäude, wie Ställe, Scheunen, Garagen und Geräteschuppen sind daher Gebäude, deren Nutzungen einander im Sinne des Absatzes 5 Satz 2 zweiter Halbsatz entsprechen. Das gleiche gilt für Gebäude mit Aufenthaltsräumen, wie Wohngebäude, Verwaltungsgebäude und Gebäude mit Läden.

So ermöglicht beispielsweise ein auf dem Nachbargrundstück an der Grenze vorhandenes Garagengebäude, das als sog. Carport lediglich aus einem Dach auf vier Stützen besteht, eine entsprechende Grenzbebauung mit einem massiven und völlig geschlossenen Garagengebäude auf dem angrenzenden Grundstück.

Das OVG Lüneburg hat in seinem Urteil vom 26.1.1998 (6 L 5342/95 – Nds. Rpfl. 1998/224 = NdsVBl. 1998/214) hingegen die Belange des Nachbarn, an dessen Gebäude angebaut werden soll, betont und die Ansicht vertreten, dass es Sinn dieser Vorschrift sei, unter spezifisch bauordnungs-, d. h. abstandsrechtlichen Aspekten zu verhindern, dass die Grenzbebauung über das dem Nachbarn zumutbare Maß hinaus verfestigt werde. Nach Meinung des OVG Lüneburg sei zwar nicht entscheidend, ob sich die unmittelbar nebeneinander stehenden Nutzungen ihrer Art nach miteinander vertragen würden; das sei Sache des Bauplanungsrechts; maßgeblich sei viel mehr, ob die Art der an der Grenze hinzutretenden Nutzung mit der dort schon vorhandenen so harmoniere, dass der hinzutretende Bau eine dem Nachbarn noch zuzumutende Verfestigung der Grenzbebauung darstelle. Das sei, so das OVG Lüneburg, sogar schon dann gegeben, wenn ein Wohnhaus mit einem Gebäude zusammentreffe, das nur Räume zum gelegentlichen Aufenthalt von Menschen aufweise.

152 Der Vorbehalt, wonach die neue Grenzbebauung der vorhandenen entsprechen muss, erstreckt sich hingegen weder auf den **Zustand**, in dem sich das vorhandene Gebäude befindet, noch auf dessen **Material** oder dessen **Bauart**. Es ist daher unerheblich, ob sich das auf dem Nachbargrundstück vorhandene Gebäude in einem gut erhaltenen, oder einem baufälligen, aber noch Bestandsschutz genießenden Zustand befindet. Ein Grundstückseigentümer, der verhindern möchte, dass sein baufälliges Gebäude an der Grenze eine entsprechende Grenzbebauung auslöst, muss dieses Gebäude abbrechen. Ein baufälliges Gebäude, das infolge Verfalls unbenutzbar geworden ist, genießt jedoch keinen Bestandsschutz, da es nicht mehr funktionsgerecht genutzt werden kann (BVerwG, U. v. 21.101.1972 – BRS 25 Nr. 155). Ein solches Gebäude kann daher auch keinen Anbau ermöglichen.

153 Der Anwendungsbereich des Absatz 5 Satz 2 zweiter Halbsatz und damit **die Reichweite der Verpflichtung, entsprechend an die Grenze zu bauen,** beschränken sich, wie in den Fällen des Absatzes 5 Satz 2 erster Halbsatz, auf den Teil des anzubauenden Gebäudes, der die erforderlichen Abstände unterschreitet (s. Rn. 138). Das gilt insbesondere für die Forderung nach entsprechender Nutzung. Soweit das anzubauende Gebäude die erforderlichen Grenzabstände von der gemeinsamen Grenze einhält, bestimmt sich die zulässige Nutzung allein nach dem städtebaulichen Planungsrecht (s. **Abb. 33**).

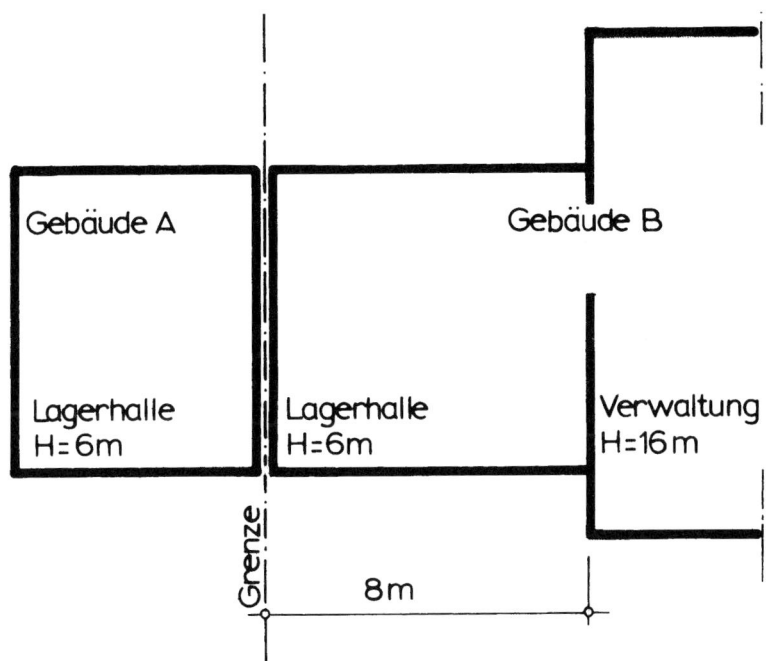

Abb. 33: Das Gebäude B ist mit seinen unterschiedlichen Nutzungen nach § 5 Satz 2 zweiter Halbsatz entsprechend an die Grenze gebaut; diese Vorschrift findet keine Anwendung, soweit das Gebäude B die erforderlichen Abstände von der gemeinsamen Grenze einhält.

Zur Frage, ob ein Baulastübernehmer, der die Errichtung eines Gebäudes an der Grenze durch Übernahme einer **Baulast nach § 6 Abs. 2** ermöglicht hat, auch an dieses Gebäude nach Absatz 5 Satz 2 zweiter Halbsatz anbauen darf, wird auf die Ausführungen unter Rn. 44 zu § 6 verwiesen.

V. Abweichende Bezugsebene für die Höhe H (Absatz 6)

Absatz 6 enthält eine besondere Regelung zugunsten von Gebäudeteilen, die sich über einen nach Absatz 5 an eine Grenze gebauten Gebäudeteil erheben, selbst aber nicht an diese Grenze gebaut sind. Für die Höhe H des einzelnen Punktes auf diesen Gebäudeteilen ist als **Bezugsebene abweichend von Absatz 1 Satz 4** an Stelle der Geländeoberfläche die Oberfläche des niedrigeren Gebäudeteils, und zwar an der Grenze, maßgebend. Hierdurch werden insbesondere Aufbauten und Staffelgeschosse begünstigt (s. **Abb. 34**).
Die Beschränkung auf die **Gebäudeoberfläche an der Grenze** dient dem Nachbarschutz. Sie schließt aus, dass bei mehreren von der Grenze zurückgesetzten Staffelgeschossen die Oberfläche des jeweils niedrigeren Geschosses zugrunde gelegt werden darf.

156 Absatz 6 erstreckt sich auf **Gebäudeteile**, d. h. auf Teile eines Gebäudes und nicht auf Gebäude (Nds. OVG, U. v. 17.5.1995 – 1 L 4212/93 zu dem bisherigen § 7 Abs. 2 – BRS 57 Nr. 235). Ein an die Grenze gebautes Gebäude kann für ein höheres angebautes Gebäude auf demselben Baugrundstück daher nicht als Bezugsebene für die Höhe H dienen (s. **Abb. 35**).

157 Als Bezugsebene kommen nach Absatz 6 nur **Gebäudeteile** in Betracht, **die nach Absatz 5 an die Grenze gebaut sind**. Diese Regelung findet deshalb keine Anwendung auf Gebäudeteile, die nach Absatz 8 Satz 1 Nr. 2 oder Satz 2 Nr. 1 an die Grenze gebaut sind.

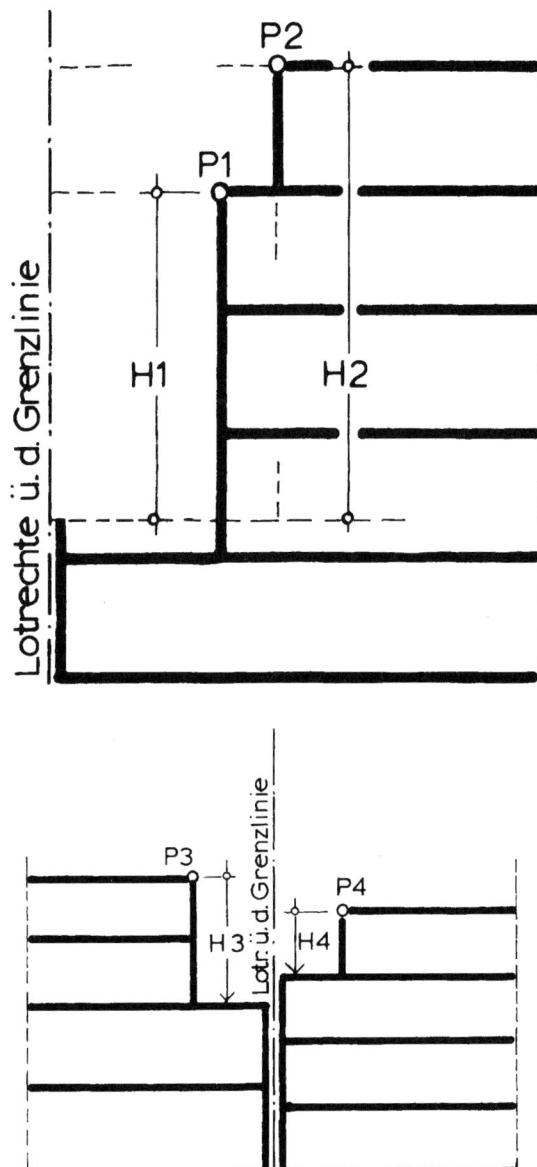

Abb. 34: Maßgebende Bezugsebene für die Höhe H in den Sonderfällen des § 5 Abs. 6.

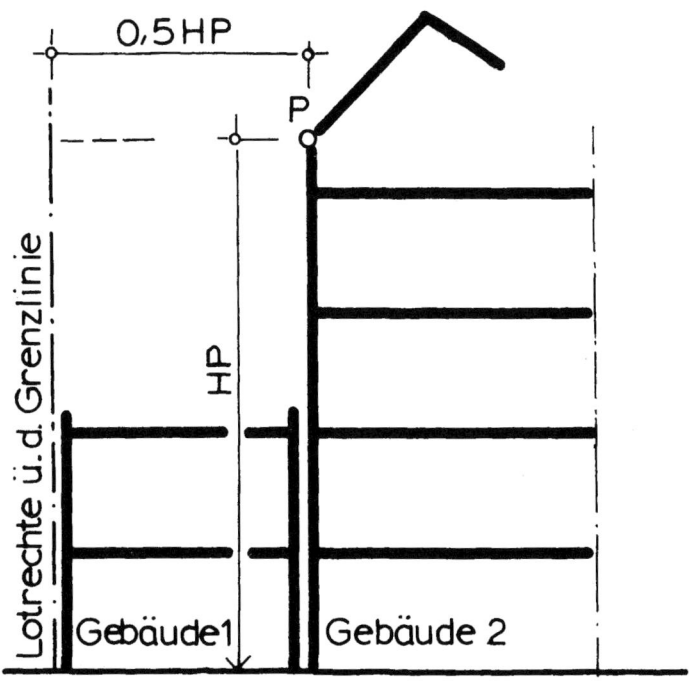

Abb. 35: Maßgebende Bezugsebene für die Höhe H des Punktes P ist nach § 5 Abs. 1 Satz 4 die Geländeoberfläche; § 5 Abs. 6 findet keine Anwendung.

158 Die Regelung in Absatz 6 nimmt keinen Bezug auf die **Bebauung des benachbarten Grundstücks**. Für die Vergünstigung ist es daher unerheblich, ob auf dem Nachbargrundstück ein Gebäude an der Grenze nach Absatz 5 vorhanden ist oder ob das Nachbargrundstück noch unbebaut ist.

VI. Abstand von Gebäudeteilen von der Grenze bei Grenzbebauung (Absatz 7)

159 Absatz 7 enthält eine Regelung zu Gunsten der in Absatz 3 genannten Gebäudeteile, die nicht an diejenige Grenzen gebaut sind, an denen das Gebäude nach Absatz 5 selbst steht.

160 **Absatz 7 Satz 1** lässt bei einem Gebäude, das nach Absatz 5 Satz 1 an eine Grenze gebaut ist, weil es nach städtebaulichem Planungsrecht an die Grenze gebaut werden muss (s. Rn. 118), die nicht an diese Grenze gebauten Gebäudeteile im Sinne des Absatzes 3 in beliebigem Abstand von dieser Grenze zu (s. Abb. 36).

Diese Gebäudeteile unterliegen hier nicht den **Beschränkungen des Absatzes 3 Nr. 2**, wonach die vortretenden Gebäudeteile nicht mehr als ein Drittel der Breite der jeweiligen Außenwand in Anspruch nehmen dürfen. Mit diesem Vorbehalt soll eine übergroße Belastung der Nachbargrundstücke unterbunden werden gegenüber deren Grenzen das Gebäude, zu dem die vortretenden Teile gehören, Abstand hält. Eine solche Situation liegt in den Fällen des Absatzes 7 nicht vor. Hier geht es um Abstandsunterschreitungen von vortretenden Gebäudeteilen gegenüber Grenzen, die zwischen aneinander gebauten Gebäuden verlaufen, wobei eine Beschränkung auf ein Drittel der Breite der jeweiligen Gebäudeaußenwand keine Rolle spielt.

Das OVG Lüneburg hat sich in seinem überzeugenden Beschluss vom 22.1.2014 (ME 220/13 – BRS 82 Nr. 136), indem es um einen Balkon ging, dieser Auffassung angeschlossen. In der Begründung heißt es u. a:
„Für zwingend geschlossene, d. h. eine Bauweise, in er ein Balkon im Regelfall nicht zum Nachbargrundstück zeigt, verweisen § 5 Abs. 3 Nr. 2 und Absatz 7 Satz 1 NBauO nur zur grundsätzlichen Bezeichnung auf die abstandsrechtlich privilegierten Bauteile. Nach Sinn und Zweck der Vorschrift ist es nicht gerechtfertigt, auf Balkone, welche nicht in Richtung Nachbargrundstück ausgerichtet sind, sondern im 90°-Winkel dazu in den eigenen Gartenbereich verweisen, die Bestimmungen anzuwenden, welche nur für die erstgenannte Sichtweise einen Sinn ergeben."

Die geschlossene Bauweise erstreckt sich auf den Bereich der überbaubaren Grundstücksfläche. Die nach Absatz 3 begünstigten vortretenden Gebäudeteile, insbesondere Balkone, befinden sich deshalb außerhalb der geschlossenen Bauweise, wenn das Gebäude mit seiner Außenwand die überbaubare Grundstücksfläche vollständig einnimmt oder wenn die Gebäudeaußenwand, an denen sich die Gebäudeteile befinden, unmittelbar an einer Baulinie oder Baugrenze steht. Die abstandsrechtlichen Erleichterungen des Absatzes 3 gelten auch in diesen Fällen für die vortretenden Gebäudeteile, die die überbaubare Grundstücksfläche überschreiten, wenn die städtebaulichen Voraussetzungen nach § 23 Abs. 2 oder 3 BauNVO für die Zulassung einer Überschreitung einer Baulinie oder Baugrenze vorliegen.

Zu dieser Auffassung ist das Nds. OVG in seinem Beschluss vom 29.12.2000 zu dem bisherigen § 7b Abs. 3 (1 M 4235/00 – BRS 63 Nr. 143 = BauR 2001/937 = Nds. RPfl. 2001/2002) gelangt, in dem es um „Balkone" ging, die als Stahlkonstruktionen außerhalb der überbaubaren Grundstücksfläche vor die Gebäudefassade gestellt werden sollten. Das Nds. OVG hat in dieser Entscheidung überzeugend dargelegt, dass die Verheißungen des städtebaulichen Planungsrechts, nach § 23 Abs. 2 oder 3 BauNVO die überbaubare Grundstücksfläche mit Gebäudeteilen in geringfügigem Ausmaß zu überschreiten, möglicherweise leer liefen, wenn diese Gebäudeteile die Vergünstigungen nach Absatz 3 nicht in Anspruch nehmen dürften.

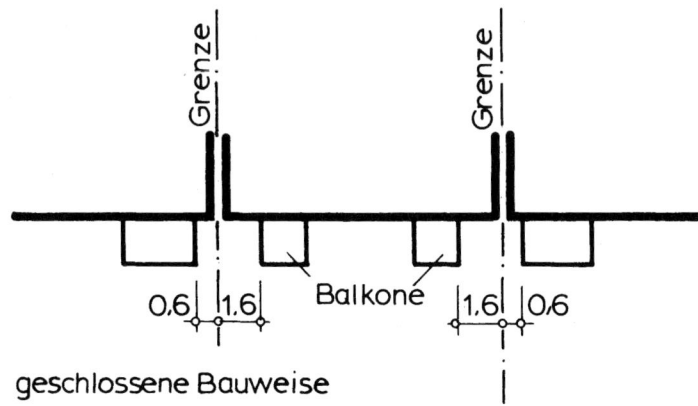

Abb. 36: Die Balkone dürfen nach § 5 Abs. 7 Satz 1 von den Grenzen beliebig Abstand halten, da die Gebäude nach § 5 Abs. 5 Satz 1 in geschlossener Bauweise errichtet sind.

162 **Absatz 7 Satz 2** lässt bei einem Gebäude, das nach Absatz 5 Satz 2 an eine Grenze gebaut ist, weil das städtebauliche Planungsrecht eine Grenzbebauung gestattet und weil die bauordnungsrechtlichen Voraussetzungen dafür vorliegen, zu, dass Gebäudeteile im Sinne des Absatzes 3 den dort genannten Abstand gegenüber der bebauten Grenze beliebig unterschreiten dürfen, wenn der Nachbar zustimmt. So darf beispielsweise ein Windfang an ein in offener Bauweise errichtetes Reihenhaus in beliebigem Abstand zur Grundstücksgrenze angebaut werden, wenn der Nachbar zugestimmt hat (s. **Abb. 37**).

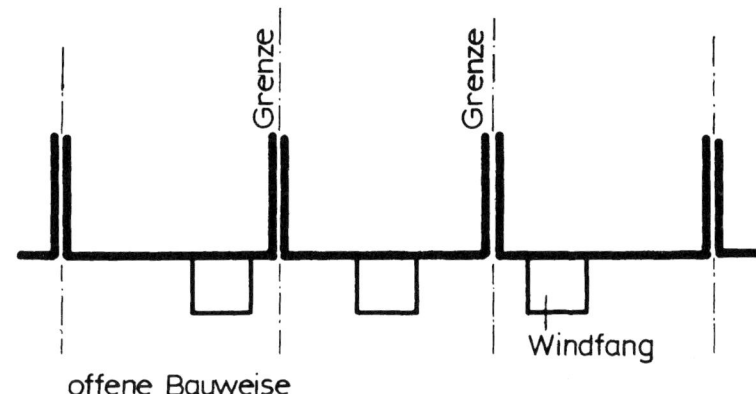

Abb. 37: Die Windfänge dürfen nach § 5 Abs. 7 Satz 2 von den Grenzen beliebig Abstand halten, da die Gebäude nach § 5 Abs. 5 Satz 2 in offener Bauweise errichtet sind und die Nachbarn zugestimmt haben.

Auch in den Fällen des Absatzes 7 Satz 2 unterliegen die vortretenden Gebäudeteile nicht den **Beschränkungen des Absatzes 3 Nr. 2**, wonach diese Gebäudeteile nicht mehr als ein Drittel der Breite der jeweiligen Außenwand in Anspruch nehmen dürfen. Hier handelt es sich um die gleiche Konstellation, die auch dem Absatz 7 Satz 1 zu Grunde liegt. Die Gebäude und deren vortretenden Teile sind nicht in Richtung eines Nachbargrundstücks ausgerichtet, das von verringerten Abständen beeinträchtigt werden könnte. Vielmehr geht es auch hier um Abstandsunterschreitungen vortretender Gebäudeteileile gegenüber Grenzen, die zwischen den aneinandergebauten Gebäuden verlaufen. Absatz 7 Satz 2 nimmt zwar ausdrücklich Bezug auf den nach Absatz 3 einzuhaltenden Abstand. Hierbei handelt es sich jedoch nicht um die Drittelregelung, sondern um den Abstand von der Grenze zwischen den aneinandergebauten Gebäuden. Das OVG Lüneburg hat sich in seinem Beschluss vom 22.1.2014 – 1 ME 220/13 (a. a. O) hierzu nicht geäußert. Es bestand auch kein Anlass, da es nur um einen Fall nach Absatz 7 Satz 1 ging.

Die nach Absatz 7 Satz 2 erforderliche **Zustimmung des Nachbarn** beschränkt sich nicht auf den Verzicht von Abwehrrechten. Sie gehört vielmehr zu den gesetzlichen Voraussetzungen, die erfüllt sein müssen, um die damit verbundenen Vergünstigungen in Anspruch nehmen zu können. Eine ohne die erforderliche Zustimmung durchgeführte Baumaßnahme ist daher materiell baurechtswidrig.
Bei den Zustimmungen handelt es sich um **empfangsbedürftige öffentlich-rechtliche Willenserklärungen**. Sie werden mit ihrem Zugang bei der BauAB wirksam (HessVGH, B. v. 7.12.1994 – 4 TH 3032/94 – DVBl. 1995/525). Adressat dieser öffentlich-rechtlichen Willenserklärungen ist stets die BauAB. Das gilt auch bei genehmigungsfreien Baumaßnahmen, da der Bauherr und sein Nachbar nicht in einer öffentlich-rechtlichen Beziehung zueinander stehen. Die öf-

fentlich-rechtlichen Willenserklärungen sind unwiderruflich, es sei denn, die Willenserklärungen werden entsprechend § 130 Abs. 1 BGB vor ihrem Zugang oder gleichzeitig mit ihrem Zugang gegenüber der BauAB widerrufen (BayVGH, B. v. 3.11.2005 – 2 BV 04.1756 – DÖV 2006/303).

165 Ein Nachbar, der eine abstandsrelevante Zustimmung erteilt, verfügt, wie ein Nachbar, der eine Baulast nach § 81 übernimmt, über seine Eigentumsrechte. Die Voraussetzungen dafür liegen nur vor, wenn der Nachbar als Grundstückseigentümer **uneingeschränkt verfügungsberechtigt** ist (s. Rn. 65 der Vorbemerkungen).
Daraus folgt beispielsweise:
– Bei **Miteigentum** müssen sämtliche Miteigentümer ihre Zustimmung erteilen;
– Ist das Grundstück mit einem **Erbbaurecht** belastet, bedarf es auch der Zustimmung des Erbbauberechtigten;
– Ist ein nicht **befreiter Vorerbe** (§§ 2113, 2136 BGB) Grundstückseigentümer, so ist nach Eintragung des Nacherbenvermerks im Grundbuch (§ 51 GBO) auch die Zustimmung des Nacherben erforderlich;
– Nach Eintragung einer **Auflassungsvormerkung** im Grundbuch ist ein Grundstückseigentümer ebenfalls nicht mehr uneingeschränkt verfügungsbefugt, wie sich aus § 883 Abs. 2 BGB ergibt, so dass es auch der Zustimmung desjenigen bedarf, zu dessen Gunsten die Auflassungsvormerkung eingetragen ist (Nds. OVG, B. v. 10.3.2003 – 1 LA 125/02 – NdsVBl. 2003/212).

166 **Fehlt es** in den Fällen des Absatzes 7 Satz 2, in denen nach städtebaulichem Planungsrecht Gebäude im Rahmen der offenen Bauweise als Doppelhäuser oder Hausgruppen ohne Grenzabstand gebaut werden dürfen, **an der Zustimmung des Nachbarn** zur Verringerung des nach Absatz 3 einzuhaltenden Abstands der dort genannten Gebäudeteile von der zwischen den Gebäuden verlaufende Grenze, dann dürfen die in Absatz 3 genannten Abstände von der Grenze nicht weiter verringert werden. Das bedeutet, dass die in Absatz 3 Nr. 2 genannten Gebäudeteile den erforderlichen Abstand um nicht mehr als 1,50 m, höchstens jedoch um ein Drittel zur Grenze unterschreiten dürfen. So muss beispielsweise ein 6 m über der Geländeoberfläche gelegener Balkon einen Abstand von mindestens 2 m einhalten.
Zwischen den genannten Gebäuden verläuft zwar eine Grenze, dennoch lässt sich entgegen der Ansicht von Breyer in Große-Suchsdorf (Rn. 205 zu § 5) hieraus nicht herleiten, dass die vortretenden Gebäudeteile als Alternative zu den Abstandsanforderungen des Absatzes 7 Satz 2 auch an diesen Grenzen gebaut werden dürfen. Das Bauordnungsrecht ermöglicht in Absatz 5 Satz 2 durch eine Anbaubaulast die Errichtung von Doppelhäusern und Hausgruppen, die nach § 22 Abs. 2 Satz 2 BauNVO in der offenen Bauweise ohne Grenzabstand errichtet werden dürfen. Zu dem notwendigen Erscheinungsbild von Doppelhäusern (s. Rn. 126) und Hausgruppen gehören jedoch keine vortretenden Gebäudeteile. Daher lässt die Anbaubaulast nach Absatz 5 Satz 2 auch die Kompetenz des Bauordnungsrechts unberührt, für die vortretenden Gebäudeteile nach Absatz 3 Abstände von der zwischen den Gebäuden verlaufenden Grenze zu verlangen und damit eine Grenzbebauung auszuschließen.

Absatz 7 Satz 3 stellt darauf ab, dass auf dem Nachbargrundstück Gebäudeteile nach Absatz 3 vorhanden sind, die den nach Absatz 3 maßgebenden Abstand unterschreiten. **167**
Bei dieser Regelung geht es, wie in den Fällen des Absatzes 7 Satz 2, um Gebäude, die nach Absatz 5 Satz 2 an eine Grenze gebaut sind. Unterschreiten vorhandene Gebäudeteile auf dem einen Baugrundstück den nach Absatz 3 erforderlichen Abstand zur gemeinsamen Grenze, dann dürfen **entsprechende Gebäudeteile** auf dem anderen Baugrundstück ihren Abstand in gleichem Maß verringern.
Dazu bedarf es **keiner nachbarlichen Zustimmung,** da die Abstandsunterschreitung auf dem Nachbargrundstück eine entsprechende Abstandsunterschreitung mit entsprechenden Gebäudeteilen auf dem angrenzenden Baugrundstück rechtfertigt.
Steht beispielsweise auf dem einen Baugrundstück ein Windfang mit einem Abstand von nur 1 m von der gemeinsamen Grenze, dann darf auf dem anderen Baugrundstück ebenfalls ein Windfang im Abstand von nur 1 m von der gemeinsamen Grenze errichtet werden.

VII. Wegfall oder Verringerung der Abstände von bestimmten Gebäuden und von sonstigen bestimmten baulichen Anlagen (Absatz 8)

1. Stützmauern, Aufschüttungen und Einfriedungen (Absatz 8 Satz 1 Nr. 1)

Nach Absatz 8 Satz 1 Nr. 1 brauchen **Stützmauern, Aufschüttungen und Einfriedungen keinen Abstand zu halten** **168**
– in Gewerbe- und Industriegebieten ohne Höhenbegrenzung von den Grenzen eines Nachbargrundstücks, das weder ganz noch teilweise außerhalb eines solchen Gebiets liegt,
– in Gewerbe- und Industriegebieten von den Grenzen eines Nachbargrundstücks, das ganz oder teilweise außerhalb eines solchen Gebiets liegt, wenn deren Höhe nicht mehr als 2 m beträgt,
– außerhalb von Gewerbe- und Industriegebieten mit einer Höhe von nicht mehr als 2 m.
Die Regelung findet keine Anwendung auf Stützmauern, Aufschüttungen und Einfriedungen, die bereits nach Absatz 1 Satz 2 keinen Abstand zu halten brauchen. Das gilt für alle Stützmauern, Aufschüttungen und Einfriedungen, soweit sie nicht höher als 1 m sind. Das gilt aber auch für höhere Einfriedungen, von denen keine Wirkungen wie von Gebäuden ausgehen, wie beispielsweise von einem üblichen Maschendrahtzaun.

Die genannten **Baugebiete** sind die nach den §§ 8 und 9 BauNVO durch Bebauungspläne festgesetzten Gewerbe- und Industriegebiete, nicht hingegen auch Gebiete, die nach ihrer Bebauung diesen Gebieten entsprechen. **169**

Der Höhenbegrenzung von 2 m unterliegen die baulichen Anlagen mit allen ihren Teilen. Das gilt auch von den Teilen, von denen keine Wirkungen wie von Gebäuden im Sinne von Absatz 1 Satz 2 ausgehen. Beispielsweise dürfen die Pfosten eines Holzzaunes die Höhe von 2 m nicht überschreiten. **170**

171 Für die **Höhe** der Stützmauern, Aufschüttungen und Einfriedungen ist die **Geländeoberfläche des Baugrundstücks** und nicht die Geländeoberfläche des benachbarten Grundstücks maßgebend. Die maßgebliche Höhe der Geländeoberfläche wiederum bestimmt sich nach Absatz 9.

172 **Eine Einfriedung** ist eine Anlage, die ein Grundstück ganz oder teilweise nach außen abschirmt, sei es zur Sicherung gegen unbefugtes Betreten, sei es zum Zwecke der Abwehr von Witterungs- oder Immissionseinflüssen (z. B. Lärm, Wind, Straßenschmutz) oder sei es zur Verhinderung der Einsicht. Demzufolge ist als Einfriedung alles anzusehen, was ein Grundstück oder Teile eines Grundstücks gegenüber der Außenwelt schützen und ein Hindernis für alles sein soll, was von außen her den Frieden des Grundstücks stören oder dessen Nutzung beeinträchtigen könnte.
Der verfolgte Abwehrzweck muss sich nicht gleichmäßig auf die gesamten Grundstücksgrenzen erstrecken; es sind daher **Teileinfriedungen** oder unterschiedliche Einfriedungen möglich (BayVGH, U. v. 10.1.1978 – Nr. 230 1 75 – BRS 33 Nr. 132). Daraus folgt, dass es für den Begriff der Einfriedung unerheblich ist, ob die Anlage an der Grenze oder als so genannte Inneneinfriedung im Innern des Grundstücks steht, ob sie das Grundstück vollständig umschließt oder sich nur auf einzelne Abschnitte des Grundstücks beschränkt.
Es widerspricht auch nicht dem Begriff der Einfriedung, wenn zwei **unterschiedliche Einfriedungsarten** den Einfriedungszweck herbeiführen; die Abschirmung eines Grundstücks oder Grundstücksteiles kann durch eine zweite Einfriedungsart verstärkt werden. Ein solcher Effekt kann dadurch erzielt werden, dass beispielsweise zu einem Maschendrahtzaun gegen unbefugtes Betreten ein Gitter aus Holzstäben mit Kletterpflanzen als Sichtschutz hinzutritt (OVG Hamburg, U. v. 22.11.1979 – Bf. II 78/79 – BRS 35 Nr. 112).
Für den Begriff der Einfriedung ist auch **unerheblich, welche Höhe** die Anlage hat, die der Abschirmung dient. Davon geht auch Absatz 8 Satz 1 Nr. 2 aus, der bauliche Anlagen, die Gartenhöfe abschließen und die bis zur Höhe von 3,50 m keinen Abstand zu halten brauchen, zutreffend als Einfriedung bezeichnet.

173 Absatz 8 Satz 1 Nr. 1 erfasst nur bauliche Anlagen, die die **alleinige Funktion einer Einfriedung** haben. Bauliche Anlagen, die darüber hinaus noch andere Funktionen haben, wie beispielsweise Mauern, die ermöglichen, dass Dung höher aufgeschüttet werden kann als ohne Abstützung durch die Mauern, müssen Abstand nach Absatz 1 Satz 2 halten. Das gilt erst recht für eine Mauer, die mit einer Dunglege eine einheitliche bauliche Anlage bildet und ohne die Dunglege funktionslos wäre (Nds. OVG, U. v. 18.2.1993 -1 L 246/89 – BRS 55 Nr. 84).

174 **Einfriedungen können** insbesondere Zäune, Mauern, Stützmauern, Gitter und Hecken **sein**. Absatz 8 Satz 1 Nr. 1 erfasst nur einige dieser Einfriedungen. Auf Einfriedungen, die nicht bauliche Anlagen sind, wie Hecken oder Büsche, erstreckt sich nach § 1 Abs. 1 auch nicht der Geltungsbereich der NBauO.
Auch die Frage, ob von einer Einfriedung Wirkungen wie von Gebäuden im Sinne des Absatzes 1 Satz 2 ausgehen, beantwortet sich nur unter Berücksichtigung der Teile, die zur baulichen Anlage gehören und nicht unter Einbeziehung von Pflanzen, die an der baulichen Anlage hochranken.

Pergolen können auch als Einfriedung dienen. Sie brauchen jedoch schon nach Absatz 1 Satz 2 keinen Abstand zu halten, da von ihnen keine Wirkungen wie von Gebäuden ausgehen (s. Rn. 23).

Soweit **Aufschüttungen als Terrassen** dienen, unterliegen sie der speziellen Regelung des Absatzes 1 Satz 2, wonach Terrassen bereits bei einer Höhe von mehr als 1 m über der Geländeoberfläche Abstand zu halten haben. **175**

Auf Stützmauern, Aufschüttungen und Einfriedungen werden oft **Einfriedungen** errichtet, **von denen keine Wirkungen wie von Gebäuden ausgehen.** Nach dem bisherigen § 12 a Abs. 1 Satz 1 mussten bauliche Anlagen, die keine Gebäude waren, nur dann Grenzabstand halten, soweit sie höher als 1 m waren und soweit von ihnen Wirkungen wie von Gebäuden ausgingen. Hingegen müssen nach Abs. 2 Satz 2 bauliche Anlagen, die keine Gebäude sind, nur dann Abstand halten, wenn von ihnen keine Wirkungen wie von Gebäuden ausgehen und soweit sie höher als 1 m sind. Leider ist der Begriff „soweit" in Bezug auf Wirkungen von Gebäuden entfallen (s. Rn. 48), so dass sich die Frage stellt, welche Folgen dies hat. **176**

Das OVG Lüneburg hat auf der Grundlage des bisherigen § 12 a Abs. 1 Satz 1 in seinem Beschluss vom 3.9.2015 (1 LA 58/17 – BRS 83 Nr. 91), in dem es um einen Metallgitterzaun, vergleichbar einem Maschendrahtzaun, auf einer Stützmauer ging und in dem Urteil vom 30.5.2016 (1 LB 7/16 – BRS 84 Nr. 96), in dem es um eine Sperranlage aus Stacheldrahtrollen auf einer Gefängnismauer ging, zusammenfassend folgende Ansicht vertreten:
„Besteht eine bauliche Anlage aus mehreren Teilen, die für sich beurteilt werden können, beschränkt der Begriff „soweit" die Abstandsanforderungen auf die Teile, die die Höhe von 1 m überschreiten und von denen eine gebäudegleiche Wirkung ausgeht. Anders als das Verwaltungsgericht offenbar meint, bedarf es einer Gesamtbetrachtung im Hinblick auf die Anwendbarkeit des Grenzabstandsrechts nach dem eindeutigen Gesetzeswortlaut mithin nur dann, wenn eine bauliche Anlage nicht in Einzelteilen separat beurteilt werden kann. Andernfalls sind alle Teile einer baulichen Anlage, die kein Gebäude darstellt, eigenständig darauf zu überprüfen, ob von ihnen jeweils eine gebäudegleiche Wirkung ausgeht".
Diese vom OVG Lüneburg vorgenommene **Einzelbetrachtung von Bauteilen** zu dem bisherigen § 12 a Abs. 1 Satz 1, der von baulichen Anlagen nur dann Abstand verlangte, soweit sie höher als 1 m waren und soweit von ihnen Wirkungen wie von Gebäuden ausgingen, lässt sich auch auf die jetzige Regelung des Absatzes 1 Satz 2, der nicht mehr auf den Begriff „soweit" hinsichtlich der Wirkungen von Gebäuden abstellt, übertragen. Dabei muss es sich um Bauteile handeln, die
– für sich beurteilt werden können,
– eine eigenständige Funktion haben und
– unabhängig voneinander bestehen können.
Eine eigenständige Funktion der Bauteile liegt auch vor, wenn die Bauteile dem gleichen Zweck dienen, wie eine Einfriedung, die aus einer Mauer und einem Maschendrahtzaun besteht. Entscheidend ist, dass die Bauteile nicht voneinander abhängig sind und dass das eine Bauteil ohne das andere Bauteil seine eigenständige Funktion erfüllen kann. Ein Drahtzaun auf einer Aufschüttung, die nach § 2 Abs. 1 Nr. 4 als bauliche Anlage gilt, ist jedoch selbst bauliche Anlage im Sinne des § 2 Abs. 1 Satz 1, da er mit dem Erdboden verbunden ist und aus Bauprodukten besteht. **177**

178 Die Vorschrift des § 84 Abs. 3 Nr. 3 ermächtigt die Gemeinden zur Verwirklichung bestimmter städtebaulicher oder baugestalterischer Absichten **durch örtliche Bauvorschriften** für bestimmte Teile des Gemeindegebietes die **Gestaltung, Art und Höhe von Einfriedungen** zu bestimmen sowie Einfriedungen von Vorgärten vorzuschreiben oder auszuschließen.
Hat eine Gemeinde auf Grund dieser Ermächtigung in einer örtlichen Bauvorschrift, die nach § 84 Abs. 6 auch in einem Bebauungsplan oder in einer Satzung nach § 34 Abs. 4 Satz 1 Nrn. 2 und 3 BauGB als Festsetzung aufgenommen werden kann, die Höhe von Einfriedungen beispielsweise auf 1 m begrenzt oder Einfriedungen von Vorgärten untersagt, dann können die Vergünstigungen nach Absatz 8 Satz 1 Nr. 1 nicht in Anspruch genommen werden.

179 Die Regelungen des Absatzes 8 Satz 1 Nr. 1 über die Zulässigkeit von Einfriedungen an den Grenzen des Baugrundstücks haben stets Vorrang vor den Regelungen des **Niedersächsischen Nachbarrechtsgesetzes**. Eine durch gerichtliche Streitigkeiten ausgelöste Klarstellung erfolgte durch die Neufassung des § 28 NNachbarrechtsG in Artikel 2 des Achten Gesetzes zur Änderung der Niedersächsischen Bauordnung vom 6.10.1997. Der neue § 28 Abs. 3 NachbarrechtsG lautet nunmehr wie folgt:

„(3) Darf eine Einfriedung nach der Niedersächsischen Bauordnung in einer bestimmten Höhe an der Grenze errichtet werden, so kann nicht verlangt werden, dass die Einfriedung eine geringere Höhe einhält."

2. Gebäude mit einem fremder Sicht entzogenen Gartenhof und dessen Einfriedigungen (Absatz 8 Satz 1 Nr. 2 und Satz 5)

180 Absatz 8 Satz 1 Nr. 2 lässt in Baugebieten, in denen nach dem Bebauungsplan nur Gebäude mit einem fremder Sicht entzogenen Gartenhof zulässig sind, solche Gebäude sowie Einfriedungen ohne Abstand zu, soweit sie nicht höher als 3,50 m sind. (s. **Abb. 38**).

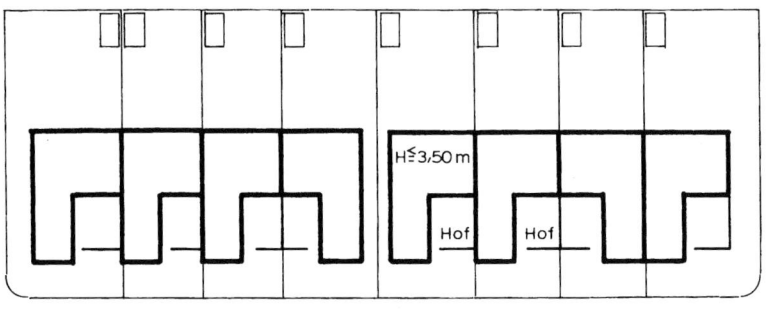

Abb. 38: Die Gartenhofhäuser brauchen nach § 5 Abs. 8 Satz 1 Nr. 2 nur dann keinen Abstand zu halten, soweit sie einschließlich der Einfriedungen nicht höher als 3,50 m sind und wenn nach dem Bebauungsplan nur Gartenhofhäuser zulässig sind.

181 Gebäude mit einem fremder Sicht entzogenen Gartenhof sind insbesondere die in § 17 Abs. 2 BauNVO 1977 beispielhaft genannten Gartenhof- und Atriumhäuser. Vielfach erfolgt für Gebäude mit einem fremder Sicht entzogene Gartenhof in Bebauungsplänen die Festsetzung „Gartenhofhäuser".
Der Begriff „**Gartenhofhaus**" ist im städtebaulichen Planungsrecht nicht definiert. Maßgebend für den Inhalt dieses Begriffes ist daher die allgemeine Auffassung, wie sie in der städtebaulichen Praxis ihren Niederschlag findet. Der Wortteil „Hof" lässt erkennen, dass es sich bei diesem Grundstücksteil um eine im allgemeinen nicht überdachte, ebenerdige Fläche handelt, die im Wesentlichen allseits von Gebäude- oder Bauteilen umgeben wird. Ein Gartenhofhaus ist danach ein Wohngebäude, das einen Gartenhof teilweise, meist winkelförmig oder dreiseitig, umschließt, häufig in Form eines Winkel- bzw. L- oder UTyps und dessen Gartenhof an den übrigen Stellen ebenfalls von Bauteilen umschlossen ist (OVG NRW, B. v. 11.7.1980 – 10 B 240/80 – BRS 36 Nr. 51).

182 Der Begriff „Gebäude mit einem **fremder Sicht entzogenen Gartenhof**" im Sinne des Absatzes 8 Satz 1 Nr. 2 beinhaltet, dass der Gartenhof fremder Sicht entzogen sein muss.
Festsetzungen, die nur Gebäude mit einem fremder Sicht entzogenen Gartenhof zulassen, prägen nachhaltig den Charakter eines Baugebiets. Sie erfordern, dass das einzelne Gartenhofhaus den fremder Sicht entzogenen Gartenhof auf dem Nachbargrundstück mit ermöglicht. Die Gebäude sind innerhalb eines solchen Baugebiets daher so zu errichten und so anzuordnen, dass sie keine Einsicht in fremde Gartenhöfe des Baugebiets ermöglichen (vgl. VGH BW, B. v. 30.7.1992 – 3 S 1199/92 – VBlBW 1992/476). Festsetzungen dieser Art haben hinsichtlich des Schutzes vor fremder Einsicht drittschützende Wirkung (BVerwG, B. v. 20.9.1984 – 4 B 202.84 – BRS 42 Nr. 123). Die Nachbarn innerhalb eines solchen Baugebiets haben daher auch bei nur geringfügiger Einsehbarkeit in ihre Gartenhöfe aus dem Baugebiet einen Abwehranspruch (OVG Lüneburg, U. v. 27.6.1984 – 6 A 68/82 – BRS 42 Nr. 122).
Die materiell-rechtliche Anforderung hinsichtlich der Einsicht in fremde Gartenhöfe des Baugebiets ist selbständiger Natur. Diese Anforderung ist deshalb auch dann beachtlich, wenn der Bebauungsplan mehr als ein Geschoß zulässt. Ist beispielsweise ein Vollgeschoß zulässig, dann kann dieser Anspruch eben nur ausgeschöpft werden, soweit dies mit der Anforderung hinsichtlich der Einsicht in fremde Gartenhöfe vereinbar ist.
So wie sich die Festsetzungen, die Gebäude mit einem fremder Sicht entzogenen Gartenhof vorschreiben, auf das Baugebiet beschränken, so beschränken sich auch die in diesen Festsetzungen enthaltenen materiellen und drittschützenden Anforderungen hinsichtlich der Einsicht in fremde Gartenhöfe auf den **Bereich des Baugebiets**. Eine Bebauung der außerhalb dieses Baugebiets gelegenen Grundstücke unterliegt daher nicht den Einschränkungen zugunsten der Gartenhöfe. Insbesondere enthielt § 17 Abs. 2 BauNVO 1977 für die Gemeinde kein inhaltliches Verbot, für angrenzende Gebiete Festsetzungen zu unterlassen, welche die Einsicht in einen Gartenhof berühren (BVerwG, B. v. 5.5.1994 – 4 NB 16.94 – Buchholz 406.12 § 17 BauNVO).

183 Die **Baugebiete**, auf die sich Absatz 8 Satz 1 Nr. 2 erstreckt, müssen durch Bebauungsplan festgesetzt sein. Es ist unerheblich, ob der Bebauungsplan auch Festsetzungen über die örtlichen Verkehrsflächen enthält. Insofern ist ein qualifizierter Bebauungsplan im Sinne des § 30 Abs. 1 BauGB nicht erforderlich. **Gegenstand der städtebaulichen Festsetzungen** müssen Gebäude mit einem, fremder Sicht entzogenen Gartenhof sein. Diese Festsetzungen erfolgten in den bisherigen Bebauungsplänen in der Regel auf der Grundlage des § 17 Abs. 2 BauNVO 1977, der ermächtigte, für eine Bebauung mit eingeschossigen Wohngebäuden mit einem, fremder Sicht entzogenen Gartenhof die Grund- und die Geschoßflächenzahl bis 0,6 festzusetzen. Diese Vorschrift ist durch die Vierte Verordnung zur Änderung der Baunutzungsverordnung vom 23.1.1990 ersatzlos gestrichen worden.

184 Nach Absatz 8 Satz 1 Nr. 2 brauchen die von dieser Vorschrift erfasstes Gebäude keinen Abstand zu halten, **soweit sie nicht höher als 3,50 m sind.** Diese Regelung beschränkt diese Vergünstigung auf Gebäudeteile, die nicht höher als 3,50 m sind. Da Absatz 8 Satz 1 Nr. 2 auf das Wort „soweit" abstellt, dürfen die Gebäude auch Gebäudeteile haben, deren Höhe mehr als 3,50 m beträgt. Diese Gebäudeteile müssen jedoch Abstand nach Absatz 2 halten.

185 In Baugebieten, in denen nach dem Bebauungsplan nur Gebäude mit einem fremder Sicht entzogenen Gartenhof zulässig sind, lässt Absatz 8 Satz 1 Nr. 2 auch **Einfriedungen** zu, soweit sie nicht höher als 3,50 m sind. Die Gartenhöfe werden vielfach nicht allein von Gebäudewänden, sondern teilweise auch von Einfriedungen gebildet. Diesem Bedürfnis trägt Absatz 8 Satz 1 Nr. 2 Rechnung und ermöglicht Einfriedungen ohne Grenzabstand bis zu der Höhe, bis zu der auch die Gartenhofhäuser selbst ohne Grenzabstand zulässig sind.

186 **Nach Absatz 8 Satz 7 gilt Absatz 2 Satz 3 entsprechend.** Daraus folgt, dass die Regelung zugunsten der Gartenhofhäuser und der Einfriedungen, die die Gartenhöfe abschließen, keine Anwendung gegenüber den Grenzen solcher Nachbargrundstücke findet, die ganz oder überwiegend außerhalb der Baugebiete liegen, in denen nur Gartenhofhäuser zulässig sind. Die von Absatz 8 Satz 1 Nr. 2 erfassten Gartenhofhäuser und ihre Einfriedungen müssen daher einen Abstand von mindestens 3 m von den Grenzen der Nachbargrundstücke einhalten, die ganz oder überwiegend außerhalb der nur für Gartenhofhäuser bestimmten Baugebiete liegen (s. Rn. 75).

3. Antennen einschließlich der Masten (Absatz 8 Satz 1 Nr. 3 und Sätze 2 und 3)

187 **Nach Absatz 8 Satz 1 Nr. 3 und Satz 2** brauchen Antennen einschließlich der Masten (Anlagen) keinen Abstand zu halten
- im Außenbereich; das gilt jedoch nicht gegenüber Grenzen eines Nachbargrundstücks, das ganz oder teilweise nicht im Außenbereich liegt,
- in reinen Wohngebieten, wenn die Masten einen Durchmesser von nicht mehr als 1,50 m haben und die Höhe der Anlagen nicht mehr als 10 m beträgt,

- in sonstigen Gebieten innerhalb eines 2,50 m tiefen Grenzbereichs zu reinen Wohngebieten, wenn die Masten einen Durchmesser von nicht mehr als 1,50 m haben und die Höhe der Anlagen nicht mehr als 10 m beträgt,
- in sonstigen Gebieten, wenn die Masten einen Durchmesser von nicht mehr als 1,50 m haben und die Höhe der Anlagen nicht mehr als 15 m beträgt.

Nach Absatz 8 Satz 3 wird die jeweils maßgebliche Höhe
- bei freistehenden Anlagen ab der Geländeoberfläche und
- bei Anlagen auf baulichen Anlagen ab dem Schnittpunkt der Anlage mit der Außenfläche der baulichen Anlage

gemessen.

4. Garagen, Gebäude ohne Aufenthaltsräume und Feuerstätten sowie Solaranlagen (Absatz 8 Sätze 4 bis 6)

Absatz 8 Satz 4 lässt bis zu einer Höhe von 3 m Garagen und Gebäude ohne Aufenthaltsräume und Feuerstätten sowie Solaranlagen unter den in Absatz 8 Satz 5 genannten Voraussetzungen ohne Abstand oder mit einem bis auf 1 m verringerten Abstand von der Grenze zu.

Die Vorschrift des Absatzes 8 Sätze 4 bis 6 ist mit **Artikel 14 GG** vereinbar. Sie führt nicht zu einem enteignenden Eingriff in die Eigentumsrechte des Nachbarn, weil „die Freigabe des Bauwichs für die Bebauung auch dem Nachbarn die Möglichkeit gibt, seinen Bauwich zu bebauen, insoweit also auch seine Baufreiheit erweitert" (BVerwG, U. v. 6.10.1967 – IV C 197.65 – BRS 19 Nr. 7). Die Zulassung einer Grenzgarage beinhaltet auch dann keinen enteignenden Eingriff in die Rechte des Nachbarn, wenn die Garage nur vom Nachbargrundstück aus verputzt und angestrichen werden kann (BVerwG, B. v. 9.5.1979 – 4 B 8 rm 79 – BRS 35 Nr. 185).

Nach der Rechtsprechung des BVerwG (U. v. 14.6.1968 – IV C 13.66 – BRS 20 Nr. 9 = DVBl. 1969/213) kann allenfalls eine Änderung von Vorschriften, die eine Grenzbebauung zulassen, enteignende Wirkung haben, mit der Folge, dass die geänderten Vorschriften im Einzelfall nicht anwendbar sind.

Grundsätzlich werden Vorschriften über den Bauwich nicht derart zum Inhalt des Eigentums, dass Änderungen dieser Vorschriften mit enteignender Wirkung in das Grundeigentum des Nachbarn einzugreifen vermögen. Nach Ansicht des Bundesverwaltungsgerichts (U. v. 14.6.1968 – IV C 13.66 – a. a. O.) kann daher eine Änderung von Vorschriften, die die Grenzbebauung zulassen, nur dann enteignende Wirkung haben, wenn sich der Eigentümer durch die bauliche Ausgestaltung seines Grundstücks auf die Beibehaltung eines bestehenden Zustandes mit dem Vorhandensein eines Grenzabstandes in der Weise eingerichtet hat, dass er selbst von der Neuregelung keinen Vorteil mehr haben kann und wenn ihm weiter dadurch, dass der Nachbar die Vorteile der Neuregelung ausnutzt, schwerwiegende und unzumutbare Nachteile entstehen.

Die Regelung des **Absatzes 8 Satz 4 Nr. 1** zu Gunsten von Garagen findet **keine Anwendung**, soweit eine Gemeinde nach § 47 Abs. 1 Satz 3 durch örtliche Bauvorschrift nach § 84 Abs. 2 oder durch städtebauliche Satzung die Herstellung von Garagen untersagt oder eingeschränkt hat.

191 Die Garagen und Gebäude ohne Aufenthaltsräume und Feuerstätten, die nach Absatz 8 Satz 4 Nr. 1 an der Grenze errichtet werden dürfen, können nach § 23 Abs. 5 BauNVO auch auf den **nicht überbaubaren Grundstücksflächen** zugelassen werden, wenn im Bebauungsplan nichts anderes festgesetzt ist. Diese Entscheidung steht im Ermessen der BauAB.

192 Die nach Absatz 8 Satz 4 Nr. 1 zulässige Errichtung von Garagen und Gebäuden ohne Aufenthaltsräume und Feuerstätten an der Grenze steht nicht im Widerspruch zu dem städtebaulichen Planungsrecht, das **offene Bauweise** vorsieht, denn bei den von § 22 BauNVO erfassten Gebäuden muss es sich um Gebäude der Hauptnutzung handeln, die die Bauweise in städtebaulicher Hinsicht prägen. Dies ergibt sich aus § 22 BauNVO, der auf Einzelhäuser, Doppelhäuser und Hausgruppen abstellt (Ernst/Zinkahn/Bielenberg, Rn. 10 zu § 22 BauNVO; Fickert/Fieseler, Rn. 8.1 zu § 22 BauNVO).

193 **Garagen** sind Gebäude oder Gebäudeteile zum Abstellen von Kraftfahrzeugen außerhalb der öffentlichen Verkehrsflächen. Auch bauliche Anlagen, die lediglich aus einem Dach auf 4 Stützen bestehen, sind Gebäude im Sinne des § 2 Abs. 2. Dienen diese Gebäude zum Abstellen von Kraftfahrzeugen, so sind sie Garagen. Deshalb sind die sog. Carports, die § 1 Abs. 3 GaVO als offene Kleingaragen bezeichnet, sowie die überdachten Stellplätze im Sinne des § 21 a BauNVO Garagen. Selbständige Gebäude sind auch Garagen, die an ein Hauptgebäude, insbesondere an Wohngebäude, angebaut sind, selbst wenn zwischen den Garagen und dem Hauptgebäude eine innere Verbindung besteht (s. Rn. 200. Der Begriff der Garage erfasst auch **Gebäudeteile zum Abstellen von Kraftfahrzeugen.** Garagen sind daher auch Räume innerhalb eines sonst anders genutzten Gebäudes, soweit diese Räume zum Abstellen von Kraftfahrzeugen dienen, wie beispielsweise Kellergaragen.

194 Der **Begriff des Kraftfahrzeugs** entspricht dem in § 1 Abs. 2 StVG. Danach sind Kraftfahrzeuge alle Landfahrzeuge, die durch Maschinenkraft bewegt werden, ohne an Bahngleise gebunden zu sein. Kraftfahrzeuge sind daher Personen- und Lastkraftwagen, Omnibusse, landwirtschaftliche Zugmaschinen, Motorräder, Mopeds sowie selbstfahrende Arbeitsmaschinen, wie Mähmaschinen und Mähdrescher.

195 Auf den begünstigten Garagen sind **Dachterrassen** zulässig, soweit die Garagen den Grenzabstand einhalten, denn Garagen sind nicht nur Gebäude, sondern auch Gebäudeteile zum Abstellen von Kraftfahrzeugen. Deshalb verlangt Absatz 8 Satz 4 Nr. 1, dass nur die Gebäudeteile, die den Grenzabstand unterschreiten, allein der Garagennutzung dienen. Das entspricht auch der dem Absatz 8 Satz 4 Nr. 1 zugrunde liegenden Konzeption, wonach ein Gebäude nur dann den Einschränkungen hinsichtlich Länge und Höhe unterliegt, soweit der erforderliche Abstand unterschritten wird.

196 Auf dem Dach einer Grenzgarage ist außerhalb des Abstandsbereichs auch eine **Gasfeuerstätte** zulässig, soweit diese den erforderlichen Grenzabstand einhält. Entscheidend dafür ist, wie in den Fällen der Dachterrassen, die außerhalb des Abstandsbereichs liegen, dass Garagen nicht nur Gebäude, sondern auch Gebäu-

deteile zum Abstellen von Kraftfahrzeugen sind. Das Nds. OVG hat sich zu dieser Frage in seinem Beschluss vom 26.5.1997 (1 L 5006/95 – s. *Nds. Landesjustizportal*) nicht abschließend geäußert.
Auch hier zeichnet sich ab, dass Regelungen über eine Grenzbebauung mit den erforderlichen Längen-, Höhen- und Nutzungseinschränkungen nur dann zu vertretbaren Ergebnissen führen, wenn die Grenzbebauung diesen Einschränkungen nur unterworfen wird, soweit sie den Grenzabstand unterschreitet, also innerhalb des Abstandsbereichs.

197 Mit Absatz 8 Satz 4 Nr. 1 ist ferner ein Gebäude an der Grenze vereinbar, das teilweise als Garage und **teilweise als Abstellraum dient.** Vielfach wird eine solche kombinierte Nutzung etwas ungenau als „Garage mit Abstellraum" bezeichnet. In diesen Fällen wird das Gebäude zwar nicht mehr ausschließlich zum Abstellen von Kraftfahrzeugen genutzt. Dies ist aber unbedenklich, da die Garagennutzung, wie auch die Nutzung als Gebäude ohne Aufenthaltsräume und Feuerstätten unter Beachtung der Längenbeschränkungen nach Absatz 8 Satz 3 uneingeschränkt an der Grenze zulässig sind.

198 Eine **Unterkellerung einer Garage** im Abstandsbereich mit Räumen, die nicht als Aufenthaltsräume dienen und keine Feuerstätten haben ist ebenfalls zulässig, wenn die Garage hierdurch die Höhe von 3 m nicht überschreitet.
Eine Unterkellerung einer Garage im Abstandsbereich mit Räumen mit einer Feuerstätte ist hingegen nur zulässig, wenn die Garage mit dem Kellergeschoss keine Nutzungseinheit bildet und das Kellergeschoss infolgedessen ein selbständiges Gebäude im Sinne des § 2 Abs. 2 ist. Das setzt voraus, dass das Kellergeschoss von dem Garagengeschoss völlig abgetrennt ist, unterhalb der nach Absatz 9 maßgebenden Geländeoberfläche liegt und über einen eigenen Zugang von außen verfügt.

199 **Gebäude ohne Aufenthaltsräume und Feuerstätten** sind vielfach Gebäude, die dem Abstellen von Gartengeräten dienen. Hierauf beschränkt sich jedoch nicht die zulässige Nutzung der begünstigten Gebäude. Gebäude ohne Feuerstätten und Aufenthaltsräume sind beispielsweise auch Gewächshäuser, Scheunen und Ställe, gewerblich genutzte Lagergebäude ohne Lagerhalter sowie Gartenlauben, die keine Feuerstätte haben. Da die Gebäude lediglich keine Feuerstätten und Aufenthaltsräume haben dürfen, sind mit ihrer zulässigen Nutzung auch Dachterrassen vereinbar. Auch aus Absatz 1 Satz 2 ergibt sich nicht, dass Dachterrassen Abstand halten müssen, denn diese Vorschrift erfasst nur Terrassen, die selbständige bauliche Anlagen sind.
Ferner zählen dazu Gebäude, die dem Fernmeldewesen, der Energie- und Wasserversorgung und der Abwasserbeseitigung dienen, wenn diese Nutzungen frei von Aufenthaltsräumen und Feuerstätten sind, wie Transformatoren- und Pumpenhäuser.
Ein Gebäude, das **als „Abstellraum" deklariert** wird, erfüllt nicht die Voraussetzungen, dass es keine Aufenthaltsräume haben darf, wenn es nach seiner Ausgestaltung, insbesondere mit großen Fensterflächen und mit einer für Aufenthaltsräume ausreichenden lichten Höhe, auch als Aufenthaltsraum geeignet ist (Nds. OVG, U. v. 26.4.1993 – 6 L 169/90 zu dem bisherigen § 12 – Nds. Rpfl. 1993/201).

§ 5 200

200 Absatz 8 Satz 4 Nr. 1 erfasst Gebäude ohne Aufenthaltsräume und Feuerstätten, nicht jedoch Teile solcher Gebäude, die in Gebäuden mit Aufenthaltsräumen und Feuerstätten integriert sind, wie **Abstellräume in einem Wohngebäude**. Diese Abgrenzung kann in Einzelfällen Schwierigkeiten bereiten, insbesondere, wenn es sich um Anbauten mit einer Türverbindung zum Hauptbau handelt.
Gebäude sind nach § 2 Abs. 2 selbständig benutzbare, überdachte bauliche Anlagen, die von Menschen betreten werden können und geeignet oder bestimmt sind, dem Schutz von Menschen, Tieren oder Sachen zu dienen.
Selbständig benutzbar ist eine bauliche Anlage im Sinne des § 2 Abs. 2, wenn sie einen eigenen, von anderen baulichen Anlagen oder deren Teilen unabhängigen Zugang hat, wie Reihenhäuser oder durch Trennwände voneinander abgetrennte Reihengaragen, im Gegensatz zu Eigentumswohnungen, die über einen gemeinsamen Treppenraum zugänglich sind. Wird eine Gemeinsamkeit bei der Nutzung baulicher Anlagen durch ein unbedeutendes Bauteil vermittelt, wie die Verbindung von Eingängen baulicher Anlagen durch einen gemeinsamen Windfang, dann bleiben die einzelnen baulichen Anlagen selbständig benutzbar (OVG Lüneburg, U. v. 21.4.1986 – 1 A 56/85 – BRS 46 Nr. 98). Der Begriff der selbständigen Benutzbarkeit beinhaltet auch das Erfordernis der funktionalen Selbständigkeit. Die bauliche Anlage muss tatsächlich unabhängig von anderen baulichen Anlagen genutzt werden können (OVG Lüneburg, U. v. 21.4.1986 – 1 A 56/85 a. a. O.). Sie muss funktional eine abgeschlossene Einheit darstellen.
Anbauten sind selbständig benutzbar und daher Gebäude, wenn sie einen eigenen Zugang haben und von dem Hauptbau durch eine Trennwand ohne Türverbindung völlig abgetrennt sind.
Anbauten mit einem eigenen Zugang können aber auch dann selbständig benutzbar und deshalb Gebäude sein, wenn zwischen ihnen und dem Hauptbau eine Türverbindung besteht. Dabei ist entscheidend, ob der Anbau trotz einer solchen Türverbindung funktional selbständig ist, d. h. unabhängig von dem Hauptbau benutzt werden kann und nicht in die Nutzung des Hauptbaus eingebunden ist. Diese Frage ist in der Regel zu bejahen, wenn die Türverbindung zum Hauptbau für die selbständige Nutzung des Anbaus keine Rolle spielt und jederzeit auch beseitigt werden könnte, ohne die funktionale Selbständigkeit des Anbaus zu berühren. Beispielsweise wird die funktionale Selbständigkeit einer Garage oder einer Scheune nicht durch eine Türverbindung zu einem Wohnhaus hinfällig. Im Einzelfall kann auch ein Anbau für Abstellzwecke mit einem eigenen Zugang trotz einer Türverbindung zum Wohngebäude funktional eine abgeschlossene Einheit darstellen und daher Gebäude sein. Die funktionale Selbständigkeit solcher Anbauten wird sich in der Regel jedoch nur dann hinreichend abzeichnen, wenn diese Anbauten auch architektonisch deutlich von dem Hauptgebäude abgesetzt sind, wie beispielsweise eine übliche Gartenlaube zum Abstellen von Gartengeräten mit einer Verbindungstür zum Wohngebäude.
Ein **Heizraum**, der innerhalb eines Gebäudes liegt, ist auch dann kein selbständiges Gebäude, wenn er einen eigenen Zugang vom Freien hat und von den übrigen Räumen völlig abgetrennt ist. Dabei ist entscheidend, dass sich der Heizraum auch als selbständig benutzbare Einheit in seinem äußeren Erscheinungsbild nicht von den übrigen Nebenräumen abhebt, denn er ist ebenso wie dieser Teil eines von den Maßen und der Dachkonstruktion einheitlichen Baukörpers (Nds. OVG, B. v. 19.4.1999 – 1 L 805/99 – BRS 62 Nr. 139).

Solaranlagen nach Absatz 8 Satz 4 Nr. 2 ermöglichen es, Sonnenenergie in Strom oder in Wärme umzuwandeln. Dabei handelt es sich entweder um Photovoltaikanlagen, deren Solarzellen Strom erzeugen oder um thermische Solaranlagen (Solarthermieanlagen), deren Solarkollektoren Wasser erwärmen.
Die begünstigten Solaranlagen dürfen nicht Teil eines Gebäudes sein, sondern müssen **selbständige bauliche Anlagen** sein.

201

Die **Höhe** der nach Absatz 8 Satz 4 begünstigten Gebäude und Solaranlagen darf **nicht mehr als 3 m** betragen (zum Nachbarschutz bei überhöhten Grenzgaragen (s. Rn. 20 ff.). Der Höhenbeschränkung unterliegen aber nicht die Gebäude und Solaranlagen, soweit sie die erforderlichen Abstände einhalten. Diese Differenzierung kommt in Absatz 8 Satz 4 zwar nicht eindeutig zum Ausdruck. Sie ergibt sich jedoch daraus, dass Absatz 8 allein darauf gerichtet ist, eine Bebauung an der Grenze innerhalb des Abstandsbereichs zuzulassen. Soweit bauliche Anlagen die erforderlichen Abstände einhalten, findet daher Absatz 8 mit seinen Höhenbeschränkungen keine Anwendung (s. **Abb. 39**).
Für die Höhe der Gebäude ist, wie für die Höhe H nach Absatz 1 Satz 4, die **Geländeoberfläche des Baugrundstücks** und nicht die der benachbarten Grundstücke maßgebend.

202

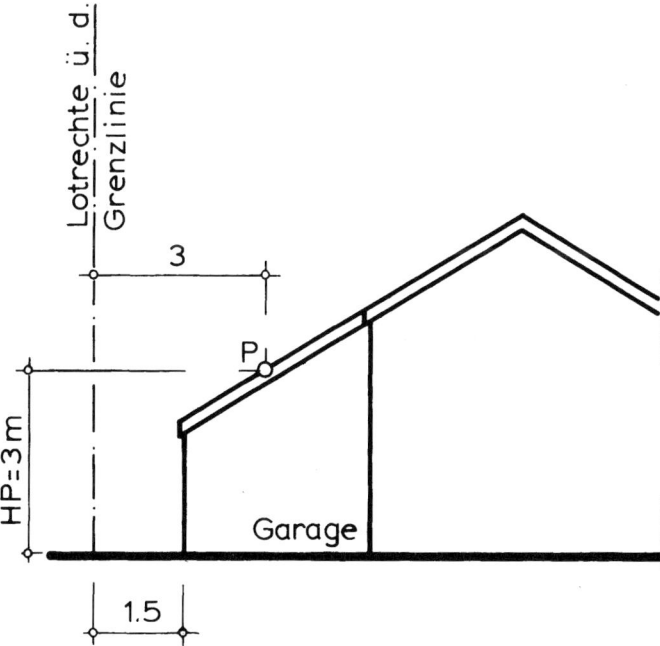

Abb. 39: Die Garage unterliegt außerhalb des Abstandsbereichs nicht der Höhenbeschränkung nach § 5 Abs. 8 Satz 4 Nr. 1.

203 Bei **hängigem Gelände** kann die Höhenbegrenzung auf 3 m zu erheblichen Problemen führen. In diesen Fällen kann deshalb die Zulassung einer Abweichung nach § 66 von der Höhenbeschränkung in Betracht kommen, wenn sich eine Garage auf dem Grundstück sonst nur mit Schwierigkeiten errichten ließe (vgl. OVG Lüneburg B. v. 10.3.2008 – 1LA 38/07- Nds. Landesjustizportal- zur Erteilung einer Ausnahme nach dem bisherigen § 12 Abs. 3).

204 **Parabolantennen** dürfen auf den Gebäuden nach Absatz 8 Satz 4 Nr. 1 im Abstandsbereich nicht errichtet werden, soweit die zulässige Höhe von 3 m überschritten wird. Antennen brauchen zwar nach Absatz 4 Satz 1 Nr. 1 keinen Abstand zu halten. Die begünstigten Gebäude unterliegen der Höhenbeschränkung auf 3 m jedoch mit allen ihren Teilen. Dazu gehören auch Antennen, die wesentliche Bestandteile der Gebäude im Sinne des § 94 BGB sind.

205 Absatz 8 Satz 4 lässt eine Bebauung **ohne Grenzabstand oder mit einem bis auf 1 m verringerten Grenzabstand** zu. Danach steht es im Belieben des Bauherrn, unmittelbar an die Grenze zu bauen oder den Grenzabstand bis auf 1 m zu unterschreiten. Die Regelung, nach der der Abstand nur bis zu 1 m unterschritten werden darf, wenn nicht unmittelbar an die Grenze gebaut wird, soll sicherstellen, dass der Grundstücksstreifen zwischen der Grenze und dem Gebäude unterhalten, insbesondere bepflanzt werden kann, damit sich dort kein Schmutz und Unrat ansammeln.

206 Die Regelungen des Absatzes 8 beziehen sich auf das **Baugrundstück** im Sinne des § 2 Abs. 12 **und dessen Grenzen.** Besteht ein Baugrundstück auf Grund einer Vereinigungsbaulast nach § 2 Abs. 12 Satz 2 aus mehreren Grundstücken im Sinne des § 2 Abs. 12 Satz 1, dann findet Absatz 8 nur Anwendung auf die äußeren Grenzen des durch Vereinigungsbaulast gebildeten Baugrundstücks. Die innerhalb des Baugrundstücks gelegenen Grenzen der Grundstücke im Sinne des Bürgerlichen Rechts gelten für die Abstandsregelungen als nicht vorhanden.
Übernimmt ein Grundstückseigentümer zu Gunsten seines Nachbarn eine **Baulast nach § 6 Abs. 2,** dann ist für den Grundstückseigentümer anstelle der gemeinsamen Grundstücksgrenze die **fiktive Grenze** maßgebend, die durch die Baulast gebildet wird, wenn es um die Anwendung des Absatzes 8 geht (s. Rn. 32 zu § 6).

207 Nach **Absatz 8 Satz 5** dürfen Garagen, Gebäude ohne Aufenthaltsräume und Feuerstätten sowie Solaranlagen den Abstand
  – **auf eine Gesamtlänge von 9 m** gegenüber jeder Grenze des Baugrundstücks,
  – höchstens jedoch auf eine **Gesamtlänge von 15 m** gegenüber sämtlichen Grenzen des Baugrundstücks
unterschreiten.
Diesen Längenbeschränkungen unterliegen die begünstigten Gebäude und Solaranlagen mit allen ihren Teilen. Deshalb dürfen Garagen und Gebäude ohne Aufenthaltsräume und Feuerstätten nicht mit Dachvorsprüngen oder auch nur mit Dachrinnen die maßgeblichen Längen überschreiten.

Die Regelung des Absatzes 8 Satz 5 lässt auf einem Baugrundstück beispielsweise eine Grenzbebauung an einer Grenze mit einer 9 m langen Garagenanlage und an einer zweiten Grenze mit einer 6 m langen Garagenanlage zu (s. **Abb. 40**). Nach dieser Regelung dürfen auch eine 6 m lange Garagenanlage, eine 6 m lange Solaranlage und ein 3 m langer Geräteschuppen an drei verschiedenen Grenzen des Baugrundstücks errichtet werden.

Absatz 8 Sätze 4 und 5 erfasst auch die auf dem Baugrundstück vorhandenen Garagen, Gebäude ohne Aufenthaltsräume und Feuerstätten sowie Solaranlagen, die auf Grund früherer Vorschriften, wie der RgaO, gegenüber den Grenzen des Baugrundstücks keinen oder bis auf 1 m verringerten Abstand halten, denn Absatz 8 Sätze 4 und 5 regelt, ob und in welchem Umfang die genannten baulichen Anlagen keinen Abstand zu halten brauchen unabhängig von dem Zeitpunkt ihrer Errichtung. Diese baulichen Anlagen sind daher auf die Längenbeschränkungen nach Absatz 8 Satz 5 anzurechnen.

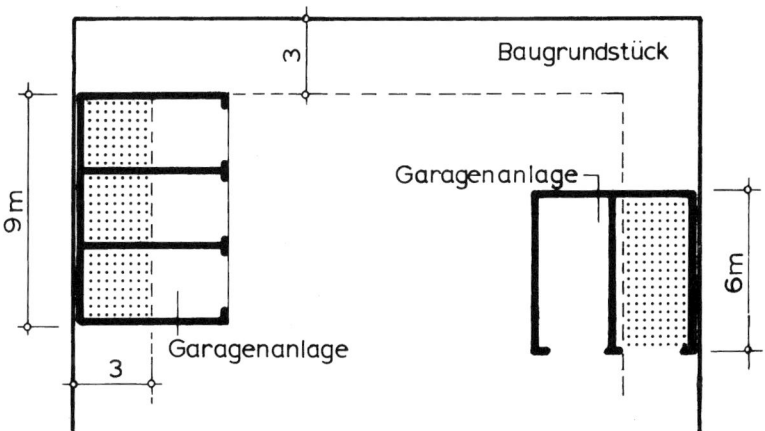

Abb. 40: Die Garagenanlagen dürfen nach § 5 Abs. 8 Satz 4 Nr. 1 und Satz 5 an den Grenzen errichtet werden.

Absatz 8 Satz 5 differenziert nicht, wie der bisherige § 7 a, zwischen **unterschiedlichen Grenzverläufen**. Grenzen im Sinne dieser Vorschrift sind daher auch solche Grenzen, die dort, wo sie aneinanderstoßen, nur geringfügig abknicken. An Grenzen, die beispielsweise einen Winkel von 160° bilden, ist deshalb ein Lagergebäude von insgesamt 15 m Länge zulässig (s. **Abb. 41**).

§ 5

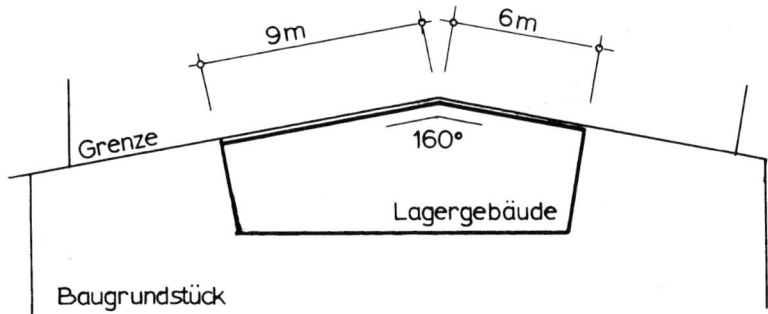

Abb. 41: Das Lagergebäude darf nach § 5 Abs. 8 Satz 4 Nr. 1 und Satz 5 mit einer Länge von 15 m den Abstand unterschreiten, da es an zwei Grenzen des Baugrundstücks steht.

210 Die **Längenbeschränkungen** der begünstigten baulichen Anlagen gelten, wie auch deren Höhenbeschränkungen nur, soweit die baulichen Anlagen die erforderlichen Abstände unterschreiten, denn Absatz 8 findet keine Anwendung, soweit die erforderlichen Abstände eingehalten werden (s. **Abb. 42**).

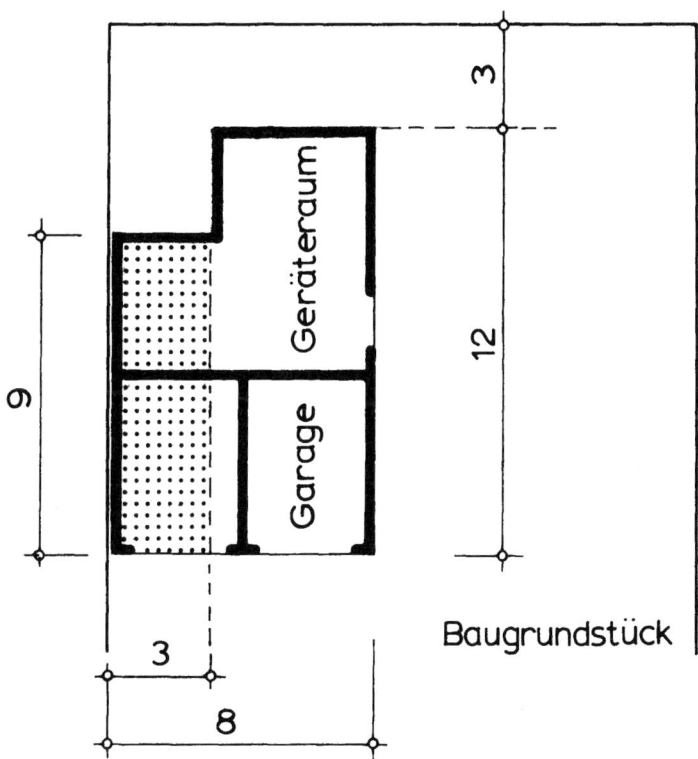

Abb. 42: Der Geräteraum unterliegt außerhalb des Abstandsbereichs nicht der Längenbeschränkung nach § 5 Abs. 8 Satz 5.

Es steht **im Belieben des Bauherrn**, an welchen Grenzen seines Baugrundstücks er die in Absatz 8 Satz 4 genannten baulichen Anlagen errichtet. Dabei braucht er keine Rücksicht auf die unterschiedliche Betroffenheit der angrenzenden Nachbarn zu nehmen. Ein Nachbar kann sich jedoch gegen die Errichtung einer baulichen Anlage an seiner Grundstücksgrenze wehren, wenn diese bauliche Anlage die zulässige Höhe oder Länge überschreitet oder wenn mit dieser baulichen Anlage die zulässige Gesamtlänge von 15 m überschritten wird. Diese Beschränkungen sind insoweit nachbarschützend (s. zum Nachbarschutz Rn. 22 der Vorbemerkungen).

Absatz 8 mit seinen Vergünstigungen sowie mit seinen Höhen- und Längenbeschränkungen bezieht sich auf das **Baugrundstück mit seinen Grenzen** zu Grundstücken, die außerhalb des Baugrundstücks liegen.

213 Besteht ein Baugrundstück auf Grund einer **Vereinigungsbaulast** nach § 2 Abs. 12 Satz 2 aus mehreren aneinander grenzenden Grundstücken im Sinne des Bürgerlichen Rechts, dann sind die Grenzen des Baugrundstücks die für die Längenbeschränkungen maßgebenden Grenzen nach Absatz 8 Satz 5 mit der Folge, dass bauliche Anlagen nach Absatz 8 Sätze 4 und 5 nur mit einer Gesamtlänge von 15 m an den Grenzen des Baugrundstücks zulässig sind (s. **Abb. 43**).

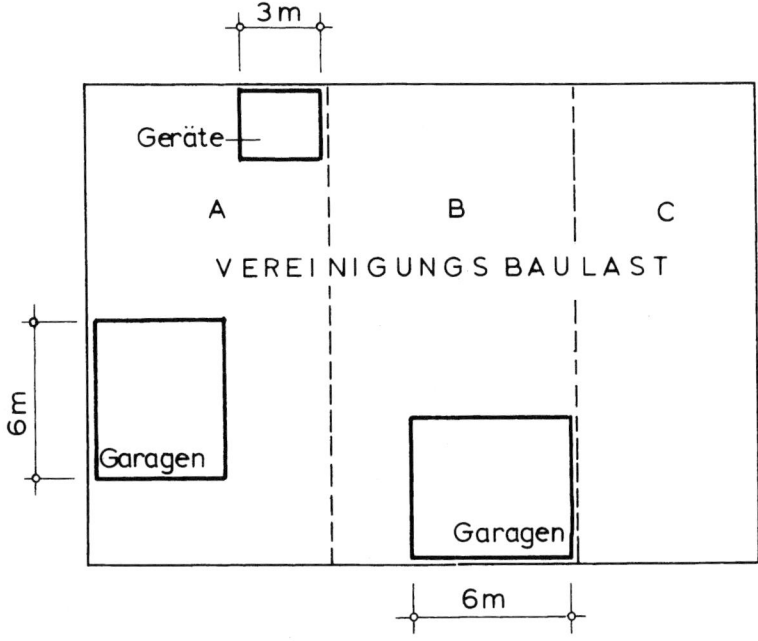

Abb. 43: Die Grundstücksflächen A, B und C sind Grundstücke im Sinne des Bürgerlichen Rechts und bilden durch eine Vereinigungsbaulast ein Baugrundstück im Sinne des § 2 Abs. 12 Satz 2; auf diesem Baugrundstück dürfen an dessen Grenzen nach § 5 Abs. 8 Sätze 4 und 5 Garagen und Gebäude ohne Aufenthaltsräume und Feuerstätten sowie Solaranlagen nur auf eine Gesamtlänge von 15 m ohne Abstand errichtet werden.

214 Wird von einem wirtschaftlich einheitlich genutzten Baugrundstück allein deswegen eine Teilfläche gemäß § 8 abgeteilt, um die Längenbeschränkung von 15 m je Baugrundstück zu unterlaufen, so ist die Errichtung einer der in Absatz 8 Satz 4 genannten baulichen Anlagen an einer der Grenzen des neuen Baugrundstücks wegen **rechtsmissbräuchlicher Inanspruchnahme von Absatz 8** rechtswidrig (vgl. Nds. OVG, B. v. 26.2.2004 – 1 L A 210/03 – zu dem bisherigen § 12 – BRS 67 Nr. 144).

Bei der Entscheidung, ob eine rechtsmissbräuchliche Inanspruchnahme von Absatz 8 Sätze 4 und 5 vorliegt, sind entgegen der Ansicht des Nds. OVG, die Interessen des Nachbarn an einer ausreichenden Belichtung, Besonnung und Belüftung

unerheblich. Wer von seinem Baugrundstück allein deswegen eine Teilfläche abtrennt, um sich unter Umgehung des Absatzes 8 Sätze 4 und 5 den Vorteil einer weiteren Grenzbebauung zu verschaffen, handelt rechtsmissbräuchlich. Für die Feststellung des Rechtsmissbrauchs bedarf es deshalb keiner weiteren Begründung. Insbesondere ist es unerheblich, in welchem Maß der Nachbar von der erschlichenen Grenzbebauung betroffen ist.
Aber nicht jede Ausnutzung einer durch Grundstücksteilung erlangten Rechtsposition stellt einen Rechtsmissbrauch dar. So scheidet die Annahme eines Rechtsmissbrauchs aus, wenn das abgeteilte Grundstück eine Größe hat, die es zulässt, es nicht nur mit einem Nebenzwecken dienenden Gebäude, sondern auch mit einem Gebäude zu bebauen, das mindestens die Größe eines kleinen Wohngebäudes hat (vgl. Urteil des OVG Lüneburg vom 7.3.2005 – 1 LB 174/04 – Nds. Landesjustizportal).

Mit Absatz 8 Satz 4 Nr. 1 und Satz 5 ist unter Einhaltung der Längenbeschränkungen eine Garagenanlage vereinbar, deren **einzelne Garagen auf jeweils selbständigen Baugrundstücken** im Sinne des § 2 Abs. 12 Satz 1 stehen, welche nicht größer als die einzelnen Garagen mit ihrem Stauraum sind (s. **Abb. 44**).
In den genannten Fällen liegt auch **kein Rechtsmissbrauch** vor. Wer Absatz 8 Satz 4 Nr. 1 und Satz 5 in Anspruch nimmt, um auf einem selbständigen Baugrundstück eine Garage als Teil einer Garagenanlage zu errichten, hat nicht die Absicht, Absatz 8 Satz 4 Nr. 1 zu unterlaufen, sondern trägt zur Verwirklichung einer städtebaulichen Konzeption bei, die in der Regel bereits in den Festsetzungen eines Bebauungsplanes ihren Niederschlag gefunden hat.

§ 5   215

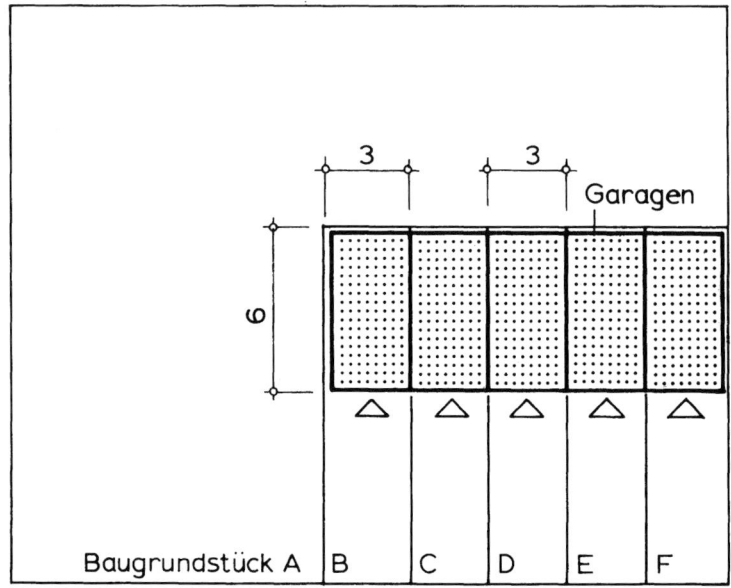

Abb. 44: Die Regelung des § 5 Abs. 8 Satz 4 Nr. 1 und Satz 5 lässt unter Beachtung der Längenbeschränkungen Garagen auf jeweils selbständigen Baugrundstücken zu, die die Größe einer Garage einschließlich Stauraum haben.

Das OVG Lüneburg hat hingegen in seinem Urteil vom 7.5.1980 (6 A 171/78 – n. v.) die Ansicht vertreten, dass die Vergünstigung des § 12 (a. F.) nicht für ein Grundstück gelte, das nur die Größe einer Garage einschließlich des Stauraums habe. Hier ging es um die Abteilung eines Grundstücks mit einer vorhandenen Grenzgarage. Das Gericht hat die Teilung als rechtswidrig angesehen, weil hierdurch kein selbständiges Baugrundstück entstehen würde, auf dem die vorhandene Grenzgarage dann nach Absatz 8 Sätze 4 und 5 zulässig wäre. Dabei hat sich das Gericht von der Erwägung leiten lassen, dass als bebautes und einer Verselbständigung zugängliches Baugrundstück im Sinne des bisherigen § 4 Abs. 1 Satz 1 nur ein solches angesehen werden könne, das Raum biete, „Haupt- und Nebengebäude" auf grundstücksrechtlich ein und demselben Grundstück aufzunehmen.

Das Nds. OVG hat in seinem Beschluss vom 27.12.1996 (1 M 6717/96 – BRS 58 Nr. 121) eine abschließende Entscheidung zu der Frage, ob die Vergünstigung des bisherigen § 12 Abs. 1 auch für ein Grundstück gilt, das nur die Größe einer Garage einschließlich des Stauraums hat, zurückgestellt. Es hat aber eingeräumt, dass sich weder aus dem Begriff des Baugrundstücks im Sinne des bisherigen § 4 Abs. 1, noch aus dem bisherigen § 12 Abs. 1 herleiten lasse, dass die dort genannten Gebäude nur mit einem „Hauptgebäude" zusammen auf grundstücksrechtlich ein und demselben Grundstück errichtet werden dürften.

Nach Absatz 8 Satz 6 sind Garagen und Gebäude ohne Aufenthaltsräume und Feuerstätten, die nach Absatz 5 Satz 2 ohne Abstand an eine Grenze gebaut sind, bei Anwendung des Absatzes 8 Sätze 4 und 5 **anzurechnen.** **216**

Bei der Anrechnung geht es um Garagen und Gebäude ohne Aufenthaltsräume und Feuerstätten, die nach Absatz 5 Satz 2 entweder auf Grund einer Anbaubaulast oder als Anbau an ein auf dem Nachbargrundstück an der Grenze errichtetes Gebäude vorhanden sind.

Die Anrechnung hat zur Folge, dass Garagen, Gebäude ohne Aufenthaltsräume und Feuerstätten sowie Solaranlagen die sich aus Absatz 8 Satz 5 ergebenden Längenbegrenzungen von 9 m je Grundstücksgrenze und von 15 m je Baugrundstück nur ausschöpfen dürfen, wenn keine Garagen und Gebäude ohne Aufenthaltsräume und Feuerstätten nach Absatz 5 Satz 2 an den Grenzen vorhanden sind.

Auf Grund der nach Absatz 8 Satz 6 erforderlichen Anrechnung von Garagen und Gebäuden ohne Aufenthaltsräume und Feuerstätten, die nach Absatz 5 Satz 2 an den Grenzen errichtet sind, kann der **Anspruch auf Grenzbebauung** nach Absatz 8 Sätze 4 und 5 mit Garagen, Gebäuden ohne Aufenthaltsräume und Feuerstätten sowie mit Solaranlagen ganz oder teilweise **entfallen.** So entfällt ein solcher Anspruch, wenn die Grenzen des Baugrundstücks bereits auf eine Gesamtlänge von 15 m mit Garagen und Gebäuden ohne Aufenthaltsräume und Feuerstätten nach Absatz 5 Satz 2 bebaut sind (s. **Abb. 45**). **217**

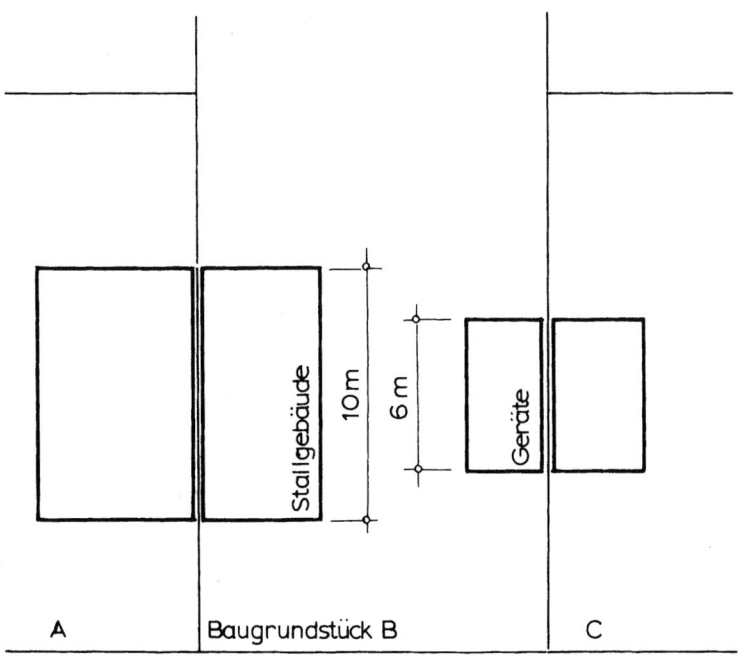

Abb. 45: Die auf dem Baugrundstück B nach § 5 Abs. 5 Satz 2 vorhandene Grenzbebauung lässt eine weitere Grenzbebauung nach § 5 Abs. 8 Sätze 4 und 5 auf Grund der nach § 5 Abs. 8 Satz 4 erforderlichen Anrechnung nicht zu, da die Gesamtlänge der zulässigen Grenzbebauung von 15 m bereits ausgeschöpft ist.

Ist an eine benachbarte Grenzgarage eine 9 m lange Garage errichtet worden, so kommt eine weitere Grenzbebauung an dieser Grenze nach Absatz 8 Satz 6 nicht in Betracht. Hat die nach Absatz 5 Satz 2 errichtete Grenzgarage nur eine Länge von 5 m, so kann sie um 4 m verlängert werden, wenn hierdurch nicht die nach Absatz 8 Satz 5 zulässige Gesamtlänge der Grenzbebauung von 15 m auf dem Baugrundstück überschritten wird (s. **Abb. 46**).

218 Anzurechnen sind die nach Absatz 5 Satz 2 an der Grenze errichteten Garagen und Gebäude ohne Aufenthaltsräume und Feuerstätten auf den Anspruch auf Grenzbebauung nach Absatz 8 Sätze 4 und 5, jedoch nicht umgekehrt. Eine Grenzbebauung nach dieser Vorschrift **lässt** daher **Ansprüche auf Grenzbebauung nach Absatz 5 Satz 2 unberührt**. Deshalb darf derjenige, der zunächst Garagen, Gebäude ohne Aufenthaltsräume und Feuerstätten sowie Solaranlagen nach Absatz 8 Sätze 4 und 5 auf einer Länge von 9 m an einer Grundstücksgrenze oder von insgesamt 15 m an den Grenzen errichtet hat, weitere Gebäude dieser Art an den Grenzen nach Absatz 5 Satz 2 errichten, wenn die dort genannten Voraussetzungen vorliegen (s. **Abb. 47**).

Die Beschränkung der Anrechnung auf bauliche Anlagen nach Absatz 5 Satz 2 beruht darauf, dass dieser Vorschrift eine von Absatz 8 abweichende Konzeption zu Grunde liegt. Absatz 5 Satz 2 lässt eine Grenzbebauung zu, die entweder im Einvernehmen mit dem Nachbarn durch Bestellung einer Anbaubaulast oder als Anbau an ein auf dem Nachbargrundstück vorhandenes Gebäude erfolgt. Nach Absatz 8 Sätze 4 und 5 ist hingegen ohne Rücksicht auf nachbarliche Belange und zu Lasten des Nachbargrundstücks eine Grenzbebauung abweichend von Absatz 2 zulässig.

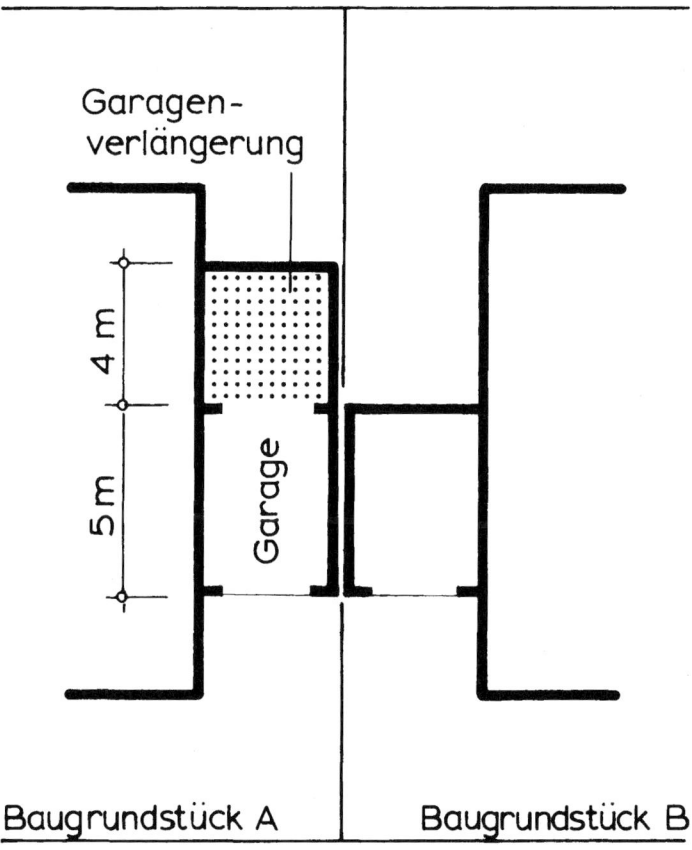

Abb. 46: Die auf dem Baugrundstück A nach § 5 Abs. 5 Satz 2 vorhandene Garage darf nach § 5 Abs. 8 Satz 4 Nr. 1 und Satz 5 noch um höchstens 4 m verlängert werden, es sei denn, auf dem Baugrundstück sind bereits Garagen, Gebäude ohne Aufenthaltsräume und Feuerstätten sowie Solaranlagen an der Grenze auf einer Gesamtlänge von 15 m vorhanden.

219 Gebäude mit der in Absatz 8 Satz 4 Nr. 1 genannten Nutzung sind **nicht ohne Abstand an eine Grenze des Baugrundstücks gebaut**, wenn sie zwar an der Grenze stehen, gegenüber dieser Grenze aber den erforderlichen Abstand durch Zurechnung benachbarter Grundstücke nach § 6 einhalten (s. **Abb. 48**). In diesen Fällen bleibt daher ein Anspruch auf eine Grenzbebauung nach Absatz 8 Sätze 4 und 5 unberührt.

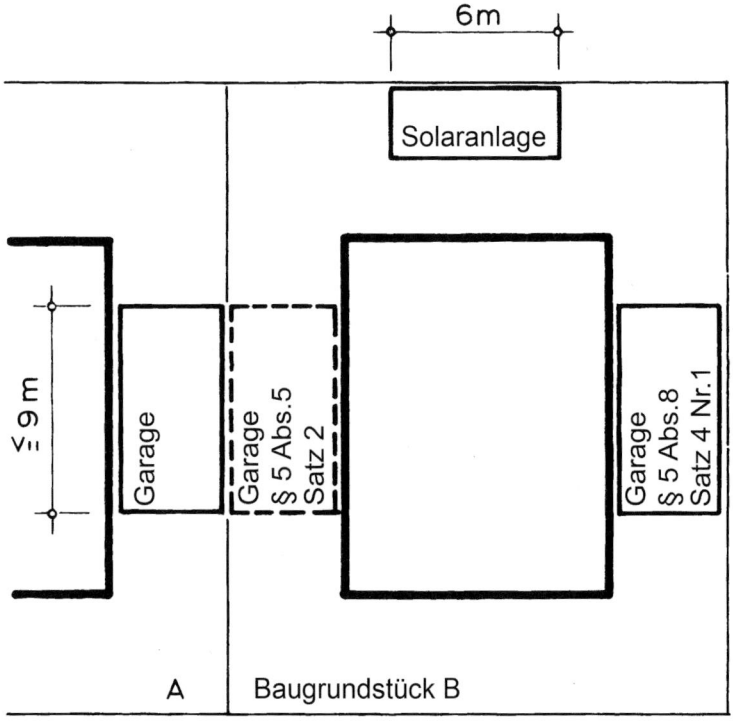

Abb. 47: Die Grenzgarage kann auf dem Baugrundstück B nach § 5 Abs. 5 Satz 2 an die benachbarte Grenzgarage angebaut werden, obwohl auf diesem Baugrundstück bereits eine Grenzbebauung auf einer Gesamtlänge von 15 m nach § 5 Abs. 8 Sätze 4 und 5 vorhanden ist.

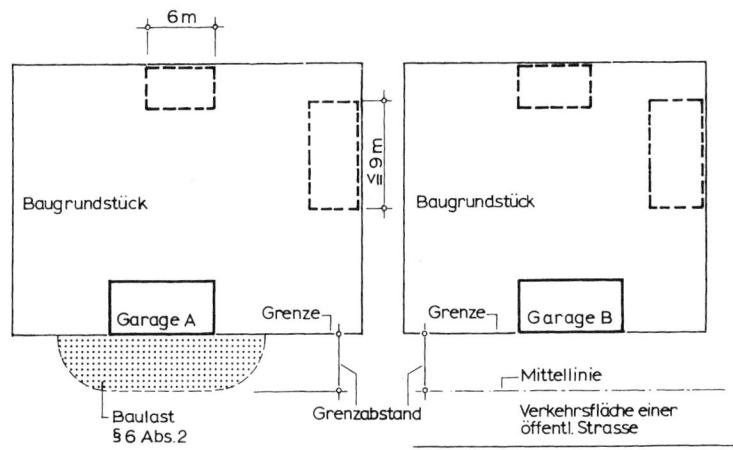

Abb. 48: Die Garagen A und B sind mit Abstand an die Grenzen gebaut, so dass die Ansprüche auf Grenzbebauung nach § 5 Abs. 8 Sätze 4 und 5 noch ausgeschöpft werden können.

VIII. Höhe der Geländeoberfläche und deren Festsetzung (Absatz 9)

1. Höhe der Geländeoberfläche (Absatz 9 Sätze 1 und 2)

Absatz 9 Sätze 1 und 2 bestimmen, welche **Höhe der Geländeoberfläche**, die gewachsene oder die durch Abgrabungen oder Aufschüttungen veränderte Geländeoberfläche **als Bezugsebene** für die Absätze 1 bis 8 und die §§ 6 und 7 maßgebend ist.

Auf die Geländeoberfläche stellen auch **andere bauordnungsrechtliche Vorschriften** ab, wie § 2 Abs. 3 mit seinen Regelungen über die Gebäudeklassen und § 2 Abs. 6 mit den Begriffsbestimmungen des oberirdischen Geschosses und des Kellergeschosses.
Nach diesen Vorschriften, denen eine andere Zielsetzung zugrunde liegt als den Absätzen 1 bis 8 und den §§ 6 und 7 ist stets diejenige Geländeoberfläche maßgebend, die nach Durchführung der Baumaßnahme vorhanden ist. Dabei ist unerheblich, ob diese Geländeoberfläche der gewachsenen Geländeoberfläche entspricht oder durch Aufschüttungen oder Abgrabungen hergestellt wurde. Schon deswegen beschränkt sich Absatz 9 Sätze 1 und 2 auf eine spezifische Aussage über die nach den Absätzen 1 bis 8 und den §§ 6 und 7 maßgebliche Höhe der Geländeoberfläche.

Nach § 9 Abs. 3 Satz 1 BauGB kann in Bebauungsplänen bei Festsetzungen nach § 9 Abs. 1 BauGB auch die **Höhenlage** festgesetzt werden. Sie entspricht dem Niveau der baulichen oder sonstigen Anlage über oder unter der Verkehrs- oder

einer sonstigen Bezugsfläche (OVG Saarl., B. v. 17.9.1979 – II W 1.2047/79 – BRS 35 Nr. 99).
Die Höhenlage ist nicht identisch mit der Höhe der Geländeoberfläche. In einem Bebauungsplan kann die Höhe der Geländeoberfläche nicht festgesetzt werden, da es dafür an der erforderlichen Ermächtigungsgrundlage fehlt (OVG Lüneburg, U. v. 21.11.1985 – 6 A 92/83 – n. v.).

223 Der von Gebäuden **einzuhaltende Abstand** richtet sich jeweils nach der Höhe der auf den Gebäudeaußenflächen gelegenen Punkte über der Geländeoberfläche (Absatz 1 Satz 4), soweit nicht die Sonderregelung des Absatzes 6 Anwendung findet. Entsprechendes gilt nach Absatz 1 Satz 2 für sonstige bauliche Anlagen, soweit sie wie Gebäude Abstand halten müssen. Die in Absatz 8 genannten baulichen Anlagen dürfen ohne Grenzabstand errichtet werden, soweit sie u. a. eine bestimmte Höhe nicht überschreiten. Für diese Höhen ist ebenfalls die Geländeoberfläche im Sinne des Absatzes 9 Sätze 1 und 2 maßgebend.

224 Die Regelung des Absatzes 9 enthält keine **materiellen Anforderungen an Aufschüttungen und Abgrabungen.** Aufschüttungen und Abgrabungen, die nach § 2 Abs. 1 Satz 2 Nr. 4 bauliche Anlagen sind, müssen zwar den Anforderungen des öffentlichen Baurechts entsprechen und dürfen insbesondere nach § 10 weder verunstaltet wirken, noch das bestehende Straßen-, Orts- oder Landschaftsbild verunstalten. Absatz 9 Sätze 1 und 2 regelt aber nur, ob und ggf. inwieweit Aufschüttungen oder Abgrabungen hinsichtlich der nach den Absätzen 1 bis 8 und den §§ 6 und 7 maßgeblichen Höhe der Geländeoberfläche Berücksichtigung finden können. Absatz 9 Sätze 1 und 2 verbietet daher nicht Aufschüttungen, die zu einer Geländeoberfläche führen, die weit über der des Nachbargrundstücks liegt.

225 Nach Absatz 9 Satz 1 ist grundsätzlich die **gewachsene Geländeoberfläche** maßgebend. Die gewachsene Geländeoberfläche ist die Oberfläche des gewachsenen Bodens, d. h. die Geländeoberfläche, die „natürlich" entstanden ist. Dieser Begriff schließt jedoch nicht Aufschüttungen „durch Menschenhand" in lange vergangener Zeit aus (OVG Lüneburg, U. v. 21.11.1985 – 6 A 92/83 – n. v.).

226 Nach Absatz 9 Satz 2 ist eine Veränderung der gewachsenen Geländeoberfläche durch **Abgrabungen** stets zu berücksichtigen. Abgrabungen führen zu entsprechend größeren Abständen zwischen den einzelnen auf den Gebäudeaußenflächen gelegenen Punkten und der Geländeoberfläche. Infolgedessen vergrößert sich durch Abgrabungen der einzuhaltende Grenzabstand (s. **Abb. 49)**.
Die Forderung nach uneingeschränkter Berücksichtigung von Abgrabungen dient vor allem der Vermeidung baurechtswidriger Zustände. Dazu würde es kommen, wenn Abgrabungen in dem Umfang unberücksichtigt bleiben könnten, wie Aufschüttungen berücksichtigt werden dürfen. Dürften beispielsweise Abgrabungen um einen Meter auf zwei benachbarten Grundstücken unberücksichtigt bleiben, dann würden Gebäude auf diesen Grundstücken gegen-

über der gemeinsamen Grundstücksgrenze die Abstände – abgesehen von dem Mindestabstand – um jeweils einen Meter unterschreiten.

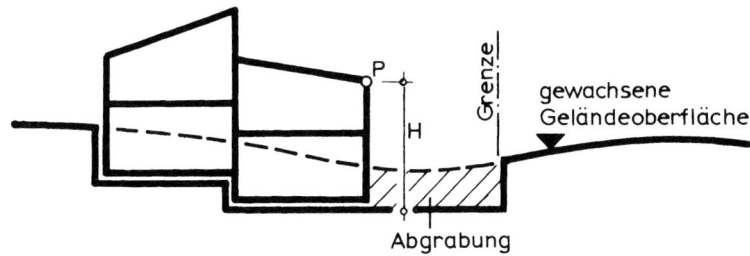

Abb. 49: Für die Höhe des Punktes P ist nach § 5 Abs. 9 Satz 2 die durch Abgrabung veränderte Geländeoberfläche des Baugrundstücks maßgebend.

Vielfach erstrecken sich **Abgrabungen** nur **auf bestimmte Bereiche eines Grundstücks**, um beispielsweise tiefer liegende Zufahrten oder Zugänge herzustellen. Eine Berücksichtigung solcher Abgrabungen wäre auch aus der Sicht nachbarlicher Belange sachlich nicht gerechtfertigt. In diesen Fällen bedarf es daher einer von Absatz 9 Satz 2 abweichenden Festsetzung der maßgeblichen Höhe der Geländeoberfläche durch die Bauaufsichtsbehörde nach Absatz 9 Satz 3 (s. Rn. 234).

Eine Veränderung der Geländeoberfläche für die **Gründung eines Gebäudes** ist keine Abgrabung im Sinne des Absatzes 9 Satz 2, da keine neue Geländeoberfläche entsteht. Für abstandsrelevante Punkte, deren Lotrechte innerhalb eines Gebäudes liegen, ist daher nicht die Ebene des überbauten Erdreichs als Bezugsebene maßgebend. Ist in diesen Fällen für die Höhe der sonstigen abstandsrelevanten Punkte die gewachsene Geländeoberfläche maßgebend, dann gilt dies auch für die Punkte, deren Lotrechte innerhalb des Gebäudes liegen (s. **Abb. 50**). Bei Veränderungen der gewachsenen Geländeoberfläche durch Abgrabungen oder Aufschüttungen muss in der Regel die Bezugsebene für die Höhe der Punkte, deren Lotrechte innerhalb des Gebäudes liegen, nach Absatz 9 Satz 3 festgesetzt werden (s. **Abb. 51**).

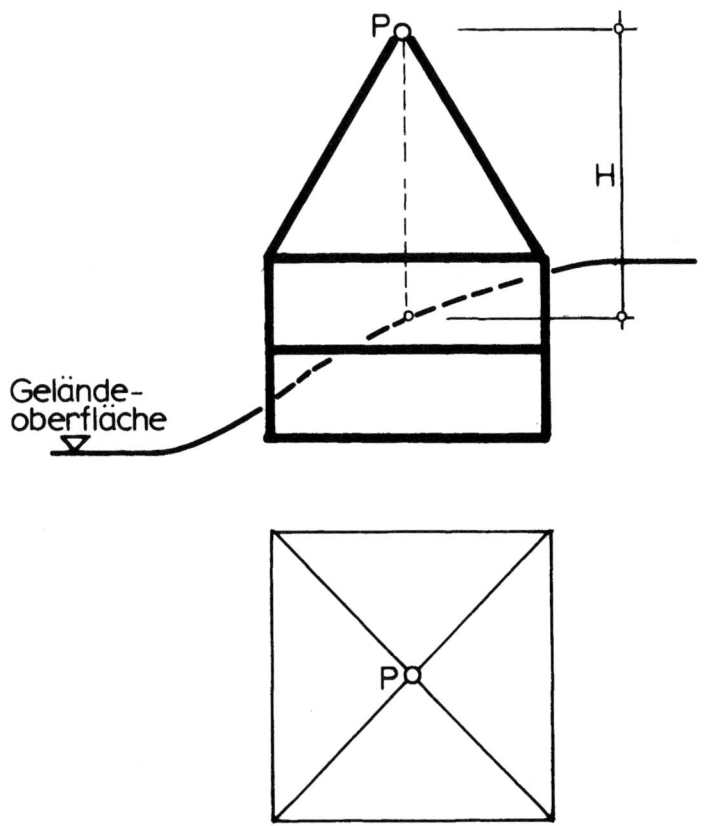

Abb. 50: Für die Höhe des Punktes P ist als Bezugsebene, wie für die Höhe der übrigen abstandsrelevanten Punkte, die gewachsene Geländeoberfläche nach § 5 Absatz 9 Satz 1 maßgebend.

228 Nach Absatz 9 Satz 2 darf eine **Veränderung** der gewachsenen Geländeoberfläche **durch Aufschüttung** nur berücksichtigt werden, wenn die Geländeoberfläche dadurch an die vorhandene oder genehmigte Geländeoberfläche des Nachbargrundstücks angeglichen wird.

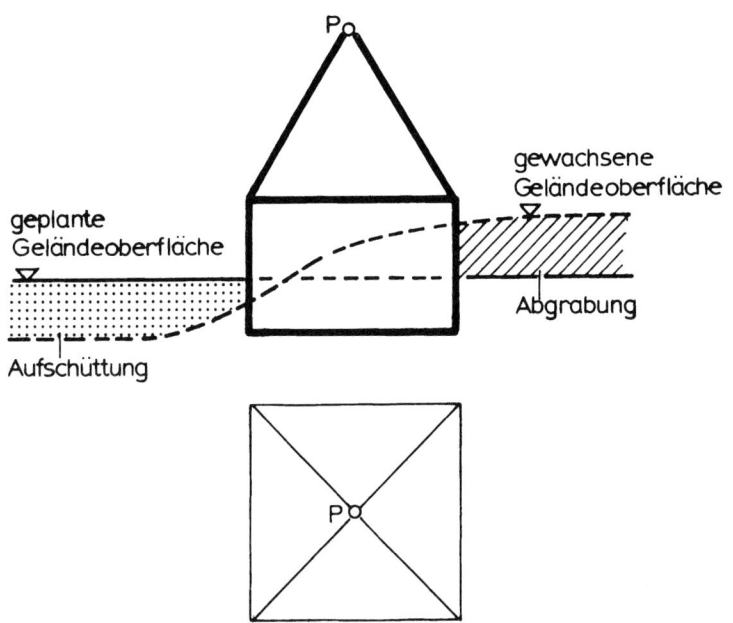

Abb. 51: Die für die Höhe des Punktes P maßgebende Bezugsebene muss nach § 5 Abs. 9 Satz 3 festgesetzt werden.

Durch Aufschüttungen lässt sich der Abstand zwischen den einzelnen auf den Gebäudeaußenflächen gelegenen Punkten und der Geländeoberfläche, infolgedessen auch der einzuhaltende Grenzabstand, zugunsten des Bauherrn verringern. Eine Berücksichtigung von Aufschüttungen kann jedoch nur dann zu einer Beeinträchtigung nachbarlicher Belange führen, wenn die durch diese Aufschüttungen entstandene neue Geländeoberfläche über der Geländeoberfläche liegt, die für die Abstände auf dem Nachbargrundstück gegenüber der gemeinsamen Grenze maßgebend ist.

Eine **Angleichung** erfordert nicht die Herstellung eines Geländeniveaus, das dem des Nachbargrundstücks entspricht. Eine Angleichung erfolgt auch, wenn lediglich die Differenz zu dem höher gelegenen Nachbargrundstück verringert wird (s. **Abb. 52**).

Auch Aufschüttungen, die nicht nur einen Höhenunterschied zum Nachbargrundstück beseitigen, sondern die Höhe der **Geländeoberfläche des Nachbargrundstücks überschreiten**, dienen bis zur Höhe der Geländeoberfläche des Nachbargrundstücks der Angleichung im Sinne des Absatzes 9 Satz 2. Deswegen können auch Aufschüttungen bis zu dieser Höhe berücksichtigt werden. Die maßgebende Höhe der Geländeoberfläche ist in diesen Fällen eine fiktive, die sich nach der Höhe der Geländeoberfläche des Nachbargrundstücks bestimmt (s. **Abb. 53** u. **54**).

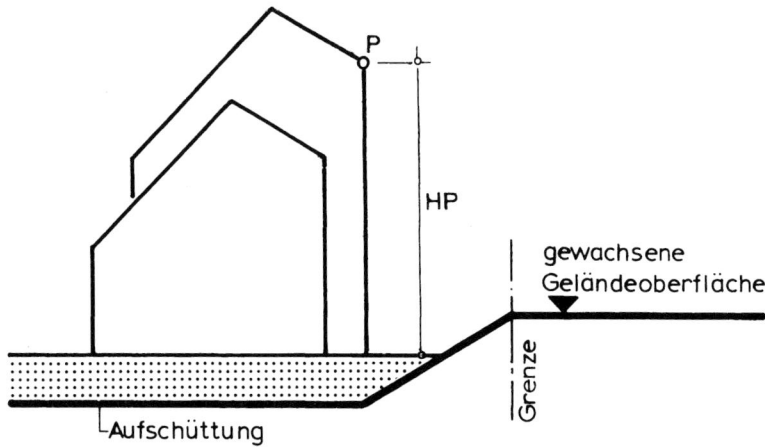

Abb. 52: Für die Höhe des Punktes P ist nach § 5 Abs. 9 Satz 2 die durch Aufschüttung veränderte Geländeoberfläche des Baugrundstücks maßgebend.

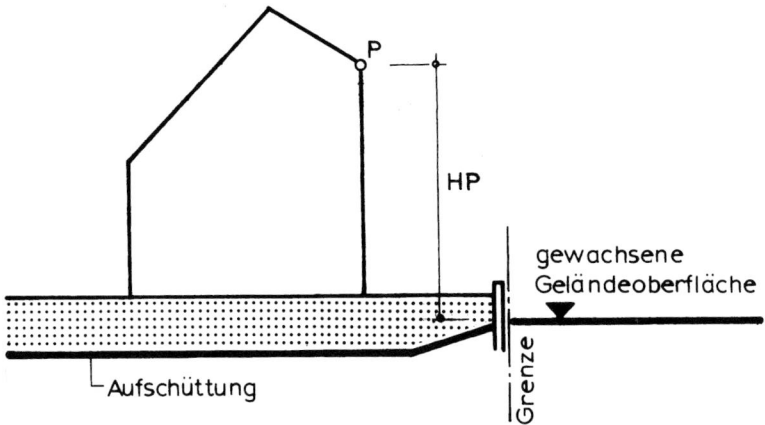

Abb. 53: Für die Höhe des Punktes P ist nach § 5 Abs. 9 Satz 2 die gewachsene Geländeoberfläche des Nachbargrundstücks maßgebend.

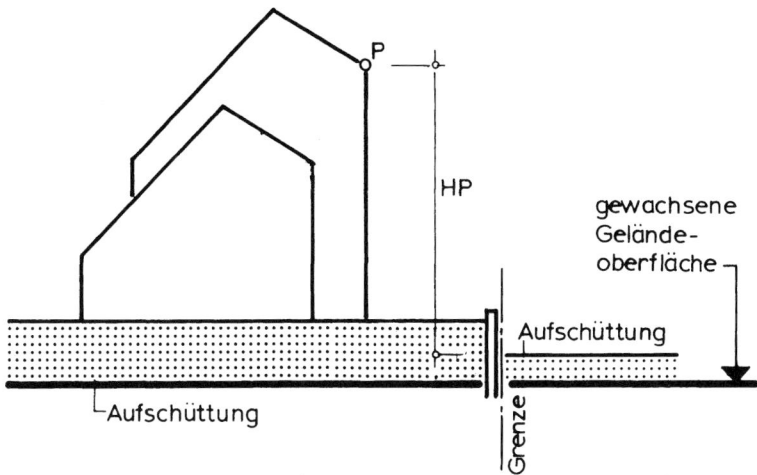

Abb. 54: Für die Höhe des Punktes P ist nach § 5 Abs. 9 Satz 2 die durch Aufschüttung veränderte Geländeoberfläche des Nachbargrundstücks maßgebend.

Aufschüttungen, die **nicht zu einer Angleichung** der Geländeoberfläche an die des Nachbargrundstücks **führen**, müssen unberücksichtigt bleiben. Maßgebend ist nach Absatz 9 Satz 1 in diesen Fällen die gewachsene Geländeoberfläche des Baugrundstücks (s. **Abb. 55**).

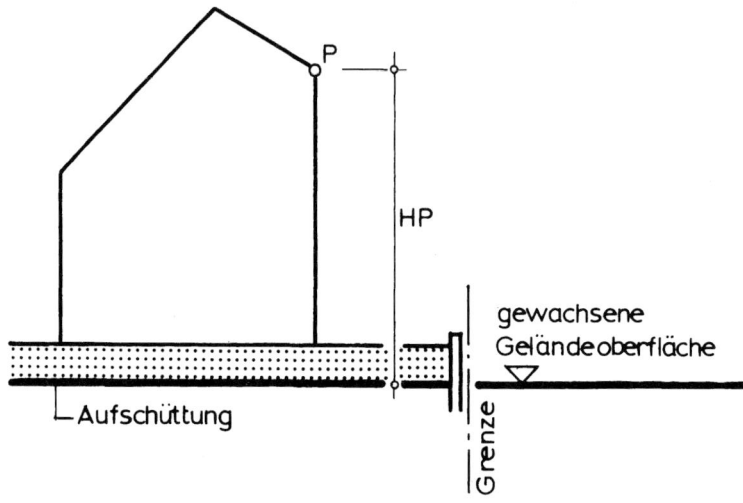

Abb. 55: Für die Höhe des Punktes P ist nach § 5 Abs. 9 Satz 1 die gewachsene Geländeoberfläche des Baugrundstücks maßgebend.

232 Wer auf seinem Grundstück, dessen gewachsene Geländeoberfläche der des Nachbargrundstücks entspricht, aufschüttet und baut, muss für die Höhe H auf die gewachsene Geländeoberfläche abstellen (s. **Abb. 55**). Er ermöglicht jedoch, ohne hiervon Vorteile zu haben, dass auf dem Nachbargrundstück eine Angleichung der Geländeoberfläche erfolgt und die hierdurch entstehende Geländeoberfläche als maßgebliche Höhe der Geländeoberfläche nach Absatz 9 Satz 2 zu berücksichtigen ist.

2. Festsetzung der Höhe der Geländeoberfläche durch die BauAB (Absatz 9 Sätze 3 und 4)

233 Absatz 9 Satz 3 ermächtigt und verpflichtet die BauAB, die **Höhe der Geländeoberfläche festzusetzen**, soweit dies erforderlich ist. Diese Ermächtigung beschränkt sich nicht auf die Festsetzung der nach den Absätzen 1 bis 8 und den §§ 6 und 7 maßgeblichen Höhe der Geländeoberfläche. Absatz 9 Satz 3 ermächtigt auch, soweit erforderlich, die Höhe der Geländeoberfläche festzusetzen, auf die andere bauordnungsrechtliche Vorschriften abstellen oder um Verunstaltungen nach § 10 durch Aufschüttungen oder Abgrabungen zu unterbinden.

234 Nach Absatz 9 Satz 3 ist die Bauaufsichtsbehörde verpflichtet, die Höhe der Geländeoberfläche festzusetzen, **soweit eine Festsetzung** im Einzelfall **erforderlich ist**. Mit dem unbestimmten Rechtsbegriff „erforderlich" wird der Bauaufsichtsbehörde kein Ermessensspielraum eingeräumt.
Eine Festsetzung der nach den Absätzen 1 bis 8 und den §§ 6 und 7 maßgeblichen Geländeoberfläche kann bei Zweifelsfragen über den Verlauf der gewachsenen Geländeoberfläche oder bei unregelmäßigem Geländeverlauf erforderlich sein (s. **Abb. 56**).

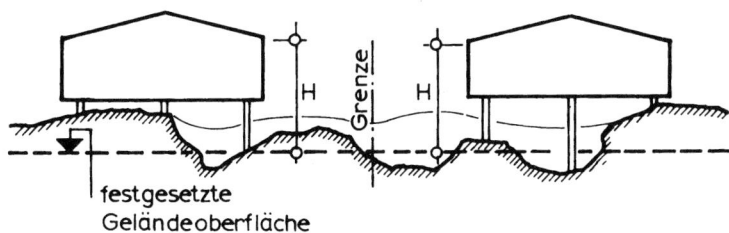

Abb. 56: Erforderliche Festsetzung der Höhe der Geländeoberfläche nach § 5 Abs. 9 Satz 3 bei unregelmäßigem Geländeverlauf.

Entscheidungen der BauAB können auch erforderlich sein, um die Höhe der maßgeblichen Geländeoberfläche abweichend von der gewachsenen Geländeoberfläche festzusetzen, wie beispielsweise bei hängigem Gelände oder um Abgrabungen unberücksichtigt zu lassen, wie beispielsweise bei Zugängen oder Zufahrten (s. **Abb. 57**).

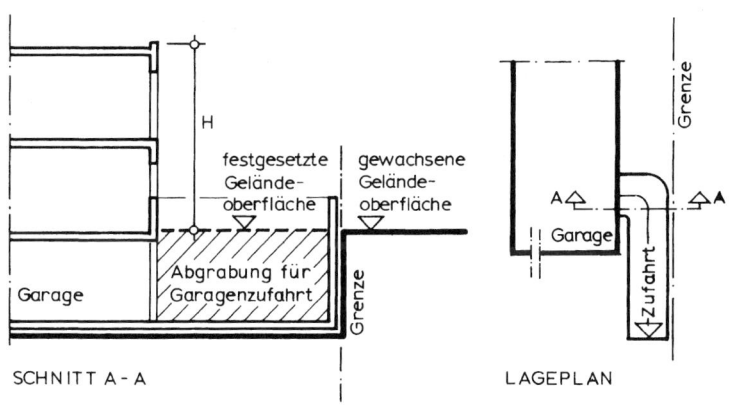

Abb. 57: Erforderliche Festsetzung der Höhe der Geländeoberfläche nach § 5 Abs. 9 Satz 3 im Bereich der Garagenzufahrt.

Nach Absatz 9 Satz 4 kann die BauAB bei ihrer Entscheidung über die maßgebliche Höhe der Geländeoberfläche den Anschluss an die Verkehrsflächen und an die Abwasserbeseitigungsanlagen sowie Aufschüttungen berücksichtigen, die wegen des vorhandenen Geländeverlaufs gerechtfertigt sind und zwar unter Würdigung nachbarlicher Belange.
Diese Kriterien bestimmen im Wesentlichen die Entscheidungen der BauAB. Es handelt sich jedoch **nicht um eine abschließende Aufzählung**, zumal es auch gerechtfertigt sein kann, Abgrabungen nicht zu berücksichtigen, wie beispielsweise bei der Herstellung von Zufahrten.

§§ 5, 6

Die Berücksichtigung der genannten Kriterien steht im **Ermessen der BauAB**. Der Ermessensspielraum ist jedoch nicht groß, wenn es darum geht, Aufschüttungen zu berücksichtigen, die wegen des vorhandenen Geländeverlaufs gerechtfertigt sind.

236 Bei der Festsetzung der Höhe der Geländeoberfläche hat die BauAB **nachbarliche Belange zu würdigen**. In der Regel führen Aufschüttungen, die über eine Angleichung an die nachbarliche Geländeoberfläche hinausgehen und eine Festsetzung der Höhe der Geländeoberfläche erfordern, zu einer Verringerung der einzuhaltenden Abstände, so dass stets nachbarliche Belange hierdurch berührt, wenn nicht sogar beeinträchtigt sein können. In die Erwägungen, die die BauAB bei ihrer Entscheidung anzustellen hat, sind daher auch nachbarliche Belange einzubeziehen und zu würdigen, was im Einzelfall dazu führen kann, dass den nachbarlichen Belangen ganz oder teilweise Rechnung getragen werden muss (zum öffentlich-rechtlichen Nachbarschutz s. Rn. 20 ff. der Vorbemerkungen).

237 Die Festsetzung der Höhe der Geländeoberfläche ist ein **Verwaltungsakt**. Die Festsetzung kann entweder in einem Bauvorbescheid nach § 73 oder, wie im Regelfall, in der Baugenehmigung vorgenommen werden. Die Festsetzung braucht in dem Bauvorbescheid oder der Baugenehmigung nicht ausdrücklich als solche bezeichnet zu werden. Sie kann stillschweigend nach Maßgabe der aus den Bauvorlagen ersichtlichen Bezugsebene für die maßgebliche Geländeoberfläche erfolgen.

Eine Festsetzung der Höhe der Geländeoberfläche kann auch bei verfahrensfreien Baumaßnahmen nach § 60, insbesondere bei Einfriedungen und Stützmauern sowie bei genehmigungsfreien Baumaßnahmen nach § 62 erforderlich sein. Die Festsetzung ist in diesen Fällen bei der BauAB zu beantragen und erfolgt durch besonderen Verwaltungsakt.

238 Eine Festsetzung der maßgeblichen Höhe der Geländeoberfläche kann zu einer Verringerung des einzuhaltenden Grenzabstandes führen. In diesen Fällen werden durch die Festsetzung der Höhe der Geländeoberfläche subjektiv-öffentliche Rechte der betroffenen Nachbarn berührt, so dass eine **Beteiligung der betroffenen Nachbarn** nach § 68 Abs. 2 Satz 2 in Betracht kommen kann.

§ 6 Hinzurechnung benachbarter Grundstücke

(1) [1]Benachbarte Verkehrsflächen öffentlicher Straßen dürfen für die Bemessung des Grenzabstandes bis zu ihrer Mittellinie dem Baugrundstück zugerechnet werden, unter den Voraussetzungen des Absatzes 2 auch über die Mittellinie hinaus. [2]Mit Zustimmung der Eigentümer dürfen öffentliche Grün- und Wasserflächen sowie Betriebsflächen öffentlicher Eisenbahnen und Straßenbahnen entsprechend Satz 1 zugerechnet werden.

(2) Andere benachbarte Grundstücke dürfen für die Bemessung des Grenzabstandes dem Baugrundstück bis zu einer gedachten Grenze zugerechnet werden, wenn durch Baulast gesichert ist, dass auch bauliche Anlagen auf dem benachbarten Grundstück den vorgeschriebenen Abstand von dieser Grenze halten.

Übersicht

	Rn.
A. Allgemeines	1, 2
B. Hinzurechnung von Verkehrsflächen öffentlicher Straßen (Absatz 1 Satz 1)	3–12
C. Hinzurechnung öffentlicher Grün- und Wasserflächen sowie Betriebsflächen öffentlicher Eisenbahnen und Straßenbahnen (Absatz 1 Satz 2)	13–23
D. Hinzurechnung anderer benachbarter Grundstücke (Absatz 2)	24–44

A. Allgemeines

Grundsätzlich hat jeder Bauherr für seine Baumaßnahmen die Anforderungen des öffentlichen Baurechts auf seinem Baugrundstück zu erfüllen (**Verursacherprinzip**). Deshalb verlangt auch § 5 Abs. 1 Satz 1, dass der erforderliche Abstand von den Grenzen des Baugrundstücks einzuhalten ist. **1**

Andererseits dienen die Abstandsvorschriften dazu, ausreichende **Abstände zwischen den Gebäuden sicherzustellen.** Diese Zielsetzung lässt es zu, auch benachbarte Grundstücke zur Erfüllung der Abstandsforderungen einzubeziehen, wenn im Ergebnis gewährleistet ist, dass der Abstand zwischen den Gebäuden der Summe der jeweils nach § 5 erforderlichen Grenzabstände entspricht. Diese Erwägungen liegen der Vorschrift des § 6 zugrunde. Eine Zurechnung benachbarter Grundstücksflächen führt jedoch zu einer **Beeinträchtigung des Eigentums** an dem benachbarten Grundstück. Deswegen bedarf es der Zustimmung des Grundstückseigentümers zu der Zurechnung oder der Übernahme einer Baulast, mit der der Grundstückseigentümer über seine Grundstücksrechte verfügt.

Die Vorschrift des § 6 gewährt einen Anspruch auf Zurechnung von Nachbargrundstücken, wenn die genannten Voraussetzungen erfüllt sind. Diese Zurechnung braucht nicht behördlich zugelassen zu werden. Es bedarf für die Zurechnung auch **keiner Ermessensentscheidung** der BauAB. **2**

B. Hinzurechnung von Verkehrsflächen öffentlicher Straßen (Absatz 1 Satz 1)

Nach **Absatz 1 Satz 1** dürfen benachbarte Verkehrsflächen öffentlicher Straßen bis zu ihrer Mittellinie, mit Baulast auch darüber hinaus, dem Baugrundstück zugerechnet werden. **3**

Es muss sich um **öffentliche Straßen** im Sinne des FStrG oder des NStrG handeln. Öffentliche Straßen sind diejenigen Straßen, die nach § 2 FStrG oder § 2 NStrG für den öffentlichen Verkehr gewidmet sind. Das FStrG bezeichnet die öffentlichen Straßen in § 1 als Bundesfernstraßen (Bundesautobahnen und Bundesstraßen). § 3 NStrG unterteilt die öffentlichen Straßen in Landes-, Kreis-, Gemeinde- und sonstige öffentliche Straßen. Öffentliche Straßen sind nach § 2 Abs. 1 NStrG auch die öffentlichen Wege und Plätze, d. h. die Wege und Plätze, die nach § 6 NStrG entsprechend gewidmet sind. **4**

Private Straßen und private Plätze, die dem allgemeinen Verkehr zur Verfügung stehen und daher von jedermann ohne Einschränkung genutzt werden, sind zwar öffentliche Straßen und Plätze im Sinne des Straßenverkehrsrechts (vgl. § 1 StVG, §§ 1, 16 StVZO) und unterliegen deshalb auch dessen Vorschriften (vgl. Kodal, Seiten 224 ff.). Sie sind dennoch keine öffentlichen Straßen und Plätze im Sinne des Straßen(bau)rechts, da es an der erforderlichen Widmung fehlt, wie Bahnhofsvorplätze, die in der Regel im Eigentum der Deutschen Bahn AG stehen oder Parkplätze von Einkaufszentren.

Zur öffentlichen Straße gehören nach § 1 FStrG und § 2 NStrG nicht nur der Straßenkörper mit Straßendecke, Brücken, Tunneln, Durchlässen, Dämme, Gräben, Entwässerungsanlagen, Böschungen, Trenn-, Seiten-, Rand- und Sicherheitsstreifen, Rad- und Gehwege, sondern insbesondere auch das Zubehör und die als Nebenanlagen bezeichneten Anlagen, die überwiegend den Aufgaben der Verwaltung der öffentlichen Straßen dienen, wie Straßenmeistereien, Gerätehöfe und Lagerplätze.

5 Absatz 1 Satz 1 beschränkt die Zurechnung von öffentlichen Straßen jedoch auf deren **Verkehrsflächen**, so dass vor allem Flächen für Nebenanlagen nach dieser Vorschrift nicht zurechenbar sind. Zu den Verkehrsflächen öffentlicher Straßen gehören die Fahrbahnen, die Parkstreifen und die Rad- und Gehwege. Das Anliegen des Absatzes 1 Satz 1 rechtfertigt es aber auch, die zum Straßenkörper gehörenden Dämme, Gräben, Böschungen sowie die Trenn-, Seiten-, Rand- und Sicherheitsstreifen in die Verkehrsfläche einzubeziehen.

Darüber hinaus können auch Flächen, die nicht zur öffentlichen Straße gehören und die die Straße in zwei getrennte Straßenkörper teilen, wie Mittelstreifen, die für den Bahnkörper einer Straßenbahn bestimmt sind, in die Verkehrsflächen öffentlicher Straßen im Sinne des Absatzes 1 Satz 1 mit einbezogen werden. Liegen die besonderen Flächen für Straßenbahnen aber nicht zwischen zwei öffentlichen Straßen, sondern am Rande einer öffentlichen Straße, dann kommt deren Zurechnung zum Baugrundstück nach Absatz 1 Satz 2 in Betracht.

6 Verkehrsflächen öffentlicher Straßen dürfen, ohne dass es der Erfüllung weiterer Voraussetzungen bedarf, **bis zu ihrer Mittellinie** dem Baugrundstück zugerechnet werden, damit für die Grundstücke auf der gegenüberliegenden Straßenseite das gleiche Recht in Anspruch genommen werden kann.

Dies gilt unabhängig davon, ob diese Grundstücke bebaut oder unbebaut sind oder ob mit deren Bebauung in absehbarer Zeit gerechnet werden kann oder nicht. Der Anspruch auf Zurechnung bis zur Mittellinie der Verkehrsflächen öffentlicher Straßen besteht andererseits auch dann, wenn auf der gegenüberliegenden Straßenseite ein bestandsgeschütztes Gebäude vorhanden ist, für dessen Abstand die Verkehrsfläche bis zur Mittellinie nicht ausreicht (OVG Lüneburg, B. v. 3.12.1987 – 1 B 60/87 – Die Gemeinde 1988/59).

Für die Mittellinie ist die gesamte Verkehrsfläche maßgebend, auch wenn sie aus Abschnitten mit unterschiedlichen Nutzungen besteht, wie Fahrbahn, Rad- und Fußweg.

7 Eine entsprechende Anwendung des Absatzes 1 Satz 1 erster Halbs. auf **private Erschließungswege**, auch wenn sie durch eine Wegebaulast nach § 4 Abs. 2 gesichert sind, kann entgegen den Erwägungen von Breyer in Große-Suchsdorf

(Rn. 11 zu § 6) nicht in Betracht kommen. Dies würde zu einem schwerwiegenden Eingriff in private Rechte, insbesondere in die Verfügungsrechte der Eigentümer der privaten Erschließungswege führen. Private Erschließungswege sind durch eine Wegebaulast zwar in ihrem Fortbestand gesichert. Hierdurch wird aber nicht die Befugnis der Eigentümer der Erschließungswege berührt, nach ihren Vorstellungen Verfügungen nach Absatz 2 zu treffen. So können sich die Eigentümer beispielsweise dafür entscheiden, nur zugunsten eines an dem Erschließungsweg angrenzenden Baugrundstücks eine Baulast über die gesamte Wegebreite nach Absatz 2 zu übernehmen.

8 Absatz 1 Satz 1 lässt die Zurechnung von Verkehrsflächen öffentlicher Straßen zum Baugrundstück auch dann uneingeschränkt zu, wenn diese **Verkehrsflächen** mit Gebäuden, wie Kioske oder mit baulichen Anlagen, die wie Gebäude Abstand halten müssen, wie Litfaßsäulen oder große Vitrinen, **bebaut sind.** Absatz 1 Satz 1 verbietet umgekehrt auch nicht die Errichtung solcher baulicher Anlagen auf bereits zugerechneten Verkehrsflächen öffentlicher Straßen. Hierdurch kann es im Einzelfall zwar zu einer Unterschreitung des sich aus § 5 ergebenden Gebäudeabstands kommen. Dies kann aber hingenommen werden, zumal die baulichen Anlagen, die auf Verkehrsflächen öffentlicher Straßen errichtet werden, verhältnismäßig klein sind.

9 **Gebäude oder sonstige bauliche Anlagen,** die **auf öffentlichen Straßen** errichtet werden, unterliegen jedoch stets den Anforderungen nach § 5. Sie müssen daher von den Grenzen des Straßengrundstücks den erforderlichen Abstand einhalten. Das gilt insbesondere für Fahrgastunterstände, Kioske, Imbiss-Stände und Litfaßsäulen.

10 Die Regelung des Absatzes 1 Satz 1 hat, soweit sie eine Verlagerung des Grenzabstands bis zur Mittellinie der öffentlichen Verkehrsfläche zulässt, **nachbarschützende Funktion.** Sie dient auch dem Schutz der Eigentümer der jeweils gegenüberliegenden Grundstücke, da sie zugunsten der straßenseitig angeordneten Räume sicherstellt, dass Belange, wie Belichtung, Belüftung und Besonnung, gewahrt werden (OVG RhPf, B. v. 15.10.1987 – 1 B 54/87 – BRS 47 Nr. 168; OVG Berlin, B. v. 6.9.1994 – 2 S 14.94 – BRS 56 Nr. 173).
Das OVG Lüneburg (B. v. 3.12.1987 – 1 B 60/87 – Die Gemeinde 1988/59) hatte zunächst die Auffassung vertreten, dass der bisherige gleichlautende § 9 Abs. 1 Satz 1 nicht nachbarschützend sei, weil das „Hinüberragen" im Bereich der öffentlichen Verkehrsfläche nicht mehr im Bereich privater Nachbargrundstücke stattfinde. Diese Auffassung hat das Nds. OVG in seinem Beschluss vom 30.3.1999 (1 M 897/99 – BRS 62 Nr. 190 = Nds.Rpfl. 2000/175 = NdsVBl. 2000/10) aufgegeben und billigt Absatz 1 Satz 1 nunmehr auch nachbarschützende Funktion zu.

11 **Über die Mittellinie hinaus** dürfen nach Absatz 1 Satz 1 dem Baugrundstück die Verkehrsflächen öffentlicher Straßen nur zugerechnet werden, soweit der Berechtigte auf der gegenüberliegenden Straßenseite auf seinen Anspruch ganz oder teilweise durch Baulast nach Absatz 2 verzichtet hat.
Diese Vorschrift erfordert einen Verzicht auf die eigene „Straßenhälfte" auch dann, wenn das Grundstück des Baulastübernehmers nicht baulich genutzt werden kann (Nds. OVG, B. v. 5.9.2002 – 1 ME 182/02 – BRS 65 Nr. 129).

Entsprechend der sich aus Absatz 2 ergebenden Konzeption hat der Baulastübernehmer in der Baulast den Bereich der Verkehrsfläche zu bezeichnen, auf den sich künftig die Zurechnung zugunsten seines Grundstücks beschränkt. In der Regel verläuft dieser Bereich parallel zur Grundstücksgrenze, so dass er sich durch Angabe einer bestimmten Breite hinreichend bezeichnen lässt. Hat die verbleibende zurechenbare Verkehrsfläche jedoch einen besonderen Zuschnitt, dann muss sie in einem Lageplan gekennzeichnet werden.

12 Baulasterklärung nach § 6 Abs. 1 Satz 1:

Ich/Wir ... bestelle(n) folgende Baulast:
Dem Grundstück in ..., Flurstück ... der Flur ..., Gemarkung ..., eingetragen im Grundbuch von ..., Band ..., Blatt...,darf für die Bemessung des Grenzabstandes die benachbarte Verkehrsfläche der ...straße nur in einer Breite von ... m, parallel zur Grundstücksgrenze, zugerechnet werden
oder
darf für die Bemessung des Grenzabstandes nur die benachbarte Verkehrsfläche der ...straße zugerechnet werden, die in dem anliegenden Lageplan gelb schraffiert ist.

C. Hinzurechnung öffentlicher Grün- und Wasserflächen sowie Betriebsflächen öffentlicher Eisenbahnen und Straßenbahnen (Absatz 1 Satz 2)

13 Absatz 1 Satz 2 ermöglicht für die Bemessung des Grenzabstandes auch die Zurechnung öffentlicher Grün- und Wasserflächen sowie Betriebsflächen öffentlicher Eisenbahnen und Straßenbahnen zum Baugrundstück, wenn der Eigentümer zustimmt.

14 **Öffentliche Grünflächen** sind Flächen, wie bewaldete Grüngürtel einer Stadt, Parks, Friedhöfe, Spiel- und Sportplätze, die als öffentliche Einrichtungen den Status einer öffentlichen Sache haben.
Die öffentlichen Einrichtungen (zum Begriff s. Ossenbühl, DVBl. 1973/289) dienen der Daseinsvorsorge. Für sie ist kennzeichnend, dass sie von den kommunalen Gebietskörperschaften zur Erfüllung der ihnen obliegenden öffentlichen Aufgaben den Einwohnern zur Benutzung zur Verfügung gestellt werden. „Öffentlich" wird eine kommunale Einrichtung allein durch Widmung (Papier in Erichsen/Ehlers, § 39 Rdn. 1 ff.).

15 Die **Widmung** unterstellt die Einrichtung den Vorschriften des öffentlichen Rechts und begründet damit die Rechtsqualität einer öffentlichen Einrichtung. Sie legt die Zweckbestimmung der Einrichtung fest und regelt ihre Benutzung durch die Allgemeinheit. Durch die Widmung wird die öffentlich-rechtliche Sachherrschaft des Rechtsträgers begründet, soweit es zur Wahrung der öffentlichen Zweckbestimmung notwendig ist (vgl. OVG Lüneburg, U. v. 22.7.1969 – II A 91/68 – E 26/327). Daraus folgt, dass ein von einem Privateigentümer der Öffentlichkeit zur allgemeinen Benutzung zur Verfügung gestellter privater Park keine öffentliche Einrichtung ist.

Die Widmung einer Einrichtung als öffentliche ist ein Rechtsakt, der im Gegensatz zum Straßenrecht rechtlich nicht formalisiert ist. Die Widmung kann durch Satzung, Allgemeinverfügung oder durch Beschluss des zuständigen Organs der kommunalen Gebietskörperschaft erfolgen. Sie kann aber auch konkludent oder stillschweigend erfolgen. Maßgebend ist die Erkennbarkeit des Behördenwillens, dass die Sache einem bestimmten öffentlichen Zweck dienen soll (OVG Münster, U. v. 21.8.1969 – III A 920/69 – DVBl. 1971/218 mit Anmerkungen von Pappermann).

Wenn nach diesen Indizien ein Erklärungswille hinsichtlich der öffentlich-rechtlichen Natur der Einrichtung nicht feststellbar ist, hat die Rechtsprechung die Vermutungsregel entwickelt, dass für die Allgemeinheit nutzbare kommunale Einrichtungen „öffentliche" Einrichtungen sind. Diese Vermutung ist durch die Gebietskörperschaft nur widerlegbar, wenn sie den Nachweis führen kann, dass sich aus der eindeutigen Beschränkung der Bereitstellung ergibt, dass die Einrichtung als private Einrichtung betrieben werden soll (OVG Münster, U. v. 16.9.1975 – III A 1279/75 – NJW 1976/820 – Rheinwiesen als öffentliche Einrichtungen).

Die durch Widmung begründete öffentlich-rechtliche Sachherrschaft schränkt die **privatrechtliche Verfügungsmacht** über die Sache ein. Eine rechtswirksame Widmung setzt daher voraus, dass die zu widmende Sache im Eigentum des widmenden Hoheitsträgers steht oder, falls Hoheitsträger und Eigentümer auseinander fallen, dass die Zustimmung des Eigentümers zur Widmung vorliegt (OVG Lüneburg, U. v. 22.7.1969 – II A 91/68 – E 26/327). Außerdem ist die Zustimmung sonstiger dinglich Berechtigter erforderlich, soweit deren Rechte der öffentlichen Zweckbestimmung entgegenstehen.

Zu der Widmung muss noch die rein tatsächliche Indienststellung der Sache hinzutreten. Erst mit ihrer **Indienststellung** wird die Sache eine öffentliche.

16 Nach § 9 Abs. 1 Nr. 15 BauGB können **öffentliche Grünflächen im Bebauungsplan** festgesetzt werden. Solche Festsetzungen können bereits die Widmung der Flächen beinhalten, wenn zum Zeitpunkt des Inkrafttretens des Bebauungsplans die Voraussetzungen dafür vorliegen. Vielfach hat die Gemeinde zu diesem Zeitpunkt jedoch noch nicht die privatrechtliche Verfügungsmacht über die Flächen, um sie widmen zu können. Auch die Indienststellung der als öffentliche Grünflächen festgesetzten Flächen erfolgt in der Regel erst im Zuge des Vollzugs des Bebauungsplans.

17 Zu den öffentlichen Grünflächen können auch **Einrichtungen** gehören, **die anstaltlich genutzt werden**. Hierbei handelt es sich vor allem um kommunale Badeanstalten und Kurparks, soweit sie einer öffentlich-rechtlichen Nutzungsordnung unterliegen (vgl. Papier in Erichsen/Ehlers § 38 Rdn. 27 ff.).

18 **Öffentliche Wasserflächen** sind die Flächen solcher Gewässer, die den Bestimmungen des Wasserhaushaltsgesetzes und des Niedersächsischen Wassergesetzes unterliegen und die infolgedessen öffentliche Sachen sind (zu eng Breyer in Große-Suchsdorf, Rn. 20 zu § 6 mit der Beschränkung auf Gewässer, auf denen der Gemeingebrauch, insbesondere der öffentliche Schiffs- oder Bootsverkehr zugelassen ist).

19 Die Gewässer erlangen ihren Status als öffentliche Sachen kraft Gesetzes. Die **Widmung**, mit der die öffentlich-rechtliche Sachherrschaft begründet wird, erfolgt unmittelbar **durch die wasserrechtlichen Gesetze** (vgl. BayVGH, U. v. 12.6.1974 – 246 VIII 71 – DVBl. 1976/177; Hundertmark S. 35 ff.). Die oberirdischen Gewässer werden herkömmlich zu den öffentlichen Sachen im Gemeingebrauch gezählt. Der Gemeingebrauch (§ 25 WHG, § 32 NWG) erstreckt sich im Wasserrecht im Gegensatz zum Wegerecht jedoch auf unbedeutende Randbereiche, da die wesentlichen Benutzungen nur als öffentlich-rechtliche Sondernutzungen zulässig sind. Nach Ansicht von Breuer (Rn. 157) sollten die Gewässer in wasserwirtschaftlicher Hinsicht daher als öffentliche Sachen im Sondergebrauch qualifiziert werden.
Die schiffbaren Gewässer (§ 5 WaStrG, § 32 Abs. 5 NWG) sind nicht nur wasserwirtschaftlichen Zwecken, sondern auch wasserwegerechtlichen Zwecken gewidmet (BVerwG, U. v. 4.7.1969 – VII C 26.65 – E 32/299; BayVGH, U. v. 25.5.1976 – Nr. 192 VIII 72 – BayVBl. 1977/84).

20 Die **oberirdischen Gewässer** werden nach § 37 NWG in drei Ordnungen eingeteilt.
Zu den Gewässern erster Ordnung gehören nach § 38 NWG die Binnenwasserstraßen im Sinne des § 1 Abs. 1 Nr. 1 WaStrG (u. a. Aller, Ems und Weser in bestimmten Abschnitten) und die in der Anlage 3 zu § 38 Abs. 1 Nr. 2 NWG aufgeführten Gewässer (u. a. Leine, Werra und Wümme in bestimmten Abschnitten).
Gewässer zweiter Ordnung sind nach § 39 NWG die Gewässer, die nicht zur ersten Ordnung gehören, aber überörtliche Bedeutung für das Gebiet eines Unterhaltungsverbandes haben und in einem Verzeichnis aufgeführt sind (u. a. Hunte und Innerste in bestimmten Abschnitten, Dümmer und Steinhuder Meer).
Gewässer dritter Ordnung sind nach § 40 NWG diejenigen oberirdischen Gewässer, die nicht Gewässer erster oder zweiter Ordnung sind. Zu den Gewässern dritter Ordnung gehören beispielsweise die Gräben, die dazu dienen, die Grundstücke mehrerer Eigentümer zu bewässern oder zu entwässern sowie die durch Sand- oder Kiesgewinnung entstandenen Baggerseen, wenn sie auf Dauer erhalten bleiben sollen (vgl. BVerwG, U. v. 10.2.1978 – 4 C 25.75 – DVBl. 1979/63).

21 **Öffentliche Eisenbahnen** sind nach § 3 AEG die Eisenbahnen, die dem öffentlichen Verkehr dienen. Die Eisenbahnen dienen dem öffentlichen Verkehr, wenn es sich um öffentliche Eisenbahnverkehrsunternehmen, öffentliche Eisenbahninfrastrukturunternehmen oder öffentliche Betreiber der Schienenwege im Sinne des § 3 Abs. 1 AEG handelt.
Das AEG stellt insbesondere in § 18 auf **Betriebsanlagen** ab, definiert diesen Begriff aber nicht. Zur Auslegung des Begriffs der Betriebsanlagen greift die h. M. daher auf die Definition der „**Bahnanlagen**" in § 4 Abs. 1 EBO zurück. Danach sind Bahnanlagen alle Grundstücke, Bauwerke und sonstigen Einrichtungen einer Eisenbahn, die unter Berücksichtigung der örtlichen Verhältnisse zur Abwicklung oder Sicherung des Reise- oder Güterverkehrs auf der Schiene erforderlich sind. Dazu gehören auch Nebenbetriebsanlagen sowie sonstige An-

lagen einer Eisenbahn, die das Be- und Entladen sowie den Zu- und Abgang ermöglichen oder fördern. Zu den Betriebsanlagen der Bahn gehören insbesondere Parkplätze an Bahnhöfen, wenn sie von der Bahn betrieben werden und für Reisende oder Mitarbeiter der Bahn reserviert sind (OVG Saarl., U. v. 24.9.2002 – 2 R 12/01 – BRS 65 Nr. 155).
Straßenbahnen sind in § 4 PBefG definiert.

Die **Zurechnung der** genannten **Flächen** zum Baugrundstück erfolgt entsprechend Absatz 1 Satz 1. Für eine Zurechnung der Flächen bis zu ihrer Mittellinie bedarf es daher keiner Baulast. Aus der Bezugnahme auf Absatz 1 Satz 1 folgt ferner, dass diese Flächen dem Baugrundstück auch zugerechnet werden dürfen, wenn sie bebaut sind. Auch eine erfolgte Zurechnung dieser Flächen steht deren Bebauung nicht entgegen 22

Für eine Zurechnung der genannten Flächen ist die **Zustimmung der Eigentümer** dieser Flächen erforderlich. Der Zustimmungsvorbehalt soll den Belangen der Eigentümer Rechnung tragen. Soweit bei öffentlichen Grünflächen die Träger der öffentlich-rechtlichen Sachherrschaft und bei öffentlichen Wasserflächen die Unterhaltungsträger mit den Eigentümern der Flächen identisch sind, werden sich diese Eigentümer bei der Entscheidung über die Erteilung einer Zustimmung in der Regel auch an der öffentlichen Zweckbestimmung der Flächen orientieren. Aber auch Eigentümer der Flächen, die nicht mit den Trägern der öffentlich-rechtlichen Sachherrschaft oder den Unterhaltungsträgern identisch sind, müssen sich bei Erteilung der Zustimmung an der öffentlichen Zweckbestimmung orientieren, denn ihre Verfügungsbefugnis ist durch die Widmung eingeschränkt.
Die Zustimmung ist kein Verwaltungsakt, sondern privatrechtlicher Natur, auch wenn den Eigentümern die öffentlich-rechtliche Sachherrschaft obliegt (zur Zustimmung s. Rn. 164 ff. zu § 5). 23

D. Hinzurechnung anderer benachbarter Grundstücke (Absatz 2)

Nach **Absatz 2** dürfen auch andere als die in Absatz 1 genannten benachbarten Grundstücke dem Baugrundstück für die Bemessung des Grenzabstandes bis zu einer gedachten Grenze zugerechnet werden, wenn durch Baulast gesichert ist, dass auch bauliche Anlagen auf dem benachbarten Grundstück den vorgeschriebenen Abstand von dieser Grenze halten. 24

Eine Zurechnung benachbarter Grundstücksflächen nach Absatz 2 führt dazu, dass die für den Abstand maßgebende Grenze nicht mehr mit der Grenze des Baugrundstücks identisch ist. Durch die Zurechnung verschiebt sich die für den Abstand maßgebende Grenze um die in Anspruch genommene Grundstücksfläche des Nachbargrundstücks. Maßgebend ist für den Abstand nicht mehr die Grenze des Baugrundstücks, sondern die **gedachte (fiktive) Grenze,** die entlang der äußeren Begrenzung der in Anspruch genommenen Fläche verläuft. 25

Das gleiche gilt für das Nachbargrundstück. Absatz 2 verlangt, dass auch bauliche Anlagen auf dem benachbarten Grundstück den vorgeschriebenen Abstand von dieser fiktiven Grenze halten. Dadurch wird sichergestellt, dass unabhängig von dem Verlauf der Grenze des Baugrundstücks die baulichen Anlagen untereinander den Abstand einhalten, der sich aus den Abstandsvorschriften ergibt (s. **Abb. 1**).

26 **Benachbart** im Sinne des Absatzes 2 sind die Grundstücke nicht nur, wenn sie unmittelbar an das Baugrundstück angrenzen. Die Grundstücke sind auch benachbart, wenn zwischen ihnen und dem Baugrundstück andere Grundstücke liegen, die ebenfalls für die Bemessung des Grenzabstandes zugerechnet werden dürfen. Ob diese „Zwischengrundstücke" diese Voraussetzungen erfüllen, bestimmt sich wiederum nach Absatz 2.

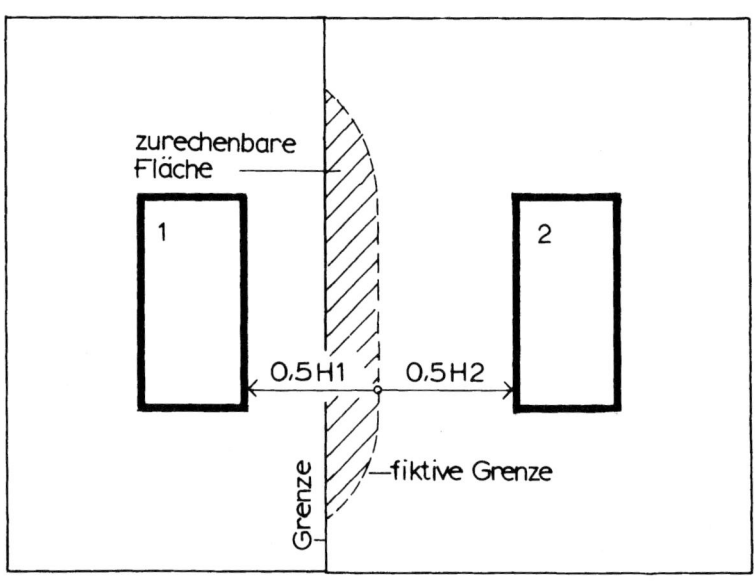

Abb. 1: Bei Zurechnung benachbarter Grundstücksflächen nach § 6 Abs. 2 haben die Gebäude auf den durch Baulast begünstigten und belasteten Grundstücken Abstand von der fiktiven Grenze zu halten.

27 Für den **Zuschnitt der** im Einzelfall erforderlichen **zurechenbaren Fläche** des benachbarten Grundstücks ist zu berücksichtigen, dass nach § 5 Abs. 1 alle auf den Außenflächen eines Gebäudes gelegenen Punkte von den Grenzen des Baugrundstücks Abstand halten müssen. Verschiebt sich die für den Abstand maßgebende Grenze um die zurechenbare Fläche auf das Nachbargrundstück, dann führt die Konzeption des Punktabstandes zu Ausrundungen der zurechenbaren Fläche, deren Besonderheiten sich wiederum aus den einzelnen Vorschriften ergeben.

Bei einer **Zurechnung benachbarter Grundstücksflächen** für die Bemessung des Grenzabstandes nach § 5 muss die zurechenbare Fläche im Bereich der jeweiligen Eckpunkte eines Gebäudes so ausgerundet sein, dass der für die Eckpunkte maßgebende Abstand gegenüber der Begrenzungslinie der zurechenbaren Fläche eingehalten wird (s. Rn. 38 und 66 zu § 5 sowie **Abb. 2**). **28**

Die zurechenbaren Flächen mit ihren Ausrundungen orientieren sich an den für die Bemessung des Abstandes erforderlichen Mindestmaßen. Die zurechenbaren Flächen können auch großzügiger angelegt sein und unter Einbeziehung der Ausrundungen eine **rechteckige Form** haben (s. **Abb. 3**). **29**

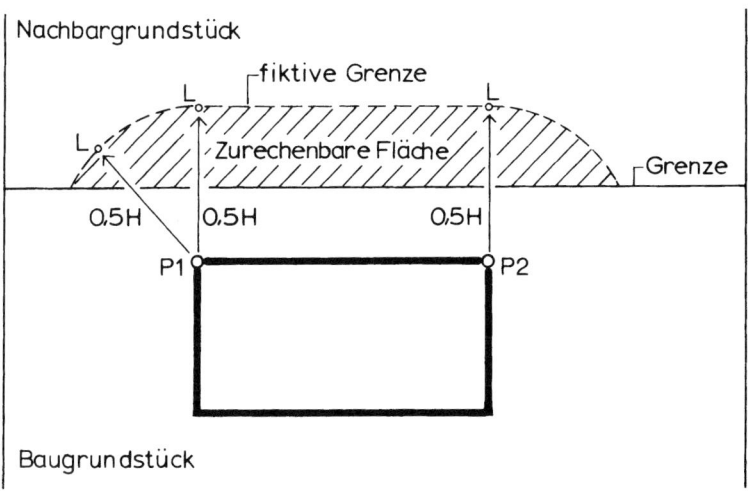

Abb. 2: Zurechnung benachbarter Grundstücksflächen nach § 6 Abs. 2 für die Bemessung des Abstandes nach § 5 Abs. 1 und 2.

§ 6 30

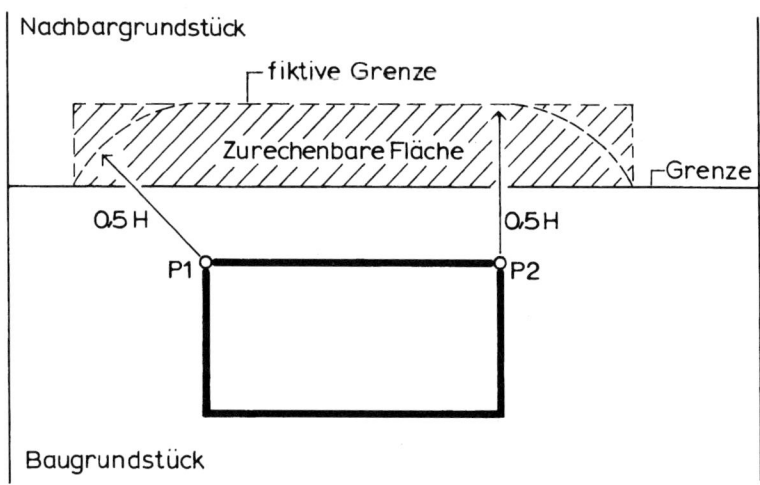

Abb. 3: Darstellung einer nach § 6 Abs. 2 zurechenbaren Grundstücksfläche in rechteckiger Form.

30 Bei einer Zurechnung benachbarter Grundstücksflächen für die Bemessung des Grenzabstandes von **Garagen und Gebäuden ohne Aufenthaltsräume und Feuerstätten,** deren Gesamtlänge abweichend von § 5 Abs. 8 Sätze 2 und 3 mehr als 9 m beträgt, erstreckt sich eine der erforderlichen Ausrundungen der zurechenbaren Fläche stets in den 9 m-Bereich (s. **Abb. 4**).

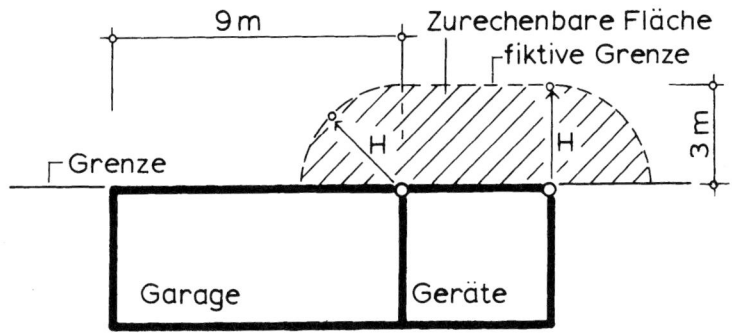

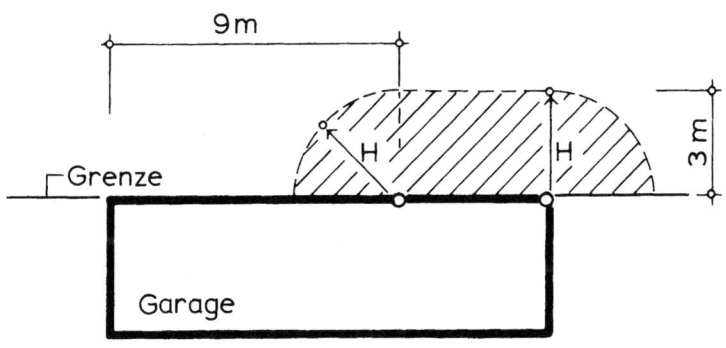

Abb. 4: Darstellung der erforderlichen zurechenbaren Fläche für Gebäude nach § 5 Abs. 8 Satz 1 Nr. 1, deren Gesamtlänge mehr als 9 m beträgt.

Vorgeschrieben im Sinne des Absatzes 2 **sind Abstände** für Gebäude nach § 5 Abs. 1 Satz 1 sowie für andere bauliche Anlagen nach § 5 Abs. 1 Satz 2, von denen Wirkungen wie von Gebäuden ausgehen und soweit diese Anlagen höher als 1 m über der Geländeoberfläche sind. Die fiktive Grenze ist daher nicht maßgebend für diejenigen baulichen Anlagen, auf die die Vorschriften über Abstände keine Anwendung finden, wie für Einfriedungen bis 1 m Höhe.

Bestimmte **Gebäude und** bestimmte **andere bauliche Anlagen** brauchen **nach** § 5 **Abs. 8** zwar keinen Abstand zu halten. Diese Vorschrift entläßt die dort genannten baulichen Anlagen aber nicht aus dem materiell-rechtlichen Regelungsbereich über Grenzabstände. Sie gestatten lediglich eine Verringerung des

einzuhaltenden Abstandes auf null. Daraus folgt, dass auch für diese Gebäude und für diese andere baulichen Anlagen die fiktive Grenze nach Absatz 2 und nicht die Grundstücksgrenze maßgebend ist.
Eine **Garage**, die nach § 5 Abs. 8 Satz 2 Nr. 1 ohne Grenzabstand auf dem benachbarten Grundstück zulässig ist, darf daher an der fiktiven Grenze nach Absatz 2 errichtet werden und braucht keinen Abstand von dieser Grenze zu halten. Sie darf diese Grenze aber nicht in Richtung der Grundstücksgrenze überschreiten (s. **Abb. 5**).

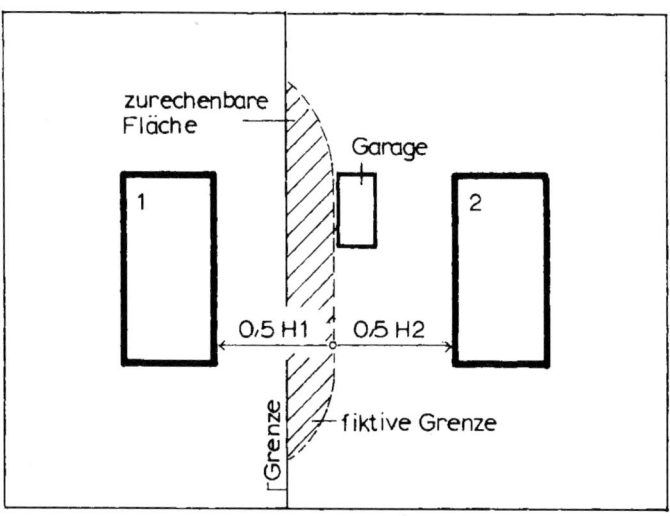

Abb. 5: Die Garage, die nach § 5 Abs. 8 Satz 2 Nr. 1 ohne Grenzabstand zulässig ist, hat nach § 6 Abs. 2 den auf null verringerten Abstand von der fiktiven Grenze zu halten.

Das gleiche gilt beispielsweise für **Einfriedungen**, von denen Wirkungen wie von Gebäuden ausgehen und soweit sie höher als 1 m über der Geländeoberfläche sind. Eine nach § 5 Abs. 8 Satz 1 Nr. 1 ohne Grenzabstand zulässige 2 m hohe Mauer darf auf dem benachbarten Grundstück an der fiktiven Grenze nach Absatz 2, nicht aber an der eigentlichen Grundstücksgrenze errichtet werden.
An der Grundstücksgrenze innerhalb einer Abstandsbaulast dürfen nur solche **baulichen Anlagen** errichtet werden, **die** nach § 5 Abs. 1 Satz 2 überhaupt **keinen Abstandsanforderungen unterliegen**, wie Einfriedungen bis 1 m Höhe oder höhere Einfriedungen, von denen keine Wirkungen wie von Gebäuden ausgehen.

33 Entgegen der Ansicht des OVG Lüneburg (B. v. 4.3.2008 1 ME 351/07 – s. *Nds. Landesjustizportal*) darf daher eine **Aufschüttung bis zu einer Höhe von 1,50 m** nicht innerhalb einer Abstandsbaulast liegen. Das OVG Lüneburg meint, eine Garage dürfe entsprechend dem bisherigen § 12 die fiktive Grenze nicht überschreiten, weil es sich um ein Gebäude handele, für das gemäß dem bisherigen § 7 Abs. 1 die Vorschriften zum Grenzabstand gelten. Die Baulast schließe damit bauliche Anlagen ein, die Abstand halten müssten. Sie erfasse hingegen jene nicht, für die keine Abstandsregelung gelte. Dazu gehöre auch die genannte Aufschüttung. Diese Differenzierung zwischen Gebäuden und sonstigen baulichen Anlagen war auch schon mit den bisherigen § 7 Abs. 1, § 12 Abs. 1 und § 12a nicht vereinbar. Das gilt auch für die jetzigen Regelungen in § 5 Absätze 1 und 8.

Nach dem bisherigen § 12a wie auch nach § 5 Abs. 1 Satz 2 brauchen bauliche Anlagen, die keine Gebäude sind, nur dann keinen Abstand zu halten, wenn (soweit) von ihnen keine Wirkungen wie von Gebäuden ausgehen und soweit sie nicht höher als 1 m sind. Bauliche Anlagen, die diese Anforderungen nicht erfüllen, müssen grundsätzlich Abstand halten, es sei denn, Sonderregelungen lassen eine Verringerung des einzuhaltenden Abstands bis auf null für besondere bauliche Anlagen ausdrücklich zu. Das gilt sowohl für die Gebäude als auch für die sonstigen baulichen Anlagen nach § 5 Abs. 8. Andernfalls könnte ein Grundstückseigentümer, der zu Gunsten seines Nachbarn eine Abstandbaulast übernommen hat, eine 2 m hohe Mauer als Einfriedung an seine Grundstücksgrenze errichten.

Das OVG Lüneburg hat schon in seinem Urteil vom 26.8.2004 (1 LB 298/03 – NdsVBl. 2005/103) bestätigt, dass insbesondere für Grenzgaragen grundsätzlich die fiktive Grenze der Baulastfläche und nicht die Grundstücksgrenze maßgebend ist. In Nr. 1 der Leitsätze zu diesem Urteil heißt es unter Bezugnahme auf die bisherigen Abstandsvorschriften:

„Der Bauherr ist jedenfalls dann, wenn die Baulasterklärung nach § 9 Abs. 2 NBauO die Vorhaben nicht einschränkt, welche von der belasteten Fläche Abstand zu halten haben, grundsätzlich verpflichtet, mit jedem Vorhaben von dieser Fläche den in §§ 7 ff. NBauO bestimmten Abstand einzuhalten."

Hiernach darf ein Baulastübernehmer Garagen und Gebäude ohne Aufenthaltsräume und Feuerstätten, die nach § 5 Abs. 8 Satz 2 Nr. 1 und Satz 3 ohne Grenzabstand zulässig sind, grundsätzlich nur an der fiktiven Grenze der Baulastfläche und nicht an seiner Grundstücksgrenze errichten. Das Gleiche gilt für die anderen in § 5 Abs. 8 genannten baulichen Anlagen, von denen Wirkungen wie von Gebäuden ausgehen und soweit sie höher als 1 m sind.

Das OVG Lüneburg hält es jedoch für zulässig, dass in der Baulasterklärung **Vorhaben** bezeichnet werden dürfen, **die von der belasteten Fläche nicht Abstand zu halten brauchen.**
Diese Ansicht ist schon mit Absatz 2 nicht vereinbar, der eine Zurechnung benachbarter Grundstücke bis zu einer gedachten Grenze nur dann zulässt, wenn gesichert ist, dass auch bauliche Anlagen auf dem benachbarten Grundstück Abstand von dieser Grenze halten. Eine Ermächtigung, hiervon abzuweichen, enthält Absatz 2 nicht.
Darüber hinaus setzt sich das OVG Lüneburg über den an sich unbestrittenen Grundsatz hinweg, dass die Vorschriften über Grenzabstände nicht zur Disposition der Grundstückseigentümer stehen. So wie ein Bauherr nicht mit Zustimmung seines Nachbarn die erforderlichen Grenzabstände unterschreiten darf, so

ist es auch unzulässig, die für eine bauliche Anlage auf dem Baugrundstück erforderliche Abstandsfläche, die ganz oder teilweise dem Nachbargrundstück zugerechnet werden soll, zur Disposition des Baulastübernehmers zu stellen. Dies würde dazu führen, dass bauliche Anlagen auf dem Baugrundstück nicht mehr den erforderlichen Grenzabstand einhalten würden.

35 In der Baulast nach Absatz 2 hat der Baulastübernehmer die **Verpflichtung zu übernehmen**, mit baulichen Anlagen auf seinem Grundstück die vorgeschriebenen Abstände von der Begrenzungslinie der Baulastfläche einzuhalten. Darauf beschränkt sich der Inhalt der Baulast.

Die Baulast braucht hingegen nicht die Erklärung zu beinhalten, dass dem begünstigten Baugrundstück eine bestimmte Grundstücksfläche für die Bemessung des Grenzabstandes zugerechnet werden darf oder zur Verfügung gestellt wird. Aus Absatz 2 ergibt sich nämlich unmittelbar ein Anspruch auf Zurechnung benachbarter Grundstücksflächen, wenn durch Baulast gesichert ist, dass bauliche Anlagen auf dem benachbarten Grundstück Abstand von der fiktiven Grenze halten.

36 In der Regel lässt sich die **zurechenbare Grundstücksfläche** im Hinblick auf ihre Lage und ihren Zuschnitt nur von einem bestimmten Baugrundstück für die Bemessung des Grenzabstandes in Anspruch nehmen.

Ist die zurechenbare Grundstücksfläche jedoch so zugeschnitten und so angeordnet, dass sie auch von anderen Baugrundstücken in Anspruch genommen werden kann, dann muss in der Baulast das Baugrundstück bezeichnet werden, **zu dessen Gunsten die Baulast übernommen wird**.

37 **Baulast nach § 6 Abs. 2 für die Zurechnung von Teilflächen des benachbarten Grundstücks:**

Ich/Wir… bestellen folgende Baulast:
Auf dem Grundstück in …, Flurstück … der Flur …, Gemarkung …, eingetragen im Grundbuch von …, Band …, Blatt … müssen bauliche Anlagen die vorgeschriebenen Abstände von der Begrenzungslinie der Grundstücksfläche einhalten, die in dem anliegenden Lageplan gelb schraffiert ist.

Zusatz zur Bezeichnung des begünstigten Baugrundstücks:

Diese Verpflichtung wird zugunsten des Grundstücks in …, Flurstück … der Flur …, Gemarkung … übernommen.

38 Meistens werden Baulasten nach Absatz 2 nur für Teilflächen des Grundstücks übernommen. Hiervon geht auch Absatz 2 aus. Deswegen müssen sich Verpflichtung und Berechtigung an einer fiktiven Grenze orientieren. Absatz 2 ermöglicht aber auch eine **Zurechnung des gesamten Nachbargrundstücks**. Für bebaubare Grundstücke werden so weitgehende Verpflichtungen nur selten und nur aus besonderen Gründen übernommen. In Betracht kommen vor allem Grundstücke, die wegen ihrer Größe, ihres Zuschnittes oder ihrer Nutzung nicht mit Gebäuden bebaut werden können, wie Wegegrundstücke.

In diesen Fällen ergibt sich aus der Zurechnung des Nachbargrundstücks nicht so eindeutig, dass damit auch ein Verzicht auf Bebauung des Nachbargrundstücks mit baulichen Anlagen, die Abstand halten müssen, verbunden ist, wie dies aus Absatz 2 folgt, wonach von der fiktiven Grenze Abstand zu halten ist. Deshalb hat die Baulast auch die Erklärung zu beinhalten, dass das mit der Baulast belastete Grundstück nicht mit baulichen Anlagen bebaut werden darf, die Abstand halten müssen.

Baulast nach § 6 Abs. 2 für die Zurechnung des gesamten benachbarten Grundstücks: 39

Ich/Wir ... bestellen folgende Baulast:
Das Grundstück in ..., Flurstück ... der Flur ..., Gemarkung ..., eingetragen im Grundbuch von ..., Band ..., Blatt ..., darf dem Grundstück in ..., Flurstück ... der Flur ..., Gemarkung ..., für die Bemessung des Grenzabstands zugerechnet werden. Es darf nicht mit Gebäuden und mit sonstigen baulichen Anlagen, die nach § 5 Abs. 1 NBauO Abstand halten müssen, bebaut werden.

Durch Hinzurechnung benachbarter Grundstücke nach Absatz 2 kann der Abstand des Gebäudes zur Grenze des Baugrundstücks weniger als 2,50 m betragen, so dass sich die Frage nach der **Erforderlichkeit von Brandwänden** nach § 8 Abs. 1 Satz 1 Nr. 1 DVO-NBauO stellt. 40
Auch für die Bemessung des Abstandes von 2,50 m dürfen dem Baugrundstück nach § 8 Abs. 1 Satz 4 DVO-NBauO benachbarte Grundstücke in entsprechender Anwendung des § 6, insbesondere dessen Absatz 2, hinzugerechnet werden. Da der Baulastübernehmer und der Baulastbegünstigte den Mindestabstand von 3 m einzuhalten haben, ist bei Zurechnung benachbarter Grundstücksflächen für die Bemessung des Grenzabstandes stets sichergestellt, dass von der fiktiven Grenze auch der Abstand von 2,50 m eingehalten wird.
Eine Zurechnung benachbarter Grundstücke für die Bemessung des Grenzabstandes nach Absatz 2 schließt daher grundsätzlich auch eine Zurechnung dieser Grundstücke für die Bemessung des Abstandes nach § 8 Abs. 1 Satz 1 Nr. 1 DVO-NBauO ein, wenn der Abstand zur Grenze des Baugrundstücks weniger als 2,50 m beträgt.

Nach Absatz 2 muss lediglich durch Baulast gesichert sein, dass bauliche Anlagen auf dem Grundstück des Baulastübernehmers den vorgeschriebenen Abstand von der fiktiven Grenze halten. Auf Grund der sich aus Absatz 2 ergebenden Rechtsfolge darf der durch die Baulast begünstigte Bauherr **die Baulastfläche uneingeschränkt in Anspruch nehmen.** Insbesondere bestimmt sich die zulässige Nutzung allein nach dem städtebaulichen Planungsrecht. 41
Hin und wieder möchte ein Baulastübernehmer **die Zurechnung seiner Grundstücksflächen einschränken**, beispielsweise auf Gebäude bestimmter Nutzungen, wie Garagen. Im Einzelfall kann der Baulastübernehmer auch daran interessiert sein, dass Flächen seines Grundstücks dem Baugrundstück nur für die Bemessung des Grenzabstandes, nicht jedoch für die Bemessung des Abstandes nach § 8 Abs. 1 Satz 1 Nr. 1 DVO-NBauO zugerechnet werden, weil das Gebäude an der gemeinsamen Grenze Brandwände haben soll. Dadurch kann beispielsweise sichergestellt werden, dass eine durch Baulast ermöglichte grenznahe Gebäudeaußenwand ohne Öffnungen, insbesondere für Fenster, errichtet werden muss.
Häufig werden hierüber zivilrechtliche Vereinbarungen zwischen den Nachbarn getroffen. Diese Vereinbarungen sind ohne grundbuchrechtliche Sicherungen

bei einem Eigentümerwechsel jedoch nicht für den Rechtsnachfolger verbindlich (s. Rn. 44 zu § 5). Solche vertraglichen Regelungen sind jedoch hinfällig, wenn ein Vertragspartner sein Grundstück veräußert oder stirbt. Eine langfristige Absicherung dieser Regelungen lässt sich nur durch Grunddienstbarkeiten nach § 1018 BGB herbeiführen, die die erforderlichen Baubeschränkungen zum Inhalt haben, was auch zulässig ist (BGH, U. v. 8.2.2002 – V ZR 252/00 – NfW 2002/1797).Einschränkungen dieser Art können in die Baulast aufgenommen werden.

42 Dem Anliegen des Baulastübernehmers, die Zurechnung auf Gebäude mit bestimmten Nutzungen einzuschränken oder die Zurechnung des Abstands nach § 8 Abs. 1 Satz 1 Nr. 1 DVO-NBauO auszuschließen, kann in der Baulast wie folgt entsprochen werden:
Zusatz für eine Einschränkung der Nutzung:
Diese Grundstücksfläche darf dem Grundstück in ..., Flurstück ... der Flur ..., Gemarkung ..., nur für die Bemessung des Grenzabstandes von Gebäuden ohne Aufenthaltsräume/von Garagen zugerechnet werden.

Zusatz, mit dem eine Zurechnung des Abstandes nach § 8 Abs. 1 Satz 1 Nr. 1 DVO-NBauO ausgeschlossen wird, so dass die Errichtung einer Brandwand oder einer Wand nach § 8 Abs. 2 Satz 2 DVO-NBauO erforderlich ist:
Diese Grundstücksfläche darf dem Grundstück in ..., Flurstück ... der Flur ..., Gemarkung ..., nicht für die Bemessung des Abstandes nach § 8 Abs. 1 Satz 1 Nr. 1 DVO-NBauO zugerechnet werden.

43 Die **Baulast muss** nach ihrem Inhalt **hinreichend bestimmt sein** (s. Rn. 73 der Vorbemerkungen). Fehlt es hieran, ist die Baulast nichtig und der Baulastübernehmer hat einen Anspruch auf Löschung der Baulast (s. Rn. 83 der Vorbemerkungen).
In der Regel sind es Teilflächen benachbarter Grundstücke, deren Zurechnung nach Absatz 2 durch Baulast ermöglicht wird und deren nähere Bezeichnung in einem die Verpflichtungserklärung ergänzenden Lageplan erfolgt. Der Forderung nach hinreichender Bestimmtheit wird nur dann entsprochen, wenn sich aus dem Lageplan eindeutig die Größe sowie die Lage der zurechenbaren Teilfläche auf dem benachbarten Grundstück ergibt. Dies wiederum erfordert eine genaue Vermaßung der Teilfläche des benachbarten Grundstücks.

44 Ist ein Gebäude auf Grund einer Baulast nach Absatz 2 an der Grenze ohne Öffnungen vorhanden, dann stellt sich die Frage, ob für den Baulastübernehmer die Möglichkeit besteht, **nach § 5 Abs. 5 Satz 2 zweiter Halbsatz** entsprechend an diese Grundstücksgrenze **zu bauen**, anstatt Abstand nach Absatz 2 von der fiktiven Grenze zu halten.
Hierbei ist zu berücksichtigen, dass § 5 Abs. 5 Satz 2 zweiter Halbsatz darauf abstellt, dass ein Gebäude ohne Grenzabstand an der Grenze vorhanden ist. Diese Voraussetzungen liegen nicht bei Gebäuden vor, die zwar an eine Grenze gebaut sind, gegenüber dieser Grenze aber den erforderlichen Abstand durch Zurechnung benachbarter Grundstücke nach Absatz 2 einhalten.
Die Vorschrift des § 5 Abs. 5 Satz 2 zweiter Halbsatz lässt daher einen Anspruch, entsprechend an die Grenze zu bauen, nur zu, wenn ein an der Grenze vorhandenes Gebäude keinen Grenzabstand einhält. Andernfalls würde es zu einer Kolli-

sion zwischen § 5 Abs. 5 Satz 2 zweiter Halbsatz und Absatz 2 kommen, wenn nach der einen Vorschrift ein Gebäude auf der übernommenen Baulastfläche errichtet werden dürfte, während die andere Vorschrift verlangt, dass Abstand von dieser Baulastfläche zu halten ist (s. auch Rn. 144 zu § 5).
Im Hinblick darauf darf an ein Gebäude, das an der Grenze steht und dessen Abstand durch Baulast nach Absatz 2 auf das Nachbargrundstück verlagert ist, nur dann nach § 5 Abs. 5 Satz 2 zweiter Halbsatz entsprechend angebaut werden, wenn die Bauaufsichtsbehörde zuvor die Baulast gelöscht hat. Eine Löschung setzt nach § 81 Abs. 3 jedoch voraus, dass ein öffentliches Interesse an der Baulast nicht mehr besteht. Insbesondere darf die Löschung einer Baulast nicht zu baurechtswidrigen Zuständen führen. Hierfür genügt nicht eine Absichtserklärung des Anbauwilligen, entsprechend an die Grenze zu bauen, zumal er jederzeit auch von dieser Absicht Abstand nehmen kann. Erforderlich ist vielmehr eine durch Baulast gesicherte Verpflichtung, entsprechend an die Grenze zu bauen. Diese Möglichkeit bietet eine Baulast nach § 5 Abs. 5 Satz 2 erster Halbsatz, auch wenn diese Baulast darauf gerichtet ist, zunächst einmal eine Grenzbebauung auf dem Nachbargrundstück zu ermöglichen. Mit der Übernahme einer solchen Baulast ist zugleich der Antrag auf Löschung der Baulast nach Absatz 2 durch die BauAB zu stellen.
Hieraus ergibt sich auch, dass nicht neben einer Baulast nach Absatz 2 eine weitere Baulast nach § 5 Abs. 5 Satz 2 erster Halbsatz übernommen werden kann, um später auch noch die Möglichkeit zu haben, entsprechend an die Grenze zu bauen, denn die Baulast nach Absatz 2 ließe dies gar nicht zu.

§ 7 Abstände auf demselben Baugrundstück

(1) ¹Zwischen Gebäuden auf demselben Baugrundstück, die nicht unmittelbar aneinander gebaut sind, muss ein Abstand gehalten werden, der so zu bemessen ist, als verliefe zwischen ihnen eine Grenze. ²Satz 1 gilt entsprechend für andere bauliche Anlagen, von denen Wirkungen wie von Gebäuden ausgehen, und Terrassen, soweit sie jeweils höher als 1 m über der Geländeoberfläche sind.

(2) Der Abstand nach Absatz 1 darf, soweit hinsichtlich des Brandschutzes, des Tageslichts und der Lüftung keine Bedenken bestehen, unterschritten werden
1. auf einem Baugrundstück, das in einem durch Bebauungsplan festgesetzten Gewerbe- oder Industriegebiet liegt oder entsprechend genutzt werden darf, zwischen Gebäuden, die in den genannten Gebieten allgemein zulässig sind,
2. zwischen land- oder forstwirtschaftlich genutzten Gebäuden ohne Aufenthaltsräumen,
3. von baulichen Anlagen nach § 5 Abs. 8 Satz 2.

(3) ¹Wenn Teile desselben Gebäudes oder aneinander gebauter Gebäude auf demselben Baugrundstück einander in einem Winkel von weniger als 75 Grad zugekehrt sind, muss zwischen ihnen Abstand nach Absatz 1 gehalten werden. ²Dies gilt nicht für Dachgauben, Balkone und sonstige geringfügig vor- oder zurücktretende Teile desselben Gebäudes. ³Die Abstände nach Satz 1 dürfen unterschritten werden, soweit die Teile des Gebäudes keine Öffnungen

§ 7 1, 2

zu Aufenthaltsräumen haben und der Brandschutz und eine ausreichende Belüftung gewährleistet sind.

(4) Zwischen einander in einem Winkel von weniger als 120 Grad zugekehrten Fenstern von Aufenthaltsräumen eines Gebäudes oder aneinander gebauter Gebäude auf demselben Baugrundstück muss ein Abstand von mindestens 6 m gehalten werden, wenn die Aufenthaltsräume dem Wohnen dienen und nicht zu derselben Wohnung gehören.

(5) Die Absätze 1 bis 3 gelten nicht für fliegende Bauten.

Übersicht

		Rn.
A.	Allgemeines	1
B.	Abstände zwischen baulichen Anlagen auf demselben Baugrundstück (Absatz 1)	2–5
C.	Verringerte Abstände zwischen Gebäuden besonderer Nutzung sowie von baulichen Anlagen nach § 5 Abs. 8 Satz 2 auf demselben Baugrundstück (Absatz 2)	6–19
D.	Abstände zwischen Gebäudeteilen (Absatz 3)	20–32
E.	Abstände zwischen Fenstern von Gebäuden auf demselben Baugrundstück (Absatz 4)	33–41
F.	Abstände zwischen fliegenden Bauten auf demselben Baugrundstück (Absatz 5)	42

A. Allgemeines

1 Die von baulichen Anlagen einzuhaltenden Abstände beziehen sich grundsätzlich auf die Grenzen des jeweiligen Baugrundstücks. Das eigentliche **Anliegen, dem die Vorschriften über Grenzabstände dienen**, ist jedoch darauf gerichtet, ausreichende Abstände zwischen baulichen Anlagen untereinander sicherzustellen, damit insbesondere den Anforderungen an gesunde Wohn- und Arbeitsverhältnisse entsprochen wird.

Absatz 1 Satz 1 verlangt daher, dass **zwischen Gebäuden** auf demselben Baugrundstück, die nicht unmittelbar aneinandergebaut sind, der Abstand einzuhalten ist, den die Gebäude untereinander einhalten müssten, wenn sie auf verschiedenen Baugrundstücken errichtet würden.

Das gilt nach Absatz 1 Satz 2 auch für **andere bauliche Anlagen**, von denen Wirkungen wie von Gebäuden ausgehen, und Terrassen, soweit sie jeweils höher als 1 m über der Geländeoberfläche sind.

B. Abstände zwischen baulichen Anlagen auf demselben Baugrundstück (Absatz 1)

2 Nach Absatz 1 Satz 1 muss **zwischen Gebäuden** auf demselben Baugrundstück, die nicht unmittelbar aneinandergebaut sind, **Abstand gehalten werden**, der so zu bemessen ist, als verliefe zwischen diesen Gebäuden eine Grenze.

Diese Regelung besagt, dass nicht unmittelbar aneinandergebaute Gebäude auf demselben Baugrundstück Abstand voneinander halten müssen und dass sich dieser Abstand an einer zwischen den Gebäuden verlaufenden **fiktiven Grenze** zu orientieren hat. Daraus folgt, dass für den Abstand der Gebäude untereinander die Vorschrift über die Grenzabstände nach § 5 maßgebend ist (s. **Abb. 1**).

Absatz 1 findet ausdrücklich keine Anwendung auf **Gebäude** auf demselben Baugrundstück, **die unmittelbar aneinandergebaut sind**, da es in diesen Fällen einer Regelung über Abstände zwischen Gebäuden auf demselben Baugrundstück nicht bedarf.

Unmittelbar aneinandergebaut sind nicht nur Gebäude, die deckungsgleich oder entsprechend aneinandergebaut sind, sondern auch Gebäude, die mehr oder weniger versetzt aneinander gebaut sind. Bei Gebäuden, die weitgehend versetzt aneinandergebaut sind, sind deren Teile in der Regel in einem Winkel von 90° einander zugekehrt. Auf diese Teile findet daher Absatz 3 Satz 1 Anwendung mit der Folge, dass diese Teile keinen Abstand voneinander zu halten brauchen (s. Rdn. 24).

Nicht unmittelbar aneinandergebaut sind Gebäude, die mit baulichen Anlagen, wie beispielsweise mit einer Mauer, miteinander verbunden sind. Gebäude, die durch ein kleineres Gebäude, wie einer Garage, verbunden sind, sind nur über das kleinere Gebäude unmittelbar aneinandergebaut und müssen daher mit ihren übrigen Teilen Abstand von der fiktiven Grenze halten (s. **Abb. 2**).

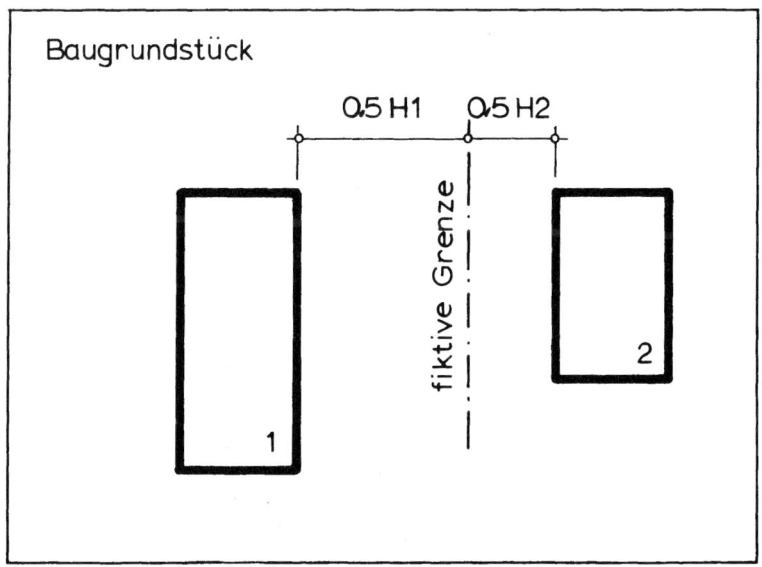

Abb. 1: Der Abstand zwischen den Gebäuden auf demselben Baugrundstück ist nach § 7 Abs. 1 Satz 1 so zu bemessen, als würde zwischen den Gebäuden eine Grenze verlaufen; von dieser fiktiven Grenze ist Abstand nach § 5 zu halten.

§ 7   4, 5

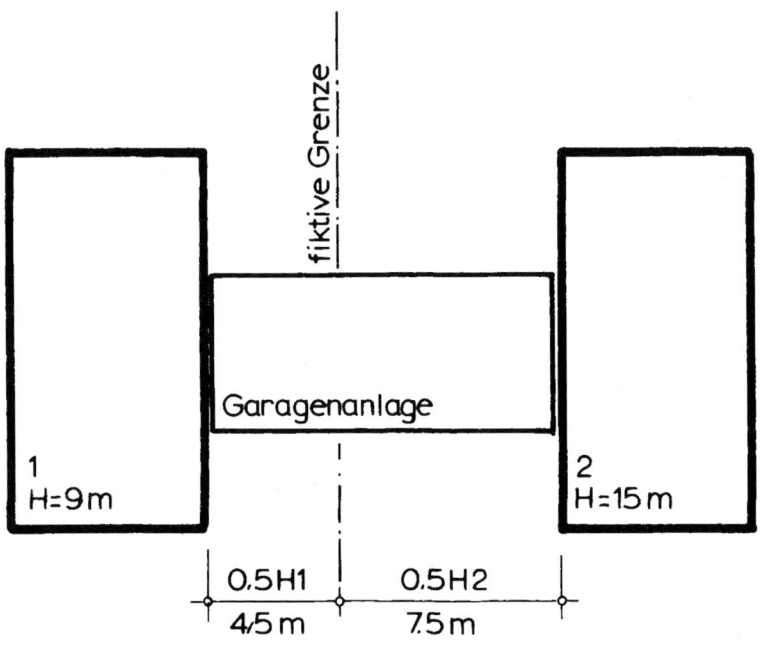

Abb. 2: Die Gebäude 1 und 2 müssen, soweit sie nicht über das Zwischengebäude aneinandergebaut sind, nach § 7 Abs. 1 Satz 1 Abstand nach § 5 Abs. 1 Satz 1 von der fiktiven Grenze halten.

4 Nach Absatz 1 Satz 2 gilt Absatz 1 Satz 1 entsprechend für **bauliche Anlagen, die keine Gebäude sind**, wenn von den baulichen Anlagen Wirkungen wie von Gebäuden ausgehen und soweit die baulichen Anlagen höher als 1 m über der Geländeoberfläche sind.
Das Gleiche gilt für **Terrassen**, soweit sie 1 m über der Geländeoberfläche sind. Dabei geht es um Terrassen als selbständige bauliche Anlagen, die § 5 Abs. 1 Satz 2 erfasst (zum Begriff der Terrasse s. Rn. 61 zu § 5).
Zwischen Gebäuden und anderen abstandsrelevanten baulichen Anlagen, sowie zwischen abstandsrelevanten baulichen Anlagen, die keine Gebäude sind, bestimmen sich daher die Abstände auf demselben Baugrundstück nach Absatz 1 Satz 1, wenn die baulichen Anlagen nicht unmittelbar aneinandergebaut sind. So muss beispielsweise zwischen einem Gebäude und einer 4 m breiten und 3 m hohen Werbetafel auf demselben Baugrundstück ein Mindestabstand von 6 m eingehalten werden.

5 Der **Begriff des Baugrundstücks** bestimmt sich nach § 2 Abs. 12. Bilden mehrere aneinandergrenzende Grundstücke im Sinne des Bürgerlichen Rechts durch eine Vereinigungsbaulast nach § 2 Abs. 12 Satz 2 ein Baugrundstück, dann ist für die Abstände zwischen den Gebäuden auf diesem Baugrundstück allein § 7 maßgebend (s. Rn. 43 zu § 5).

C. Verringerte Abstände zwischen Gebäuden besonderer Nutzung sowie von baulichen Anlagen nach § 5 Abs. 8 Satz 2 auf demselben Baugrundstück (Absatz 2)

Absatz 2 lässt auf demselben Baugrundstück eine **Unterschreitung des** nach Absatz 1 maßgebenden **Abstandes**
- zwischen Gebäuden auf einem Baugrundstück, das gewerblich oder industriell genutzt werden darf, wenn die Gebäude in Gewerbe- oder Industriegebieten allgemein zulässig sind,
- zwischen land- oder forstwirtschaftlich genutzten Gebäuden ohne Aufenthaltsräume und
- von Garagen, Gebäuden ohne Aufenthaltsräume und Feuerstätten sowie von Solaranlagen zu anderen Gebäuden und zu anderen abstandsrelevanten baulichen Anlagen

zu, soweit hinsichtlich des Brandschutzes, des Tageslichts und der Lüftung keine Bedenken bestehen. Unterschritten werden darf insbesondere der nach Absatz 1 in Verbindung mit § 5 Abs. 2 Satz 1 einzuhaltende Mindestabstand von 3 m, so dass der Abstand der baulichen Anlagen untereinander auch weniger als 6 m betragen darf.

Dieser Regelung liegt der Gedanke zugrunde, dass in den von ihr erfassten Fällen aus bauordnungsrechtlicher Sicht kein Bedürfnis nach Einhaltung des sich aus Absatz 1 ergebenden Abstandes besteht.

Nach **Absatz 2 Nr. 1** muss das Baugrundstück in einem durch Bebauungsplan festgesetzten **Gewerbegebiet** (§ 8 BauNVO) oder **Industriegebiet** (§ 9 BauNVO) liegen oder entsprechend genutzt werden dürfen.

Mit den Worten „**entsprechend genutzt werden dürfen**" erfasst diese Regelung alle Baugrundstücke, die so genutzt werden dürfen, wie Baugrundstücke in Gewerbe- oder Industriegebieten. Infolgedessen sind in diese Regelung auch Baugrundstücke einbezogen, die entweder innerhalb eines im Zusammenhang bebauten Ortsteils oder im Außenbereich liegen.

Die Frage, ob ein Baugrundstück entsprechend einem Baugrundstück in einem Gewerbe- oder Industriegebiet genutzt werden darf, beantwortet sich bei Baugrundstücken innerhalb eines im Zusammenhang bebauten Ortsteils nach § 34 Abs. 2 BauGB in Verbindung § 8 oder § 9 BauNVO und bei Baugrundstücken im Außenbereich unter Berücksichtigung der genehmigten oder zu genehmigenden Nutzungen.

Unterschritten werden darf der Abstand nach Absatz 2 Nr. 1 nur **zwischen Gebäuden, die** nach § 8 Abs. 2 oder nach § 9 Abs. 2 BauNVO **in Gewerbe- oder Industriegebieten allgemein zulässig sind**. Gebäude mit Nutzungen, die nach § 8 Abs. 3 oder nach § 9 Abs. 3 BauNVO nur ausnahmsweise in Gewerbe- oder Industriegebieten zugelassen werden können, müssen daher untereinander den sich aus Absatz 1 ergebenden Abstand einhalten. Das gilt auch, wenn von zwei Gebäuden nur ein Gebäude einer Nutzung dient, die in Gewerbe- oder Industriegebieten ausnahmsweise zulässig ist.

9 **Absatz 2 Nr. 2** ermöglicht eine Unterschreitung des Abstandes zwischen **land- oder forstwirtschaftlich genutzten Gebäuden** auf demselben Baugrundstück, wenn diese Gebäude keine Aufenthaltsräume haben.
Diese Vorschrift erfasst alle Gebäude, die mit dieser Nutzung nach dem städtebaulichen Planungsrecht zulässig sind. In der Regel wird es sich um Baugrundstücke handeln, die in Dorfgebieten (§ 5 BauNVO) liegen oder entsprechend genutzt werden dürfen. Landwirtschaftlich genutzte Gebäude sind aber auch beispielsweise Gewächshäuser von Gartenbaubetrieben, die in allgemeinen Wohngebieten (§ 4 BauNVO) oder in Mischgebieten (§ 6 BauNVO) zulässig sind.

10 Für den **Begriff der Landwirtschaft** ist § 201 BauGB maßgebend. Nach dieser Vorschrift sind für den Begriff der Landwirtschaft zwei Merkmale kennzeichnend: Es muss sich um unmittelbare Bodenertragsnutzung handeln, und es muss der Boden zum Zwecke der Nutzung seines Ertrages planmäßig und eigenverantwortlich bewirtschaftet werden. Daran hat auch die Einbeziehung der atypischen Betriebsarten der berufsmäßigen Imkerei und der berufsmäßigen Binnenfischerei in dem damaligen § 146 BBauG durch die Novelle von 1976 nichts geändert (BVerwG, U. v. 4.7.1980 – 4 C 101.77 – BRS 36 Nr. 59).
Unter den Begriff der Landwirtschaft fällt aber nicht nur der herkömmliche Ackerbau und die Wiesen- und Weidewirtschaft, sondern insbesondere auch die gartenbauliche Erzeugung, der Erwerbsobstbau und der Weinbau.

11 **Absatz 2 Nr. 3** lässt zu, dass der Abstand nach Absatz 1 von **baulichen Anlagen nach § 5 Abs. 8 Satz 2** unterschritten werden darf.
Die baulichen Anlagen nach § 5 Abs. 8 Satz 2 brauchen unter Beachtung der Höhen- und Längenbeschränkungen nach § 5 Abs. 8 Sätze 2 und 3 schon nach Absatz 1 **keinen Abstand von der fiktiven Grenze** zu halten (s. **Abb. 3**).

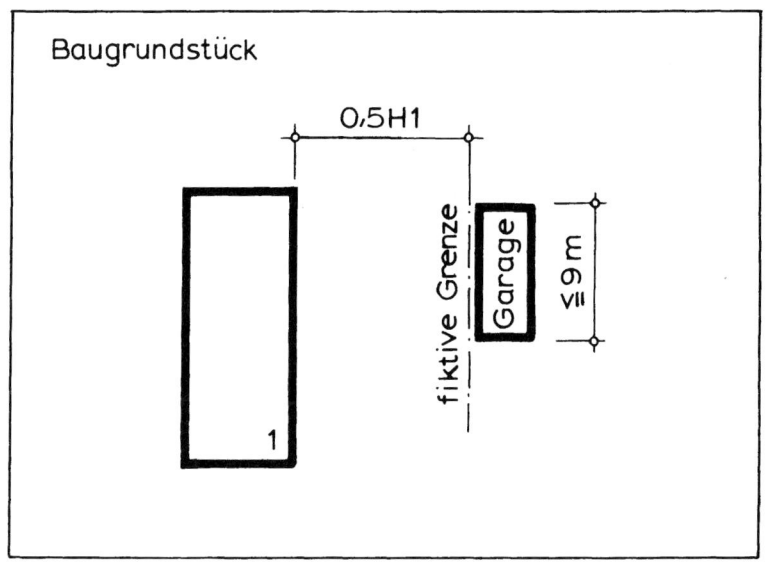

Abb. 3: Der Abstand zwischen den Gebäuden auf demselben Baugrundstück ergibt sich aus dem Abstand, den das Gebäude Nr. 1 nach § 7 Abs. 1 Satz 1 i. V. m. § 5 Abs. 2 und dem Abstand, den die Garage nach § 7 Abs. 1 Satz 1 i. V. m. § 5 Abs. 8 Satz 2 Nr. 1 und Satz 3 von der fiktiven Grenze einzuhalten haben.

Darüber hinaus lässt Absatz 2 Nr. 3 zu, dass Garagen, Gebäude ohne Aufenthaltsräume und Feuerstätten sowie Solaranlagen ihren **Abstand** zu anderen Gebäuden und zu anderen anderen abstandsrelevanten baulichen Anlagen auf demselben Baugrundstück **abweichend von Absatz 1 verringern** dürfen.

Bauliche Anlagen nach § 5 Abs. 8 Satz 2, die den nach Absatz 1 maßgebenden Abstand unterschreiten, unterliegen den **Höhenbeschränkungen** auf 3 m. Sie unterliegen jedoch nicht den **Längenbeschränkungen** auf 9 m bzw. 15 m, die § 5 Abs. 8 Satz 3 vorschreibt.
Die Längenbeschränkungen gelten nur in Bezug auf Grundstücksgrenzen sowie in Bezug auf fiktive Grenzen auf demselben Baugrundstück. Zwischen baulichen Anlagen nach § 5 Abs. 8 Satz 2 mit verringerten Abständen nach Absatz 2 Nr. 3 und sonstigen abstandsrelevanten baulichen Anlagen auf demselben Baugrundstück können jedoch keine fiktiven Grenzen im Sinne des Absatzes 1 verlaufen, denn nach dieser Vorschrift hat sich an den fiktiven Grenzen die Ermittlung der Abstände zu orientieren, die bauliche Anlagen auf demselben Baugrundstück untereinander nach Maßgabe des § 5 einzuhalten haben (s. **Abb. 4**).

§ 7 14, 15

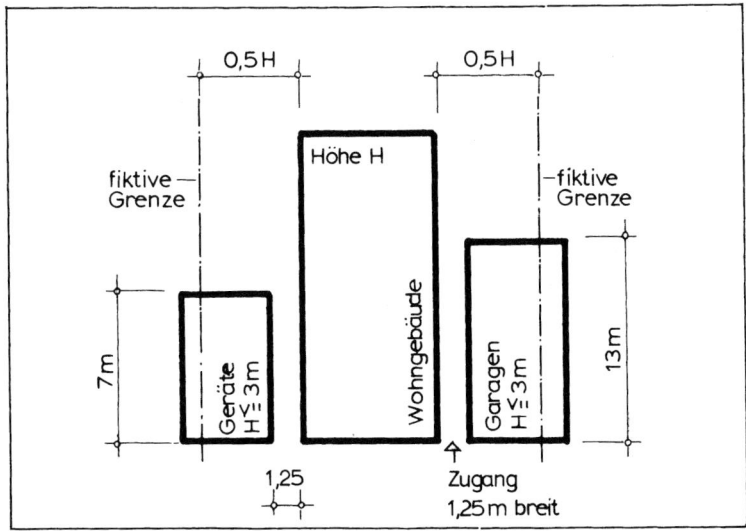

Abb. 4: Nach § 7 Abs. 2 Nr. 3 dürfen das Garagengebäude und das Gebäude für Geräte unter der Beachtung der Höhenbeschränkungen des § 5 Abs. 8 Satz 2 Nr. 1 den nach § 7 Abs. 1 Satz 1 maßgebenden Abstand zu dem Wohngebäude unterschreiten, soweit hinsichtlich des Brandschutzes, des Tageslichts und der Lüftung keine Bedenken bestehen.

14 Garagen und Gebäude ohne Aufenthaltsräume und Feuerstätten für Lagerzwecke gehören nach den §§ 8, 9 und 12 BauNVO zu den **in Gewerbe- und Industriegebieten** allgemein zulässigen Gebäuden. Für eine Unterschreitung des Abstands zwischen diesen Gebäuden und den übrigen in Absatz 2 Nr. 1 begünstigten Gebäuden bedarf es deshalb keines Rückgriffs auf Absatz 2 Nr. 3, so dass auch die Höhenbeschränkungen nach § 5 Abs. 8 Satz 2 Nr. 1 entfallen.

15 Die Anforderungen des **Brandschutzes** bestimmen sich insbesondere nach den §§ 5 ff. DVO-NBauO und den §§ 6 ff. GaStplVO und werden von den Vergünstigungen nach Absatz 2 nicht berührt.
Die Abstandsanforderungen dienen grundsätzlich nicht dem Brandschutz (s. Rn. 3 zu § 5). Die nach § 8 Abs. 1 Satz 1 Nr. 1 DVO-NBauO aus Gründen des Brandschutzes vorgeschriebenen Mindestabstände von 2,50 m als Alternative zu Brandwänden sind bei Baugrundstücken im Sinne des § 2 Abs. 12 Satz 1 nur von den Grenzen dieser Baugrundstücke einzuhalten.
Besteht ein Baugrundstück jedoch auf Grund einer Vereinigungsbaulast (§ 2 Abs. 12 Satz 2 NBauO) aus mehreren aneinander grenzenden Grundstücken des Bürgerlichen Rechts, so müssen nach § 8 Abs. 1 Satz 3 DVO-NBauO die Anforderungen des § 8 Abs. 1 Satz 1 Nr. 1 DVO-NBauO gegenüber den Grenzen jedes dieser Grundstücke eingehalten werden.

Bei Unterschreitung der abstandsrechtlichen Mindestabstände zwischen den begünstigten Gebäuden nach Absatz 2 ist unter Berücksichtigung der jeweils maßgebenden Brandschutzanforderungen zu prüfen, ob die Unterschreitung der Mindestabstände zu einem nicht vertretbaren Risiko für den Brandschutz führen würde.

Die Forderung nach **Tageslicht** gemäß § 43 Abs. 3 gilt nach § 43 Abs. 5 uneingeschränkt nur für Aufenthaltsräume, die dem Wohnen dienen. **16**
Belange des Tageslichts spielen in den Fällen des Absatzes 2 Nr. 1 deshalb nur eine untergeordnete Rolle und sind in den Fällen des Absatzes 2 Nr. 2, der nur Gebäude ohne Aufenthaltsräume erfasst, unerheblich.
Aufenthaltsräume, die nicht dem Wohnen dienen, brauchen nach § 43 Abs. 5 kein Tageslicht zu haben, wenn durch künstliche Beleuchtung sichergestellt ist, dass den Anforderungen des § 3 entsprochen wird. Hierunter fallen insbesondere gewerblich genutzte Arbeitsräume, wie Werkstätten, Verkaufsräume in Verkaufsstätten und Schank- und Speiseräume in Gaststätten, deren Beleuchtung sich nach Nr. 3.4 des Anhangs zu § 3 Abs. 1 ArbStättV bestimmt.
In den Fällen des Absatzes 2 Nr. 3 können sich Bedenken hinsichtlich des **Tageslichts** ergeben, wenn Aufenthaltsräume, die dem Wohnen dienen, entgegen § 43 Abs. 3 nicht mehr das erforderliche Tageslicht erhalten.

Für die Beurteilung, ob solche Bedenken bestehen, ist entscheidend, welches **17**
Maß an **Beeinträchtigung des Lichteinfalls vor notwendigen Fenstern** durch gegenüberliegende Gebäudeteile noch hinnehmbar ist. Als unbedenklich kann eine solche Beeinträchtigung angesehen werden, wenn die den notwendigen Fenstern gegenüberliegenden Gebäudeteile einen Lichteinfall in einem Winkel von mindestens 45° zur Senkrechten vor den notwendigen Fenstern zulassen. Da es keine Regelung über die Bezugsebene für den Lichteinfallswinkel gibt, liegt es nahe, auf die Fensterbrüstung als Bezugsebene abzustellen (s. **Abb. 5**).

Auch hinsichtlich der **Lüftung** verlangt § 43 Abs. 3 und 5 eine natürliche Lüf- **18**
tung durch notwendige Fenster nur für Aufenthaltsräume, die dem Wohnen dienen.
Für Aufenthaltsräume, die nicht dem Wohnen dienen, genügt gemäß § 43 Abs. 5 eine nach den Maßstäben des § 3 ausreichende künstliche Lüftung, die sich nach Nr. 3.6 des Anhangs zu § 3 Abs. 1 ArbStättV bestimmt und die keine Fenster erfordert. Bei künstlicher Belüftung von Räumen werden Belange der Lüftung durch Abstandsunterschreitungen nach Absatz 2 Nr. 1 nicht berührt.

Die Vergünstigungen, die Absatz 2 Nrn. 1 und 2 bietet, können zu Problemen **19**
bei **Grundstücksteilungen** führen. Absatz 1 stellt mit seiner Konzeption auch sicher, dass Grundstücksteilungen nach § 8 Abs. 1 stets materiell rechtmäßig sind. Grundstücksteilungen zwischen Gebäuden werden daher erheblich erschwert, wenn die Gebäude untereinander nur einen verringerten Abstand einhalten. In diesen Fällen lässt sich die Rechtmäßigkeit einer Grundstücksteilung hinsichtlich der Anforderungen an die Abstände nur durch eine Baulast nach § 2 Abs. 12 Satz 2 herbeiführen, die die durch Teilung entstehenden Grundstücke wieder zu einem Baugrundstück vereinigt (s. Rn. 43 zu § 5).

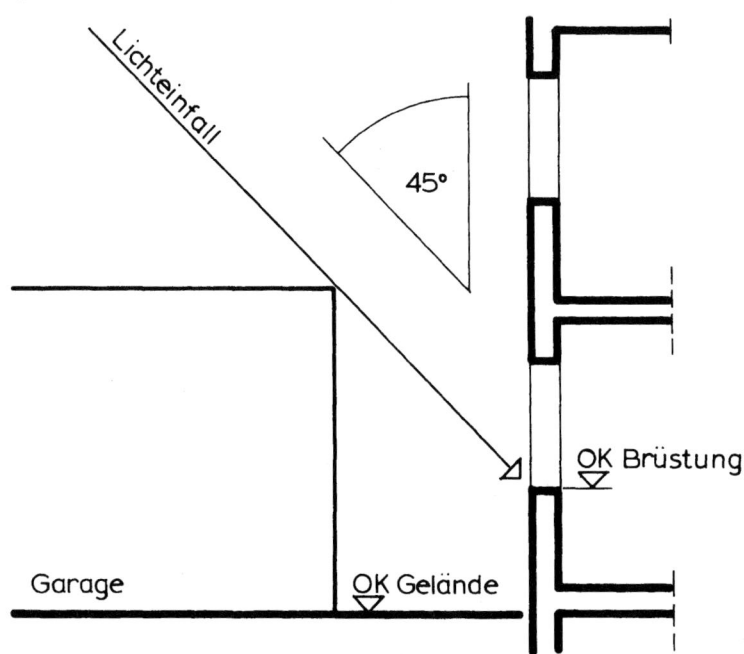

Abb. 5: Die dargestellte Beeinträchtigung des Lichteinfalls vor dem notwendigen Fenster durch die Garage kann als unbedenklich im Sinne des § 7 Abs. 2 Nr. 3 angesehen werden.

D. Abstände zwischen Gebäudeteilen (Absatz 3)

20 Der Zweck, dem die Abstandsvorschriften dienen, erfordert es, grundsätzlich auch Gebäudeteile, die einander gegenüberliegen, den Abstandsforderungen zu unterwerfen. **Absatz 3 Satz 1** verlangt daher, dass zwischen Teilen desselben Gebäudes oder zwischen Teilen aneinandergebauter Gebäude auf demselben Baugrundstück Abstand nach Absatz 1 zu halten ist, wenn die Teile einander in einem Winkel von weniger als 75° zugekehrt sind.

21 **Teile desselben Gebäudes** sind Gebäudeteile, wie Gebäudeflügel, die in Hufeisenform angeordnet sind oder einen Innenhof umschließen.

22 **Teile aneinandergebauter Gebäude auf demselben Baugrundstück** sind Gebäudeteile, die zu verschiedenen aneinandergebauten Gebäuden auf demselben Baugrundstück gehören. Auch diese Gebäudeteile können in Hufeisenform angeordnet sein oder einen Innenhof bilden. Sie können sich beispielsweise auch als Staffelgeschosse über niedrigere aneinandergebaute Gebäude erheben.

Absatz 3 Satz 1 erfasst nur diejenigen Gebäudeteile, die einander in einem **Winkel von weniger als 75°** zugekehrt sind (s. **Abb. 6**). **23**

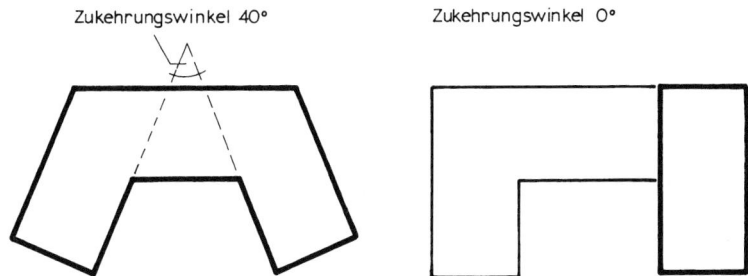

Abb. 6: Die Gebäudeteile sind einander in einem Winkel von weniger als 75° zugekehrt; sie müssen deshalb nach § 7 Abs. 3 Satz 1 und Abs. 1 Abstand voneinander halten.

Zwischen Teilen desselben Gebäudes und zwischen Teilen aneinandergebauter Gebäude auf demselben Baugrundstück, die einander in einem **Winkel von 75° und von mehr als 75°** zugekehrt sind, braucht nach Absatz 3 Satz 1 kein Abstand gehalten zu werden (s. **Abb. 7**). **24**

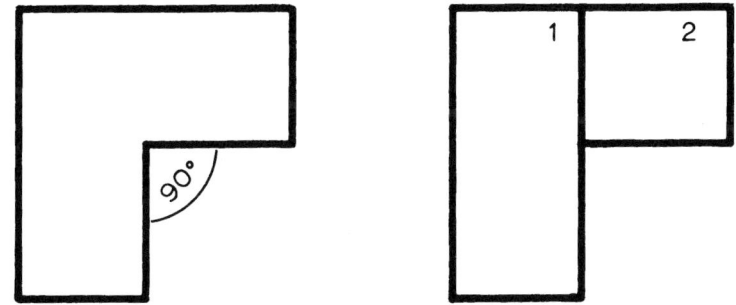

Abb. 7: Die Teile desselben Gebäudes wie auch die Teile der aneinandergebauten Gebäude auf demselben Baugrundstück sind einander in einem Winkel von mehr als 75° zugekehrt; sie brauchen deshalb nach § 7 Abs. 3 Satz 1 und Abs. 1 keinen Abstand voneinander zu halten.

Hinsichtlich des zwischen den Gebäudeteilen einzuhaltenden Abstandes verweist Absatz 3 Satz 1 auf Absatz 1. Danach ist der Abstand so zu bemessen, als wenn zwischen den Gebäudeteilen eine Grenze verliefe. Daraus folgt wiederum, dass sich der Abstand der Gebäudeteile gegenüber der fiktiven Grenze nach § 5 bestimmt (s. **Abb. 8**). **25**

§ 7 26

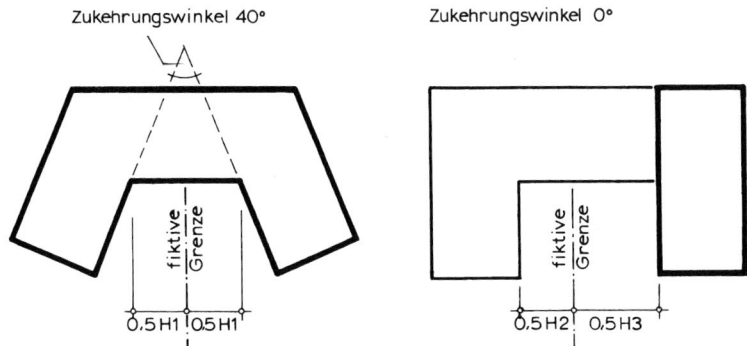

Abb. 8: Die Gebäudeteile, die einander in einem Winkel von weniger als 75° zugekehrt sind, müssen nach § 7 Abs. 3 Satz 1 und Abs. 1 i. V. m. § 5 Abs. 2 Abstand von der fiktiven Grenze halten.

26 Für **Gebäudeteile, die sich über niedrigere Gebäudeteile erheben**, findet nach Absatz 3 Satz 1 in Verbindung mit Absatz 1 Satz 1 auch § 5 Abs. 6 Anwendung. Diese Vorschrift lässt zu, dass abweichend von § 5 Abs. 1 Satz 4 als Bezugsebene für die Höhe H der Gebäudeteile nicht die Geländeoberfläche, sondern die Oberfläche des niedrigeren Gebäudeteils an der fiktiven Grenze maßgebend ist (s. **Abb. 9**).

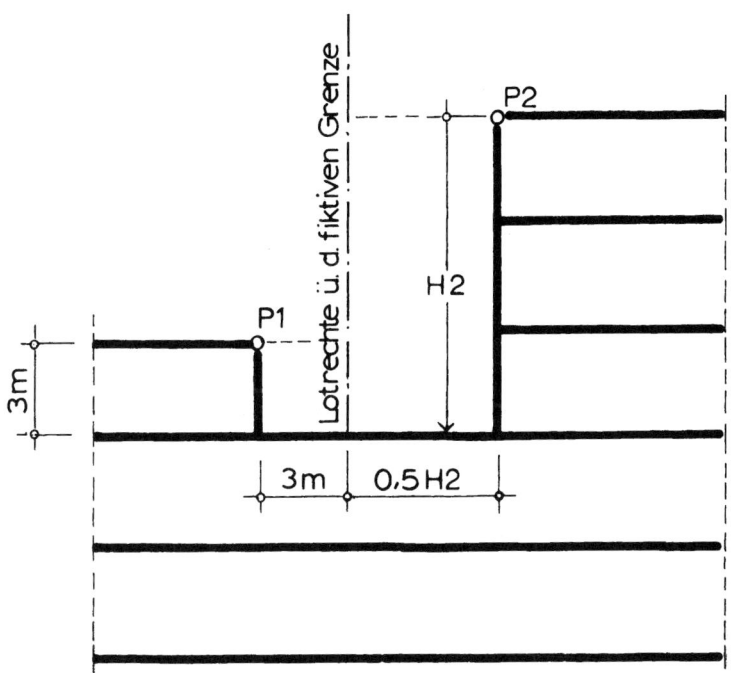

Abb. 9: Für die Gebäudeteile desselben Gebäudes bestimmt sich die maßgebende Bezugsebene für die Höhe H nach § 7 Abs. 3 Satz und Abs. 1 i. V. m. § 5 Abs. 6.

Absatz 3 Satz 1 beschränkt sich nicht auf Teile desselben Gebäudes, sondern erfasst auch Teile aneinander Gebäude auf demselben Baugrundstück, die sich über niedrigere Gebäudeteile erheben und die einander in einem Winkel von weniger als 75° zugekehrt sind (s. Abb. 9a).

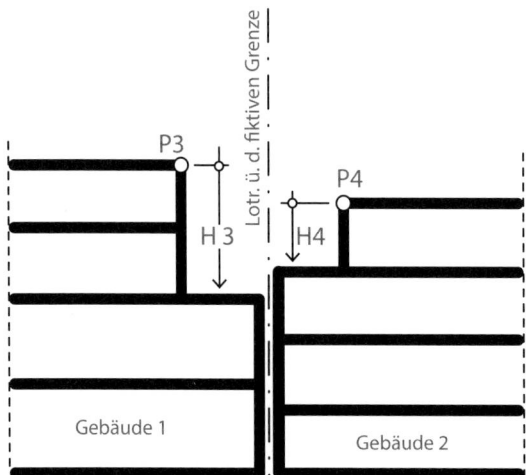

Abb. 9a: Für die Gebäudeteile der aneinander gebauten Gebäude auf demselben Baugrundstück, die sich über niedrige Gebäudeteile erheben, bestimmt sich die Bezugsebene für die Höhe H nach § 7 Abs 3 Satz 1 und Abs. 1 i. V. mit § 5 Abs. 6.

28 Gehören zu den einander zugekehrten Gebäudeteilen, die Abstand voneinander halten müssen, **vortretende Gebäudeteile im Sinne des § 5 Abs. 3 Nr. 2**, so dürfen diese Gebäudeteile die Abstände gegenüber der fiktiven Grenze nach Absatz 3 Satz 1 und Abs. 1 in Verbindung mit § 5 Abs. 3 Nr. 2 unterschreiten, wenn sie nicht mehr als ein Drittel der Breite der jeweiligen Außenwand in Anspruch nehmen. Dabei kann es sich beispielsweise um Windfänge oder Balkone an gegenüberliegenden Teilen aneinandergebauter Gebäude handeln (**s. Abb. 10**).

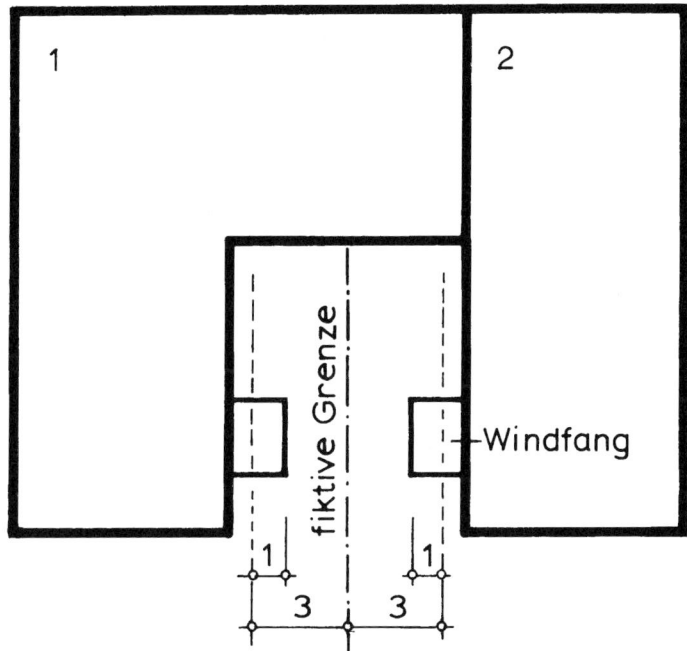

Abb. 10: Die Abstandsunterschreitung der Windfänge um jeweils 1 m bestimmt sich nach § 7 Abs. 3 Satz 1 und Abs. 1 i. V. m. § 5 Abs. 3 Nr. 2.

Braucht zwischen den einander zugekehrten Gebäudeteilen kein Abstand gehalten zu werden, dann unterliegen auch die dazugehörenden vortretenden Gebäudeteile im Sinne des § 5 Abs. 3 Nr. 2 keinen Abstandsanforderungen (s. **Abb. 11**).

Absatz 3 Satz 2 lässt zu, dass Dachgauben, Balkone und sonstige geringfügig vor- oder zurücktretende Teile desselben Gebäudes keinen Abstand untereinander zu halten brauchen (s. **Abb. 12**). Hiernach gelten Dachgauben und Balkone (zu den Begriffen s. Rn. 90 und 81 zu § 5) uneingeschränkt als geringfügig vortretende Bauteile. Sie setzen infolgedessen auch Maßstäbe für die Frage, ob sonstige Gebäudeteile geringfügig vor- oder zurücktretende Teile des Gebäudes sind, so dass auch Vorbauten, wie Erker, Windfänge und Treppenhausvorbauten als geringfügig vortretende Gebäudeteile angesehen werden können.

§ 7   30

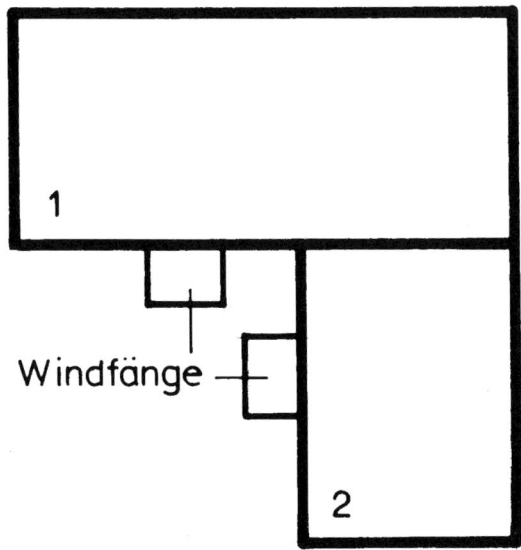

Abb. 11: Zwischen den Teilen der aneinandergebauten Gebäude braucht nach § 7 Abs. 3 Satz 1 kein Abstand gehalten zu werden; die Windfänge als vortretende Gebäudeteile im Sinne des § 5 Abs. 3 Nr. 2 brauchen deshalb auch keinen Abstand zu halten.

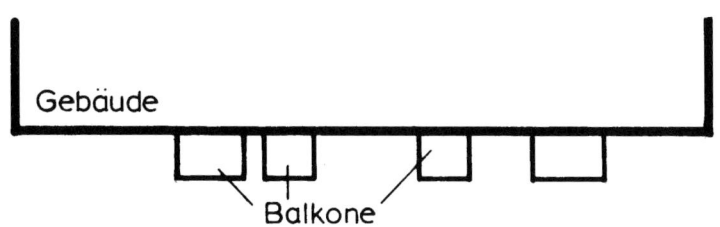

Abb. 12: Die Balkone dürfen als Teile desselben Gebäudes nach § 7 Abs. 3 Satz 2 in beliebigem Abstand voneinander angeordnet sein.

30 Die Regelung des Absatzes 3 Satz 2 beschränkt sich auf Teile desselben Gebäudes. Handelt es sich jedoch um **aneinander gebaute Gebäude auf demselben Baugrundstück** im Sinne des § 2 Abs. 12 Satz 1, die nach § 22 Abs. 2 BauNVO ein Einzelhaus in offener Bauweise sind (s. Rn. 125 zu § 5), dann bestimmt sich der Abstand, den der vortretende Gebäudeteil des einen Gebäudes gegenüber dem vortretenden Gebäudeteil des anderen Gebäudes einzuhalten hat, nach Absatz 3 Satz 1 und Abs. 1 in Verbindung mit § 5 Abs. 7 Satz 2 (s. Rn. 162 u. 163). Diese Vorschrift lässt mit Zustimmung des Nachbarn einen beliebigen Abstand zwischen den genannten vortretenden Gebäudeteilen zu. Da bei aneinander gebauten Gebäuden auf demselben Baugrundstück eine nachbarliche Zustimmung entfällt, brauchen die in § 5 Abs. 3 Nr. 2 genannten Gebäudeteile aneinander gebauter Gebäude auf demselben Baugrundstück keinen Abstand von einander zu halten (s. **Abb. 13**).

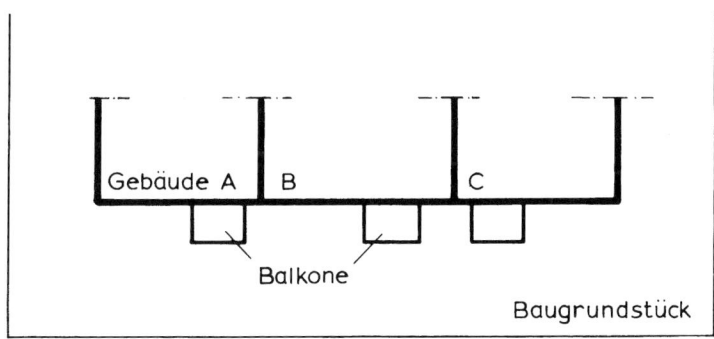

Abb. 13: Die Balkone dürfen nach § 7 Abs. 3 Satz 1 und Absatz 1 i. V. m. § 5 Abs. 7 Satz 2 in beliebigem Abstand voneinander angeordnet sein.

31 Bei aneinander gebauten Gebäuden nach § 5 Abs. 5 Satz 1 oder Satz 2, deren Grundstücke auf Grund einer Vereinigungsbaulast nach § 2 Abs. 12 Satz 2 ein Baugrundstück bilden, bestimmt sich der Abstand, den das vortretende Gebäudeteil des einen Gebäudes gegenüber dem vortretenden Gebäudeteil des anderen Gebäudes einzuhalten hat, nach Absatz 3 Satz 1 und Absatz 1 in Verbindung mit § 5 Abs. 7 Satz 1 oder Satz 2.

32 **Absatz 3 Satz 3** enthält eine weitere Erleichterung für Teile desselben Gebäudes wie auch für Teile aneinandergebauter Gebäude auf demselben Baugrundstück. Er lässt zu, dass der zwischen diesen Gebäudeteilen nach Absatz 3 Satz 1 und Absatz 1 in Verbindung mit § 5 Abs. 2 einzuhaltende Abstand unterschritten werden darf, soweit die Gebäudeteile keine Öffnungen zu Aufenthaltsräumen haben und der Brandschutz und eine ausreichende Belüftung gewährleistet sind (s. **Abb. 14**).
Diese Regelung, die sich auf alle einander in einem Winkel von weniger als 75° zugekehrten Gebäudeteile erstreckt, erleichtert vor allem Gebäudegliederungen durch vor- oder zurückspringende Gebäudeteile. Andererseits können solche Abstandsunterschreitungen Grundstücksteilungen, wie in den Fällen des Absatzes 2, erheblich erschweren oder sogar ausschließen.
Eine Unterschreitung der Abstände nach Absatz 3 Satz 3 kommt nur in Betracht, soweit die Gebäudeteile **keine Öffnungen zu Aufenthaltsräumen** haben. Das

§ 7 33

Verbot von Öffnungen zu Aufenthaltsräumen gilt nicht für sämtliche Außenwände der Gebäudeteile, sondern nur für die Teile der Außenwände, die die Abstände unterschreiten. Dies ergibt' sich aus dem Begriff „soweit". Den Belangen des **Brandschutzes** wird durch die §§ 5 ff. DVO-NBauO hinreichend Rechnung getragen, so dass der Brandschutz bei Abstandsunterschreitungen nach Absatz 3 Satz 3 grundsätzlich gewährleistet bleibt. Der Vorbehalt zugunsten der **Belüftung** stellt sicher, dass bei Abstandsunterschreitungen Aufenthaltsräume, die nicht dem Wohnen dienen, sowie die Bauteile selbst, ausreichend belüftet werden. Hingegen unterliegt die Belüftung von Aufenthaltsräumen, die dem Wohnen dienen, uneingeschränkt den Anforderungen des § 43 Abs. 3.

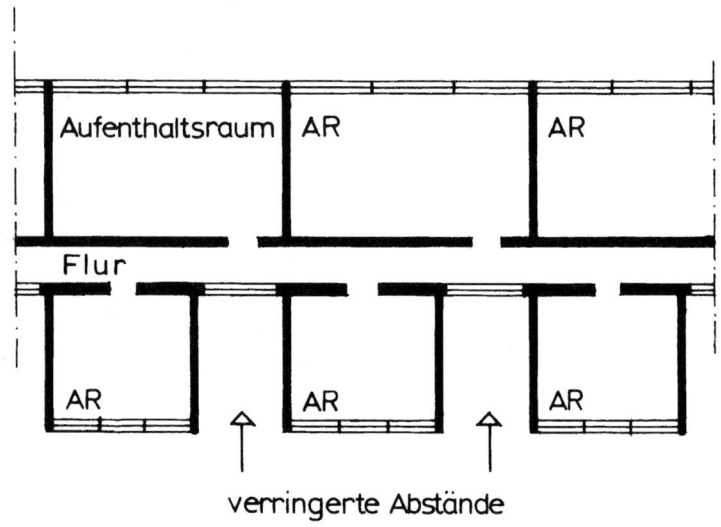

Abb. 14: Die vorspringenden Gebäudeteile dürfen ihren Abstand voneinander nach § 7 Abs. 3 Satz 3 unterschreiten, soweit die Gebäudeteile keine Öffnungen zu Aufenthaltsräumen haben und der Brandschutz und eine ausreichende Belüftung gewährleistet sind.

E. Abstände zwischen Fenstern von Gebäuden auf demselben Baugrundstück (Absatz 4)

33 Absatz 4 dient mit seiner Forderung nach einem Mindestabstand von 6 m zwischen bestimmten einander zugekehrten Fenstern fremder Wohnungen dem **Wohnfrieden**. Die Vorschrift schränkt die Möglichkeit gegenseitiger Beeinträchtigung durch Einsicht oder Geräusche ein und orientiert sich dabei an den Mindestabständen, die Gebäude untereinander auf demselben Baugrundstück einzuhalten haben.

34 Der Regelungsbereich des Absatzes 4 beschränkt sich auf **Fenster desselben Gebäudes und aneinandergebauter Gebäude auf demselben Baugrundstück.** Hierauf erstreckt sich auch der Regelungsbereich des Absatzes 3 Satz 1. Deshalb überlagern sich teilweise die Tatbestände beider Vorschriften. Halten Gebäudeteile Abstand nach Absatz 3 Satz 1, dann sind auch die Anforderungen des Absatzes 4 erfüllt. Diese Vorschrift hat jedoch in den Fällen eine über Absatz 3 Satz 1 hinausgehende Bedeutung, in denen Gebäudeteile mit Fenstern einander in einem Winkel von weniger als 120° zugekehrt sind. In diesem Zuordnungsbereich erfasst Absatz 4 insbesondere Gebäudeteile, die mit ihren Fenstern im rechten Winkel zueinander stehen.

35 Die Forderung des Absatzes 4 erstreckt sich nur auf Abstände zwischen einander zugekehrten **Fenstern von Aufenthaltsräumen, die dem Wohnen dienen.** Dazu gehören nicht nur Wohn-, Schlaf- und Kinderzimmer, sondern auch Küchen. Unberücksichtigt bleiben hiernach Fenster von Räumen, die keine Aufenthaltsräume sind, wie Flure, Bäder oder Toiletten sowie Fenster von Aufenthaltsräumen, die nicht dem Wohnen dienen, wie Büroräume oder Läden. Die Vorschrift ist auf Fenstertüren entsprechend anzuwenden.

36 Einander zugekehrte Fenster von Aufenthaltsräumen, die dem Wohnen dienen, unterliegen nur dann den Abstandsforderungen des Absatz 4, wenn sie zu **verschiedenen Wohnungen** gehören. Für eine Forderung nach Abständen zwischen Fenstern von Aufenthaltsräumen derselben Wohnung bestände auch kein Bedürfnis.

37 Absatz 4 erfasst solche Fenster, die einander **in einem Winkel von weniger als 120° zugekehrt** sind (s. **Abb. 15** und **16**). Die Fenster selbst und nicht die Wandflächen mit diesen Fenstern müssen in diesem Winkel einander zugekehrt sein.

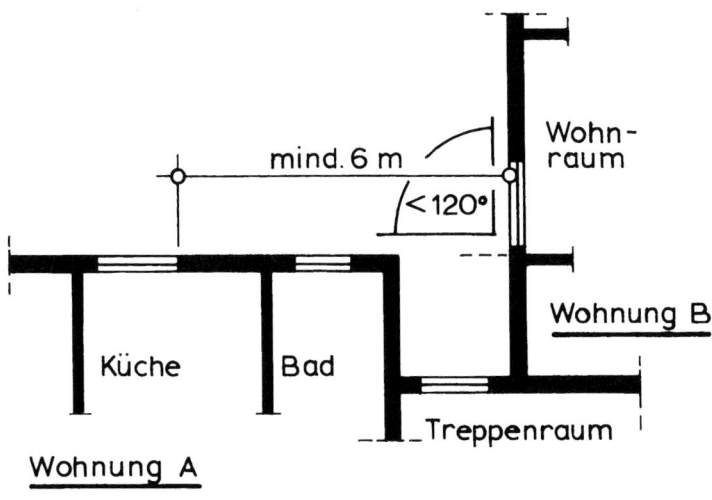

Abb. 15: Erforderlicher Mindestabstand nach § 7 Abs. 4 zwischen einander im Winkel von weniger als 120° zugekehrten Fenstern von Aufenthaltsräumen, die dem Wohnen dienen und zu verschiedenen Wohnungen gehören.

38 Beträgt der Abstand zwischen einander im Winkel von weniger als 120° zugekehrten Fenstern von Aufenthaltsräumen die dem Wohnen dienen und die nicht zu derselben Wohnung gehören, 6 m, dann ist den Anforderungen des Absatzes 4 entsprochen. Diese rechtliche Beurteilung wird nicht dadurch in Frage gestellt, dass **vor den Fenstern bzw. Fenstertüren Balkone angebracht sind**, die eine größere gegenseitige Einsichtnahme in die Aufenthaltsräume ermöglichen, da Absatz 4 Balkone nicht erwähnt. Außerdem ist der Aufenthalt auf Balkonen stets zeitlich beschränkt und im Gegensatz zu Ausblicken aus Fenstern auch stets wahrnehmbar.

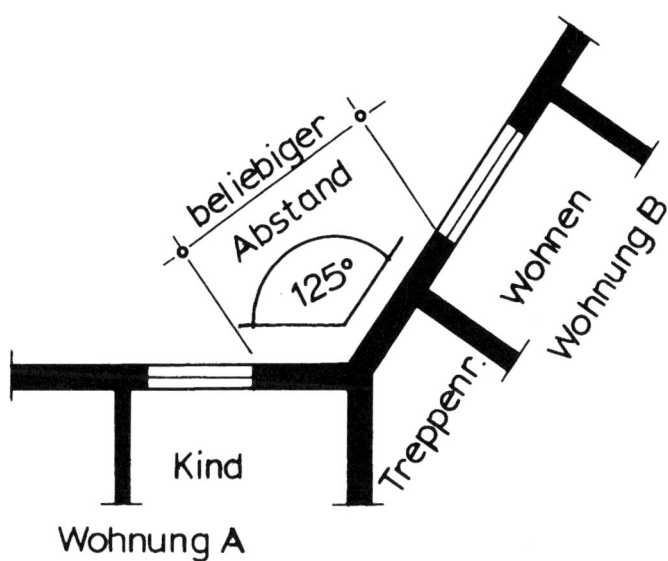

Abb. 16: § 7 Abs. 4 verlangt nur Abstand zwischen Fenstern von Aufenthaltsräumen, die dem Wohnen dienen und die einander in einem Winkel von weniger als 120° zugekehrt sind.

Der **Begriff „Zukehrung"** beinhaltet eine bestimmte Zuordnung. Er besagt, dass die Fenster, würde sich der Zukehrungswinkel auf Null verringern, sich an irgendeiner Stelle überlagern müssten. Daraus folgt, dass Fenster einander nicht zugekehrt sind, wenn sie um jeweils ihre volle Höhe versetzt angeordnet sind (s. **Abb. 17**). **39**

Die Abstandsforderungen des Absatzes 4 beschränken sich auf **Fenster desselben Gebäudes und aneinander gebauter Gebäude auf demselben Baugrundstück**. Für entsprechende grundstücksübergreifende Forderungen besteht kein Bedürfnis, da die Vorschriften über Brandwände nach § 8 Abs. 1 Satz 1 Nr. 1 DVO-NBauO keine Öffnungen in Wänden zulassen, deren Abstand zur Grenze weniger als 2,50 m beträgt. **40**

Der Begriff des Baugrundstücks bestimmt sich nach § 2 Abs. 12. Fenster aneinandergebauter Gebäude auf mehreren Grundstücken im Sinne des Bürgerlichen Rechts unterliegen daher dann den Anforderungen des Absatzes 4, wenn die Grundstücke durch eine Vereinigungsbaulast nach § 2 Abs. 12 Satz 2 ein Baugrundstück bilden. **41**

§ 7   42

Abb. 17: Die Fenster A und B, die zu Aufenthaltsräumen gehören, die dem Wohnen dienen, brauchen keinen Abstand untereinander zu halten, da sie einander nicht i. S. d. § 7 Abs. 4 zugekehrt sind.

Auch in diesen Fällen gilt nach § 8 Abs. 1 Satz 3 DVO-NBauO für Gebäude jedoch die **Forderung nach Brandwänden** gegenüber den Grenzen jedes der Grundstücke im Sinne des Bürgerlichen Rechts, so dass bei versetzt angeordneten Gebäuden Grenzwände nach § 8 Abs. 5 DVO-NBauO keine Öffnungen haben dürfen. Das gilt nach § 8 Abs. 2 Satz 4 DVO-NBauO auch für Wände, die anstelle von Brandwänden zulässig sind.

F. Abstände zwischen fliegenden Bauten auf demselben Baugrundstück (Absatz 5)

42 Nach **Absatz 5** gelten die Absätze 1 bis 3 nicht für **fliegende Bauten** (§ 75 Abs. 1). Mit dieser Regelung wird auf Abstandsforderungen zwischen fliegenden Bauten auf demselben Baugrundstück, die nicht unmittelbar aneinandergebaut sind, sowie zwischen Teilen desselben fliegenden Baus oder aneinandergebauter fliegender Bauten verzichtet. Die Bemessung dieser Abstände steht daher im Belieben der Aufsteller der fliegenden Bauten oder bestimmt sich nach Forderungen der Betreiber von Festplätzen, die diese aus anderen als bauordnungsrechtlichen Gründen stellen.

Absatz 5 beschränkt sich auf Abstände zwischen fliegenden Bauten auf demselben Baugrundstück und lässt die Vorschriften über **Abstände von den Grenzen des Baugrundstücks** unberührt. Fliegende Bauten müssen daher von den Grenzen eines Festplatzes die sich aus § 5 ergebenden Abstände einhalten.

Stichwortverzeichnis

Die fettgedruckten Zahlen beziehen sich auf die Paragraphen der NBauO; das fettgedruckte **V** bezieht sich auf die Vorbemerkungen. Die übrigen Zahlen bezeichnen die Randnummern.

A
Abgasleitungen **5**, 104
Abgrabungen
– der Geländeoberfläche **5**, 226
– für Gebäudegründungen **5**, 227
– für Zufahrten **5**, 226
– materielle Anforderungen an Abgrabungen **5**, 224
Abluftleitungen **5**, 105
Abrundung
– des Grenzabstandes **5**, 70
Abstände
– Ermittlung der Abstände von Windenergieanlagen **5**, 59
– für Aufzüge **5**, 97
– für Terrassen **5**, 60
– Unterschreiten des maßgebenden Abstands **7**, 6
– von vortretenden Gebäudeteilen gegenüber **7**, 28
– zwischen Balkonen **7**, 29
– zwischen Dachgauben **7**, 29
– zwischen Einfriedungen und Gebäuden **7**, 19
– zwischen Fenstern **7**, 33
– zwischen fliegenden Bauten **7**, 42
– zwischen Gebäuden auf demselben **7**, 1 f., 6
– zwischen Gebäuden besonderer Nutzung **7**, 6
– zwischen Gebäuden land- oder forstwirtschaftlicher Nutzung **7**, 9
– zwischen Gebäudeteilen **7**, 20
– zwischen Gebäudeteilen ohne Öffnungen zu Aufenthaltsräumen **7**, 32
– zwischen Stützmauern und Gebäuden **7**, 19
Abstandsbaulast **6**, 24
– zivilrechtliche Absicherung von Einschränkungen **6**, 41
Abstandsflächen
– abweichende Tiefe der Abstandsflächen **V** 4

– Geländeoberfläche bei System der Abstandsflächen **V** 10
– System der Abstandsflächen **V** 10
Abstandsvorschriften
– Gesetzgebungskompetenz **V** 1
– Kollision mit Festsetzungen im B-Plan **5**, 11 ff.
– Konzeption der Abstandsvorschriften **5**, 6 f.
– Verhältnis zum Planungsrecht **5**, 8 ff.
– Zielsetzung **5**, 2
– Zweck der Abstandsvorschriften **V** 39; **7**, 1
Abstellplätze
– für Wohnmobile **5**, 54
– für Wohnwagen **5**, 53
Abstellräume
– als Anbauten mit Türverbindung **5**, 200
– Ausgestaltung von Abstellräumen **5**, 199
– in Verbindung mit Garagen **5**, 197
Abwasserbeseitigung
– Gebäude, die der Abwasserbeseitigung **5**, 199
Abwehrrechte
– verfahrensrechtliche Abwehrrechte **5**, 27
– Verwirkung von Abwehrrechten **5**, 26 f.
Abweichungen
– Antrag auf Zulassung von Abweichungen **V** 48 ff.
– Auslegung der Vorschrift über Abweichungen **V** 36 f.
– bei besonders schutzwürdigen öffentl. Belangen **V** 41
– bei Unterschreiten des Grenzabstands bei Grundstücksteilungen **V** 29
– Nachbarbeteiligung bei Zulassung von **V** 56
– Regelungen in anderen Bundesländern **V** 32
– Vereinbarkeit mit öffentl. Belangen **V** 43 ff.
– von Abstandsvorschriften **V** 38

Stichwortverzeichnis

- von örtlichen Bauvorschriften in Bebauungsplänen **V** 33
- von Technischen Baubestimmungen **V** 47
- Voraussetzungen für Zulassung einer Abweichung **V** 38 ff., 43 ff.
- Zulassung durch Baugenehmigung **V** 52
- Zulassung durch besonderen Verwaltungsakt **V** 52

Abweichungen von örtlichen Bauvorschriften
- Einvernehmen der Gemeinde **V** 54

Anbauten
- an Reihenhäuser **5**, 135
- selbständige Benutzbarkeit von Anbauten **5**, 200

Anbauverpflichtung
- beiderseitige Anbauverpflichtung **5**, 135, 137
- Bestimmtheit der Anbauverpflichtung **5**, 141
- des Nachbarn durch Baulast **5**, 134 f.
- Grenzabstand anstelle der Anbauverpflichtung **5**, 143
- Sicherung durch Baulast **5**, 140
- Vereinbarkeit mit dem öffentlichen Baurecht **5**, 135, 140

Andere bauliche Anlagen
- Begriff **5**, 46
- die als bauliche Anlagen gelten **5**, 45 f.
- die keine Wirkungen wie von Gebäuden sind **5**, 46
- von denen Wirkungen wie von Gebäuden **5**, 48

Anrechnung
- vorhandener Gebäude an der Grenze **5**, 208

Antennen
- Abstände von Antennen **5**, 100
- als selbständige bauliche Anlagen **5**, 100, 187
- ohne Grenzabstand **5**, 187

Antennenträger
- als abstandsrelevante bauliche Anlagen **5**, 46

Außenflächen
- von Gebäuden **5**, 37 f.

Außenwandbekleidungen
- Grenzabstand nachträglich angebrachter Außenwandbekleidungen **5**, 114
- zum Zwecke des Wärmeschutzes an vorh. Gebäuden **5**, 115

Außenwände
- Baumaßnahmen an Außenwänden **5**, 115

Auflassungsvormerkung
- Verfügungsbefugnis des Grundstückseigentümers bei Auflassungsvormerkung **5**, 165

Aufschüttungen
- an Terrassen **5**, 62
- Angleichungen an das Nachbargrundstück **5**, 230 f.
- der Geländeoberfläche **5**, 228
- die als Terrassen dienen **5**, 175
- die nicht zu einer Angleichung an das Nachbargrundstück führen **5**, 231 f.
- Grenzabstände von Aufschüttungen **5**, 168, 175
- in Baulastfläche **6**, 33
- materielle Anforderungen an Aufschüttungen **5**, 224
- Überschreitungen von Aufschüttungen **5**, 230

Aufzüge
- Abstandsunterschreitung **5**, 97

Ausnahmen
- Nachbarbeteiligung bei Erteilung von Ausnahmen **V** 56
- Verfahrensregelungen für Erteilung von Ausnahmen **V** 55

B

Balkone
- Abgrenzung zu Loggien **5**, 89
- Abstände zwischen Balkonen **7**, 29
- außerhalb der überbaubaren Grundstücksfläche **5**, 161
- Geländer von Balkonen **5**, 83
- Grenzabstand von Balkonen **5**, 161
- Grenzabstände von Balkonen gegenüber fiktiven Grenzen **7**, 28
- Umwehrungen von Balkonen **5**, 83
- vor einander zugekehrten Fenstern **7**, 38

Baugenehmigung
- Aufhebung einer Baugenehmigung **5**, 34
- Festsetzung der Geländeoberfläche in der Baugenehmigung **5**, 237
- Rechtsbindung bei Erteilung einer Baugenehmigung **5**, 31

Baugrundstück
- bauplanungsrechtlicher Grundstücksbegriff **5**, 127
- Begriff **5**, 41; **7**, 5

Stichwortverzeichnis

- durch Vereinigungsbaulast **5**, 43
Baulast
- Anfechtung wegen arglistiger Täuschung **V** 70
- Anfechtung wegen Irrtums **V** 69
- Anspruch auf Eintragung **V** 80
- Anwendbarkeit im Bereich des Planungsrechts **V** 92 ff.
- „auf Vorrat" **V** 62, 74
- Baulastübernahme mit Befristung **V** 72
- Baulastübernahme unter Bedingungen und Auflagen **V** 72
- Bedeutung der Baulast **V** 57
- bei Zwangsversteigerung **V** 82
- Eigentümerbaulast **V** 23 ff., 28
- Einschränkung der Zurechnung von Flächen **6**, 41 f.
- Ermessen bei Zulassung einer Baulast **V** 79
- fehlerhafte Baulasten **V** 83 ff.
- Form der Verpflichtungserklärung **V** 75 ff.
- gebührenpflichtige Amtshandlung **V** 105
- gegenüber Rechtsnachfolgern **V** 90
- Grenzbebauung mit Baulast **5**, 131
- Grundsatz der Subsidiarität bei Baulasten **V** 64
- Grundstücksbezogenheit der Baulast **V** 60
- hinreichende Bestimmtheit **V** 73; **5**, 141; **6**, 43
- Hinzurechnung von Abständen anstelle von Brandwänden **6**, 40
- Inhalt der Baulast bei der Zurechnung von Flächen **6**, 35 f.
- konstitutive Wirkung der Eintragung einer Baulast **V** 78
- Löschung der Baulast wegen Grenzbebauung **6**, 44
- Löschung einer Baulast **V** 99 ff.
- Nichtigkeit **6**, 43
- rechtliche Zulässigkeit der Baulast **V** 63
- Rechtswirkungen der Baulast **V** 87 ff.
- Rücknahme eines Eintragungsantrags **V** 68
- selbständige Ordnungsverfügung zur Durchsetzung einer Baulast **V** 89
- Unvereinbarkeit von Baulasten **5**, 144
- Vereinigungsbaulast **V** 23, 26
- Verfügungsbefugnis bei Übernahme von Baulasten **V** 65
- Vertretung bei Übernahme von Baulasten **V** 66
- Verwaltungsakt **V** 79; **5**, 141
- Verzicht auf „eigene Straßenhälfte" durch Baulast **6**, 11
- Verzicht auf subjektiv-öffentliche Nachbarrechte **5**, 134, 164
- Wahlmöglichkeit zwischen Baulast und Auflage **V** 64
- zu Rechtsbereichen des sonstigen öffentlichen Baurechts **V** 61
- Zurechnung des gesamten Nachbargrundstücks **6**, 38 f.
- Zuschnitt der zurechenbaren Fläche **6**, 11 f.
Baulastenverzeichnis
- als allgemeines Bauregister **V** 106 f.
Baulasterklärungen
- Beispiele von Baulasterklärungen **V** 24, 26, 28; **5**, 142; **6**, 12, 37, 39, 42
bauliche Anlagen
- auf öffentlichen Straßen **6**, 9
- die keine Gebäude sind **7**, 4
- ohne Abstandsanforderungen **6**, 32
- selbständige Benutzbarkeit **5**, 200
Baulinien **5**, 118
Baumaßnahmen
- der Geländeoberfläche bei verfahrensfreien Baumaßnahmen **5**, 237
Bauordnungsrecht
- Gesetzgebungskompetenz **V** 1
Bauvorbescheid
- Festsetzung der Geländeoberfläche im Bauvorbescheid **5**, 237
Bauweise
- Abgrenzung zwischen geschlossener und offener Bauweise **5**, 119
- abweichende Bauweise **5**, 130
- fehlende Festsetzungen über die Bauweise **5**, 133
- Gartenhofhäuser **5**, 130
- geschlossene Bauweise **5**, 119
- grenznahe Bebauung als geschlossene Bauweise **5**, 119
- halboffene Bauweise **5**, 130
- offene Bauweise **5**, 124
Bauwich **5**, 40, 189
Bebauung
- grenznahe Bebauung **5**, 147
Bebauungspläne
- die zu geringeren Abständen führen **5**, 13
- Festsetzung öffentlicher Grünflächen in Bebauungsplänen **6**, 16

Stichwortverzeichnis

Bedachungen
- Anhebung von Bedachungen zum 5, 116
- Grenzabstand nachträglich angehobener 5, 116

Befreiung
- Nachbarbeteiligung bei Erteilung von Befreiungen V 56
- Verfahrensregelungen bei Erteilung von Befreiungen V 55
- von Festsetzung der offenen Bauweise im B-Plan 5, 133

Begriff
- Baugrundstück 5, 41; 7, 5
- Baugrundstück nach Planungsrecht 5, 127
- Baumaßnahmen an Außenflächen zum Zwecke des Wärmeschutzes 5, 115 f.
- Doppelhaus 5, 126, 128
- Einfriedung 5, 172
- Einzelhaus 5, 132
- „entsprechend" bei Grenzbebauung 5, 138
- Flurstück 5, 42
- Garage 5, 193
- Gartenhofhaus im städtebaulichen Planungsrecht 5, 181
- Gebäude 5, 36
- Gebäude mit einem fremder Sicht entzogenen Gartenhof 5, 182
- Gebäudeteile 5, 78; 7, 21 f.
- Geländer 5, 103
- gewachsene Geländeoberfläche 5, 225
- Giebel, Giebeldreieck 5, 106
- Grundsatz der Verhältnismäßigkeit 5, 32
- Grundstück im Sinne des städtebaulichen Planungsrechts 5, 127
- Grundstücksteilung V 20
- Hauseingangstreppen 5, 80
- Hausgruppen 5, 125, 128, 132
- Kraftfahrzeuge 5, 194
- Landwirtschaft 7, 10
- öffentliche Einrichtungen 6, 14
- öffentliche Eisenbahnen 6, 21
- öffentliche Straßen 6, 4
- öffentliche Wasserflächen 6, 18
- „ohne Abstand von der Grenze" 5, 147
- selbständige Benutzbarkeit 5, 200
- „soweit" 5, 117
- Umwehrungen 5, 103
- Vorbauten 5, 84
- vorhandene Gebäude 5, 146
- Zukehrung 7, 39
- Zwerchhäuser 5, 110

Beleuchtung
- künstliche Beleuchtung 7, 16

Belichtung
- bei grenznaher Bebauung 5, 119
- Nachbarinteresse an ausreichender Belichtung 5, 214

Belüftung
- bei grenznaher Bebauung 5, 119
- Nachbarinteresse an ausreichender Belüftung 5, 214

Besonnung
- bei grenznaher Bebauung 5, 119
- Nachbarinteresse an ausreichender Besonnung 5, 214

Bestandsschutz
- bei Anhebung der Bedachung 5, 116
- bei Neuberechnung der Statik 5, 18
- bei Nutzungsänderung V 15
- vorhandener Gebäude 5, 146, 152

Bestimmtheit
- einer Baulast V 73; 5, 141; 6, 43

Betriebsanlagen
- öffentlicher Eisenbahnen und Straßenbahnen 6, 21

Böschungen
- an Terrassen 5, 62

Brandschutz
- Belange des Brandschutzes 5, 3
- Belange des Brandschutzes bei Abstandsunterschreitung 7, 15
- sonstige bauordnungsrechtliche Abstandsvorschriften 5, 3
- Verhältnis zu den Abstandsvorschriften 5, 3

Brandwände
- bei Grundstücksteilungen V 29
- Forderung nach Brandwänden 7, 15
- Hinzurechnung von Abständen anstelle von Brandwänden 6, 40
- Wände anstelle von Brandwänden 7, 15

C

Carport
- Begriff 5, 193
- bei entsprechender Grenzbebauung 5, 151

D

Dachaufbauten
- Begriff 5, 90
- die auf der Außenwand aufsitzen 5, 90

Dächer
- Einbeziehung in die Konzeption des Punktabstands 5, 38

Stichwortverzeichnis

Dachgauben
- Abgrenzung gegenüber Zwerchhäusern 5, 90
- Abstände zwischen Dachgauben 7, 29
- als vortretende Gebäudeteile 5, 90
- Begriff 5, 90
- Gaubendreiecke 5, 111

Dachrinnen
- bei Grenzbebauung 5, 207

Dachterrassen
- auf Garagen 5, 195
- auf Gebäuden ohne Aufenthaltsräume und Feuerstätten 5, 195

Dachüberstände
- bei Grenzbebauung 5, 207
- Grenzabstand von Dachüberständen 5, 107
- verringerte Abstände von Dachüberständen 5, 76

Doppelhäuser
- Begriff 5, 126, 128, 132
- in offener Bauweise 5, 124 ff., 132

E

Eigentum
- Beeinträchtigung des Eigentums 6, 1

Eigentümerbaulast V 62

Einfriedungen
- als abstandsrelevante bauliche Anlagen 5, 46
- Anforderungen an Einfriedungen in örtlichen Bauvorschriften 5, 178
- Begriff 5, 172
- die Gartenhöfe abschließen 5, 180, 185
- Errichtung an fiktiver Grenze der Baulast 6, 32
- Funktion der Einfriedungen 5, 173
- Grenzabstände von Einfriedungen 5, 168; 6, 32
- Höhe der Einfriedungen nach dem Nachbarrechtsgesetz 5, 179
- ohne bauliche Anlage zu sein 5, 174
- ohne Wirkungen wie von Gebäuden 5, 168
- Pergolen als Einfriedungen 5, 174
- unter Einbeziehung von Pflanzen 5, 174

Eingangsüberdachungen 5, 79

Einzelhaus
- Begriff 5, 132

Erbbauberechtigte
- als Nachbarn 5, 28, 165

Erker 5, 87

Ermächtigung
- der BauAB zur Aufhebung einer Baugenehmigung 5, 34
- der BauAB zur Festsetzung der Geländeoberfläche 5, 233
- der Gemeinde zum Erlaß örtlicher Bauvorschriften 5, 178
- für abweichende Maße von Abstandsflächen nach BauGB 5, 38 f., 45, 47

Ermessen
- bei Anpassungspflicht an bauordnungsrechtliche Vorschriften 5, 16 f.
- bei Aufhebung einer Baugenehmigung 5, 34
- bei Eingriffen 5, 32
- bei Entscheidung über Sicherheitsleistung V 53
- bei Festsetzung der Geländeoberfläche 5, 235
- bei Zulassung einer Baulast V 79
- bei Zurechnung von Nachbargrundstücken 6, 2

F

Fahnenstangen 5, 57

Fahrradabstellanlagen V 57

Fenster
- Abstände zwischen Fenstern 7, 33
- Balkone vor einander zugekehrten Fenstern 7, 38
- in Grenzwand 5, 122
- Zukehrung von Fenstern 7, 33

Fenstertüren 7, 35

Fernmeldewesen
- Gebäude, die dem Fernmeldewesen dienen 5, 199

Festsetzung
- der Geländeoberfläche als Verwaltungsakt 5, 237
- der Geländeoberfläche im Bauvorbescheid 5, 237
- der Geländeoberfläche in der Baugenehmigung 5, 237
- der Höhe der Geländeoberfläche 5, 233
- der Höhenlage im Bebauungsplan 5, 222

fiktive Grenzen
- Abstand von Garagen gegenüber fiktiven Grenzen 6, 32; 7, 11
- auf demselben Baugrundstück 7, 2
- Einfriedungen an fiktiven Grenzen 6, 32
- Maßgeblichkeit der fiktiven Grenze für Grenzabstände 6, 34

Stichwortverzeichnis

- vortretende Gebäudeteile gegenüber fiktiven Grenzen 7, 28
- zwischen Gebäuden 7, 2
- zwischen Gebäudeteilen 7, 25

fliegende Bauten
- Abstand zwischen fliegenden Bauten 7, 42

Flurstück
- Begriff 5, 42

Frist
- Anfechtungsfrist bei Baulast V 86
- Anfechtungsfrist wegen arglistiger Täuschung V 70
- zur Geltendmachung materieller Abwehrrechte 5, 26 f.

G

Garagen
- Abstand von Garagen gegenüber fiktiven Grenzen auf demselben Baugrundstück 7, 6
- als Gebäudeteile 5, 193
- Anlagen aus mehreren Garagen 5, 215
- Anrechnung vorhandener Garagen bei Grenzbebauung 5, 216 f.
- auf jeweils selbständigen Baugrundstücken 5, 215
- Begriff 5, 193
- Dachterrassen auf Garagen 5, 195
- Errichtung von Garagen an der fiktiven Grenze der Baulastfläche 6, 32
- Errichtung weiterer Garagen bei ausgeschöpfter Längenbeschränkung 5, 218
- Gesamtlänge von Garagen bei Grenzbebauung 5, 207 f.
- Höhe von Garagen bei Grenzbebauung 5, 188, 202
- Höhenbeschränkungen für Garagen 7, 13 f.
- in Verbindung mit Abstellräumen 5, 197
- Längenbeschränkungen für Garagen 7, 13 f.
- ohne Abstand von der Grenze 5, 188
- städtebauliche Zulässigkeit von Garagen an der Grenze 5, 192
- Überschreitung der Höhe einer Grenzgarage 5, 33
- unterirdische Garagen 5, 39
- Unterkellerung von Garagen 5, 198
- Verlängerung einer Grenzgarage 5, 217
- zurechenbare Fläche für Garagen bei Baulast 6, 30

Gartenhöfe
- Einfriedungen von Gartenhöfen 5, 185
- Gebäude mit einem fremder Sicht entz. Gartenhof 5, 180, 182

Gartenhofhäuser
- Begriff 5, 181
- städtebaul. Festsetzung von Gartenhofhäusern 5, 183

Gasfeuerstätte
- auf einem Garagendach 5, 196

Gebäude
- aneinandergebaute Gebäude 7, 3
- Außenflächen eines Gebäudes 5, 37
- auf öffentlichen Straßen 6, 8 f.
- Begriff 5, 36
- entsprechende Nutzung von Gebäuden bei Grenzbebauung 5, 138, 145, 149, 151
- mit einem fremder Sicht entzogenen Gartenhof 5, 180
- selbständige Benutzbarkeit 5, 180
- unterirdische Gebäude 5, 39
- vorhandene Gebäude an der Grenze 5, 146
- Zustand eines vorhandenen Gebäudes an der Grenze 5, 152

Gebäude ohne Aufenthaltsräume und Feuerstätten
- Abstand gegenüber fiktiven Grenzen auf demselben Baugrundstück 7, 11, 13
- Anrechnung bei Grenzbebauung 5, 217
- für das Fernmeldewesen, die Energie- und Wasserversorgung, Abwasserbeseitigung 5, 199
- Gebäudearten 5, 199
- Höhe bei Grenzbebauung 5, 202
- weitere Grenzbebauung bei ausgeschöpfter Längenbeschränkung 5, 214
- zulässige Gesamtlänge 5, 207 f.
- Zulässigkeit an der Grenze 5, 188
- Zulässigkeit von Dachterrassen 5, 199
- zurechenbare Fläche bei Baulast 6, 30

Gebäudeteile
- Abstand von Gebäudeteilen bei Grenzbebauung 5, 159
- Abstände zwischen Gebäudeteilen 7, 20
- Abstandsunterschreitung mit Nachbarzustimmung 5, 162, 164
- als Bezugsebene für die Höhe H 5, 156; 7, 26
- Begriff 5, 78; 7, 21 f.
- Gebäudeteile, die die überbaubare Grundstücksfläche überschreiten 5, 161
- Maß der Abstandsunterschreitung 5, 96
- mit verringertem Abstand 5, 76, 96

Stichwortverzeichnis

- ohne Abstand **5**, 100
- unterhalb der Geländeoberfläche **5**, 39
- vortretende Gebäudeteile **5**, 160 f.; **7**, 28
- vortretende Gebäudeteile ohne Beschränkung der Breite **5**, 160
- zum Abstellen von Kraftfahrzeugen **5**, 193

Gebot der Bestimmtheit von Normen
- bei Vorschrift über Abweichungen **V** 36

Gebot der Rücksichtnahme
- Abgrenzung des Gebots der Rücksichtnahme **5**, 10

Geländeoberfläche
- als Bezugsebene für Grenzabstände **5**, 39, 67 ff., 220, 223
- Angleichung an das Nachbargrundstück **5**, 229
- Begriff **5**, 225
- bei Lotrechten, die innerhalb eines Gebäudes liegen **5**, 227
- bei System der Abstandsflächen **V** 10
- Erforderlichkeit der Festsetzung der Geländeoberfläche **5**, 226, 233 f.
- Festsetzung bei verfahrensfreien Baumaßnahmen **5**, 237
- Festsetzung der Geländeoberfläche als Verwaltungsakt **5**, 237
- Festsetzung der Geländeoberfläche im Bauvorbescheid **5**, 237
- Festsetzung der Geländeoberfläche in der Baugenehmigung **5**, 237
- Festsetzung der Höhe der Geländefläche **5**, 233
- Festsetzung für bestimmte Grundstücksbereiche **5**, 226
- fiktive Geländeoberfläche **5**, 230
- für Höhe von Stützmauern, Aufschüttungen und Einfriedungen **5**, 169, 171
- gewachsene Geländeoberfläche **5**, 69
- gewachsene Geländeoberfläche bei Punktabstand **V** 11
- maßgebende Geländeoberfläche nach Durchführung einer Baumaßnahme **5**, 221
- maßgebliche Geländeoberfläche für Höhe der Gebäude **5**, 202
- Veränderung der Geländeoberfläche durch Abgrabung **5**, 226
- Veränderung der Geländeoberfläche durch Aufschüttung **5**, 228
- Veränderung der Geländeoberfläche für die Gebäudegründung **5**, 228
- Vorschriften, die auf die Geländeoberfläche abstellen **5**, 221

Geländer
- als Gebäudeteile ohne Abstand **5**, 100
- als selbständige bauliche Anlagen **5**, 100, 103
- Begriff **5**, 103
- von Balkonen **5**, 83

Gemeingebrauch **6**, 19

Gesimse
- verringerte Abstände von Gesimsen **5**, 76

Gewächshäuser **5**, 199

Gewässer
- Einteilung der oberirdischen Gewässer **6**, 20

Gewerbegebiet
- Abstände in Gewerbegebieten **5**, 73 f.
- Begriff **5**, 74
- Gebiete, die einem Gewerbegebiet entsprechen **5**, 74
- Konfliktfälle bei Grenzabständen im Gewerbegebiet **5**, 75
- Stützmauern, Einfriedungen und Aufschüttungen im Gewerbegebiet **5**, 168

Giebeldreiecke
- andere Giebelformen **5**, 112
- Begriff **5**, 106
- bei aneinandergebauten Gebäuden **5**, 109
- bei Walmdächern **5**, 113
- Grenzabstand von Giebeldreiecken **5**, 107, 109
- von Giebelwänden **5**, 107
- von Zwerchhäusern **5**, 110

Grenzabstände
- Abrundung der Grenzabstände **5**, 70
- anstelle der Anbauverpflichtung **5**, 143
- Baumaßnahmen an Gebäuden mit zu geringen Grenzabständen **5**, 16
- bei grenznaher Bebauung **5**, 119
- bei Nutzungsänderungen **V** 16
- durch Zurechnung benachbarter Grundstücke **5**, 219
- geringfügige Abstandsunterschreitungen **5**, 32
- in Gebieten, die Gewerbe- und Industriegebieten entsprechen **5**, 74
- in Gewerbe- und Industriegebieten **5**, 73 ff.
- Maß der Grenzabstände **5**, 71
- Messung des Grenzabstands **5**, 64 ff.
- nachbarschützende Wirkung **5**, 20
- Umgehung der Vorschriften über Grenzabstände **5**, 44
- Unterschreitung von Grenzabständen für Gebäudeteile **5**, 96

203

Stichwortverzeichnis

- verringerte Grenzabstände 5, 188, 205
- Verstoß gegen Grenzabstände 5, 31 f.
- von anderen Anlagen 5, 47
- von Balkonen 5, 161
- von Dachüberständen 5, 107
- von fiktiver Grenze bei Baulast 6, 24 f.
- von innerhalb des Baugrundstücks gelegenen Punkten bei Baulast 5, 43
- zwingend geringere Grenzabstände durch B-Plan 5, 13

Grenzbebauung
- Auswahl der Grenze für Grenzbebauung 5, 211
- bei geschlossener Bauweise 5, 118 ff.
- bei offener Bauweise 5, 118, 124
- bei Vereinigungsbaulast 5, 213
- entsprechend der Gebäude an der Nachbargrenze 5, 136; 6, 44
- entsprechende Nutzung von Gebäuden bei Grenzbebauung 5, 138, 145, 149, 151
- mit Baulast 5, 131
- mit Einfriedungen 6, 32
- Nachbarschutz bei Grenzbebauung 5, 145, 211
- rechtsmissbräuchliche Inanspruchnahme 5, 215
- Reichweite der Verpflichtung zu entsprechender Grenzbebauung 5, 138, 153
- Vereinbarkeit mit dem Planungsrecht 5, 133, 135, 139
- versetzte Grenzbebauung 5, 126, 139
- weitere Grenzbebauung bei ausgeschöpfter Längenbeschränkung 5, 214
- Zustand einer Grenzbebauung 5, 152
- zwingende Grenzbebauung nach städtebaul. Planungsrecht 5, 117

Grenze
- abknickender Grenzverlauf 5, 209
- grenznahe Bebauung 5, 119, 147

Grenzverlauf
- abknickender Grenzverlauf 5, 209

Grundpfandgläubiger
- als Nachbar 5, 29

Grundsatz der Verhältnismäßigkeit
- bei Unterschreitung der Abstände 5, 32

Grundstück
- im Sinne des Bürgerlichen Rechts 5, 41

Grundstücksfläche
- Gebäudeteile auf nicht überbaubarer Grundstücksfläche 5, 161
- überbaubare Grundstücksfläche bei geschlossener Bauweise 5, 120

Grundstücksteilungen
- Abtrennung eines unbebauten Grundstücksteils V 27
- Anforderungen an Grundstücksteilungen V 21 f.
- bebauter Grundstücke V 27 ff.
- Begriff der Teilung V 20
- Brandwände bei Grundstücksteilungen V 29
- Vereinigungsbaulasten V 23; 7, 19
- zwischen Gebäuden auf demselben Baugrundstück V 22; 7, 19

H
Hanglage 5, 69
Hauseingangstreppen
- als Außenflächen von Gebäuden 5, 37
- Begriff 5, 80
- Grenzabstände von Hauseingangstreppen 5, 39

Hausgruppen
- Begriff 5, 125, 128
- in offener Bauweise 5, 124 f., 132

Hecken 5, 174
Heizraum 5, 200
Höhe
- abweichende Bezugsebene 5, 155
- von Gebäuden an der Grenze 5, 181, 202
- von Punkten über der Geländeoberfläche 5, 67 f.

Höhenbeschränkungen
- für Garagen 7, 13 f.
- für Gebäude ohne Aufenthaltsräume und Feuerstätten 7, 13 f.
- für Solaranlagen 7, 13

Höhenlage
- als Festsetzung im Bebauungsplan 5, 222

I
Industriegebiete
- Abstände in Gebieten, die Industriegebieten entsprechen 5, 74
- Abstände in Industriegebieten 5, 73 f.
- Stützmauern, Einfriedungen und Aufschüttungen in Industriegebieten 5, 168

Innenhöfe 7, 21 f.

K
Keller
- Kellergaragen 5, 193
- unter Garagen 5, 198

Kellergeschoss 5, 39, 221

Stichwortverzeichnis

Kellerlichtschächte
- Grenzabstände von Kellerlichtschächten 5, 39, 47

Kioske **6**, 8

Kletterpflanzen
- als Sichtschutz 5, 172

Kraftfahrzeuge
- Begriff 5, 194

Krüppelwalmdächer 5, 113

L

Lageplan
- Ergänzung zur Baulasterklärung **6**, 43

Lagerplätze 5, 55

Land- oder forstwirtschaftlich genutzte Gebäude **7**, 9

Landwirtschaft
- Begriff **7**, 10

landwirtschaftliche Nutzung 5, 105, 151

Längenbeschränkungen
- für Garagen **7**, 13
- für Gebäude ohne Aufenthaltsräume und Feuerstätten **7**, 13
- für Solaranlagen **7**, 13

Litfaßsäulen 5, 46; **6**, 8

Loggien
- Abgrenzung zu Balkonen 5, 89

Lotrechte über der Grenzlinie 5, 64 ff.

Lüftung
- Anforderung an die Lüftung bei Abstandsunterschreitung **7**, 18
- durch notwendige Fenster **7**, 18
- künstliche Lüftung **7**, 18

M

Maß der Abstandsunterschreitung
- für Gebäudeteile und Vorbauten 5, 92

Maschendrahtzäune 5, 168, 172

Masten
- für Freileitungen 5, 57
- für Straßenbeleuchtung 5, 57
- ohne Grenzabstand 5, 187
- Stahlgittermasten für Antennen 5, 50

Mauern
- als Einfriedung 5, 174
- als Verbindung zwischen Gebäuden **7**, 3
- mit verschiedenen Funktionen 5, 173

Mieter **V** 91; 5, 29

Miteigentum 5, 165

Musterbauordnung **V** 10, 32

N

Nachbar
- Anspruch auf Einschreiten der BauAB 5, 33
- Einverständnis mit der Grenzbebauung 5, 134
- im Sinne des öffentlichen Baurechts 5, 28
- nicht zum Kreis der Nachbarn gehörend 5, 29
- Übernahme einer Baulast mit Anbauverpflichtung 5, 134
- Verzicht auf subjektiv-öffentliche Nachbarrechte 5, 134

Nachbarbeteiligung
- bei Festsetzung der Geländeoberfläche 5, 238
- nachbarliche Belange bei Festsetzung der Geländeoberfläche 5, 236
- Verfügungsberechtigung bei Zustimmungen 5, 165

Nachbarrechtsgesetz
- Anforderungen an die Höhe von Einfriedungen 5, 179
- Verhältnis zur Baulast **V** 59

Nachbarschutz
- bei der Zurechnung öffentlicher Straßen **6**, 10
- bei Festsetzung der Geländeoberfläche 5, 236, 238
- bei Zulassung von Abweichungen **V** 41 f.
- Frist zur Geltendmachung von Abwehrrechten 5, 26
- öffentlich-rechtlicher Nachbarschutz 5, 20
- verfahrensrechtliche Abwehrrechte 5, 27
- Verwirkung von Abwehrrechten 5, 26 f.

Nebenanlagen
- von öffentlichen Straßen **6**, 4 f.

Nießbraucher
- als Nachbarn 5, 28

Nur-Dach-Häuser 5, 110

Nutzungsänderung
- Änderung der Zweckbestimmung **V** 14

Nutzungsänderungen
- baugenehmigungspflichtige Nutzungsänderungen **V** 18
- bei Bestandsschutz **V** 15
- bei zu geringem Grenzabstand 5, 19
- Beurteilung einer Nutzungsänderung nach Bauordnungs- und Planungsrecht **V** 16

205

Stichwortverzeichnis

- Gegenstand der Beurteilung einer Nutzungsänderung **V** 15, 17
- Grenzabstände bei Nutzungsänderungen **V** 17
- im Sinne des Bauordnungsrechts **V** 13
- im Sinne des Planungsrechts **V** 13
- verfahrensfreie Baumaßnahmen **V** 19

O
offene Bauweise
- bei Grenzbebauung **5**, 124
- zwingende Grenzbebauung bei offener **5**, 124

öffentliche Belange
- bei der Zulassung von Abweichungen **V** 43 ff.

öffentliche Einrichtungen
- Begriff **6**, 14
- Indienststellung **6**, 15
- privater Park **6**, 15
- Widmung als öffentliche Einrichtung **6**, 15

öffentliche Eisenbahnen
- Begriff **6**, 21
- Betriebsanlagen **6**, 21
- Parkplätze an Bahnhöfen **6**, 21

öffentliche Grünflächen
- Begriff **6**, 14
- die anstaltlich genutzt werden **6**, 17
- im Bebauungsplan **6**, 16
- privater Park **6**, 15
- Widmung öffentlicher Grünflächen **6**, 14 f.
- Zurechnung öffentlicher Grünflächen **6**, 13

öffentliche Straßen
- Abgrenzung zu privaten Straßen **6**, 4
- Arten öffentlicher Straßen **6**, 4
- Begriff **6**, 4
- mit Gebäuden **6**, 8 f.
- Nebenanlagen **6**, 4 f.
- Zubehör **6**, 4
- zugehörige Flächen **6**, 4
- Zurechnung **6**, 6 ff.

öffentliche Wasserflächen
- Begriff **6**, 18
- Widmung öffentlicher Wasserflächen **6**, 19

Ortgang **5**, 107
örtliche Bauvorschriften
- Abweichungen von örtlichen Bauvorschriften **V** 54
- Abweichungen von örtlichen Bauvorschriften in Bebauungsplänen **V** 33

P
Pächter
- als Nachbarn **5**, 29
Parabolantennen **5**, 102, 204
Parkplätze
- an Bahnhöfen **6**, 21
- von Einkaufszentren **6**, 4
Pergola **5**, 58, 174
Plakatanschlagrahmen **5**, 50
Planungsrecht
- Verhältnis zu den Abstandsvorschriften **5**, 8 ff.
Private Erschließungswege **6**, 7
Punktabstand
- Geländeoberfläche bei System des Punktabstands **V** 11
- Konzeption des Punktabstands **V** 11; **5**, 38

R
Rechtsmissbrauch **5**, 214 f.
Rechtsnachfolger
- bei Baulasten **V** 90
Reihenhäuser
- Anbauten an Reihenhäuser **5**, 135
- fiktive Baugrenzen **5**, 120
- Grenzabstand von Windfängen **5**, 162

S
Schornsteine
- Abstände von Schornsteinen **5**, 100
- Begriff **5**, 101
- hohe Schornsteine **5**, 101
Sicherheitsleistung **V** 53
Sichtschutz
- Kletterpflanzen als Sichtschutz **5**, 172
Sichtschutzwand **5**, 78
Silos **5**, 46
Solaranlagen
- als selbständige bauliche Anlagen **5**, 201
- Gesamtlänge von Solaranlagen bei Grenzbebauung **5**, 207
- Höhe bei Grenzbebauung **5**, 202
- Höhenbeschränkungen für Solaranlagen **5**, 195, 202; **7**, 13
- Längenbeschränkungen für Solaranlagen **7**, 13
- ohne Abstand von der Grenze **5**, 188
Stahlgittermasten **5**, 52
Stellplätze
- bei nicht mehr bestimmungsgemäßer Nutzung **5**, 56

Stichwortverzeichnis

– ohne Wirkungen wie von Gebäuden 5, 56
– überdachte Stellplätze 5, 193
Straßenbahnen
– Zurechnung von Betriebsanlagen 6, 5
Stützmauern
– Grenzabstände von Stützmauern 5, 168
– maßgebliche Geländeoberfläche für Höhe von Stützmauern 5, 171

T
Tageslicht
– Forderung nach Tageslicht 7, 16
Tankstellendächer 5, 36
Technische Baubestimmungen
– Abweichung von Technischen Baubestimmungen **V** 47
Terrassen
– als Gebäudeteile 5, 61
– als selbständige bauliche Anlage 5, 61, 91
– als vortretende Gebäudeteile 5, 91
– Begriff 5, 61
– Böschungen an Terrassen 5, 62
– Grenzabstände von Terrassen 5, 63, 175; 7, 4

U
überbaubare Grundstücksflächen
– bei geschlossener Bauweise 5, 120
– bei offener Bauweise 5, 129
Umwehrungen
– Begriff 5, 103
– von Balkonen 5, 83

V
Verbot unzulässiger Rechtsausübung 5, 25
Vereinigungsbaulast
– zivilrechtliche Absicherung von Einschränkungen 5, 44
Vereinigungsbaulasten
– Baugrundstücke durch Vereinigungsbaulasten 5, 43 f.; 7, 5
– maßgebliche Grenzen für Grenzbebauung 5, 213
Verpflichtung
– öffentlich-rechtliche Verpflichtung bei Baulast **V** 59
– Reichweite der Verpflichtung zu entsprechender Grenzbebauung 5, 138
– zum Bauen bei Baulast 5, 136 ff.
Verursacherprinzip 5, 40; 6, 1

Verwaltungsakt
– besonderer Verwaltungsakt bei Zulassung von Abweichungen **V** 52
– Eintragung einer Baulast 5, 141
– zur Festsetzung der Geländeoberfläche 5, 237
Verwirkung von Abwehrrechten 5, 26 f.
Vitrinen
– auf öffentlichen Straßen 6, 8
Vorbauten
– Begriff 5, 84
– für Treppenräume 5, 79
– Maß der Abstandsunterschreitung 5, 96
– mit Dachüberstand 5, 85
vorhandene Gebäude
– Begriff 5, 146
– „ohne Grenzabstand" 5, 145
vortretende Gebäudeteile
– Abstände von fiktiver Grenze 7, 28
– die die überbaubare Grundstücksfläche überschreiten 5, 161
– Zulässigkeit von Abstandsunterschreitungen 5, 77

W
Walmdächer 5, 113
Wasserversorgung
– Gebäude, die der Wasserversorgung dienen 5, 199
Wegegrundstücke 5, 23
Werbetafeln 5, 51
Widmung
– von Grünflächen 6, 14 f.
– von Wasserflächen 6, 19
Windenergieanlagen
– Grenzabstände von Windenergieanlagen 5, 59
– Wirkungen wie von Gebäuden bei Windenergieanlagen 5, 59
Windfänge 5, 88
– Abstände für Windfänge bei Grenzbebauung 5, 162, 167
– Wirkungen wie von Gebäuden 5, 48, 51 ff.
Wohnmobile
– Abstellplätze für Wohnmobile 5, 54
Wohnungseigentümer
– als Nachbarn 5, 28 f.
Wohnwagenabstellplätze 5, 53

Z
Zivilrechtliche Absicherung von Einschränkungen
– einer Abstandsbaulast 6, 41
– einer Vereinigungsbaulast 5, 44

Stichwortverzeichnis

Zubehör
- zu öffentlichen Straßen **6**, 4

Zufahrten
- Abgrabungen für Zufahrten **5**, 234
- in Baulastfläche auf Aufschüttung **6**, 33

Zukehrung
- Begriff **7**, 39
- von Fenstern **7**, 33

zurechenbare Fläche
- über die Mittellinie hinaus **6**, 11
- Zuschnitt der zurechenbaren Fläche bei Baulast **6**, 11 f.
- Zuschnitt zurechenbarer Fläche **6**, 27

Zurechnung
- anderer Grundstücke **6**, 24
- anstelle von Brandwänden **6**, 40
- Betriebsanlagen öffentlicher Eisen- und Straßenbahnen **6**, 22
- Einschränkung der Zurechnung **6**, 41 f.
- für die Bemessung des Grenzabstands **6**, 28
- öffentlicher Grünflächen **6**, 22 f.
- öffentlicher Straßen **6**, 6 ff., 22 f.
- öffentlicher Wasserflächen **6**, 22 f.
- privater Erschließungswege **6**, 7
- über die Mittellinie hinaus **6**, 11
- Zustimmung zur Zurechnung **6**, 23

Zustand
- eines vorhandenen Gebäudes an der Grenze **5**, 152

Zustimmung des Nachbarn
- als öffentlich-rechtliche Willenserklärung **5**, 164
- bei Abstandsunterschreitung von Gebäudeteilen **5**, 164
- erforderliche Verfügungsberechtigung **5**, 165
- zur Zurechnung öffentlicher Flächen **6**, 23

Zwerchhäuser **5**, 90
- Begriff **5**, 110